Aden-Grossmann
Der Kindergarten: Geschichte – Entwicklung – Konzepte

Wilma Aden-Grossmann

Der Kindergarten:
Geschichte – Entwicklung – Konzepte

Die Autorin
Wilma Aden-Grossmann, Prof. em. für Sozialpädagogik an der Universität/Gesamthochschule Kassel, ist Herausgeberin und Autorin zahlreicher Publikationen, u. a. zur frühkindlichen Erziehung und zur Kindergartenpädagogik.

Der Verlag hat die Bildrechte für diesen Band gewissenhaft ermittelt.
Sollte dabei ein Fehler unterlaufen sein, bitten wir die tatsächlichen
Inhaber der Nutzungsrechte, sich beim Verlag zu melden, damit wir das übliche
Honorar nachzahlen können.

Das Werk einschließlich aller seiner Teile ist urheberrechtlich geschützt.
Jede Verwertung ist ohne Zustimmung des Verlags unzulässig. Das gilt insbesondere
für Vervielfältigungen, Übersetzungen, Mikroverfilmungen und die Einspeicherung und
Verarbeitung in elektronische Systeme. Die Verlagsgruppe Beltz behält sich die Nutzung
ihrer Inhalte für Text und Data Mining im Sinne von § 44b UrhG ausdrücklich vor.

Dieses Buch ist erhältlich als:
ISBN 978-3-407-62771-1 Print
ISBN 978-3-407-29191-2 E-Book (PDF)

© 2011 Verlagsgruppe Beltz
Werderstraße 10, 69469 Weinheim
service@beltz.de
Alle Rechte vorbehalten

Lektorat: Katrin Sauer
Horst Haus, Bielefeld
Umschlagfoto: Beltz-Archiv
Umschlaggestaltung: glas ag, Seeheim-Jugenheim

Herstellung: Uta Euler
Satz: www.koenigsblau-design.de
Druck und Bindung: Beltz Grafische Betriebe, Bad Langensalza
Beltz Grafische Betriebe ist ein Unternehmen mit finanziellem Klimabeitrag (ID 15985-2104-1001).
Printed in Germany

Weitere Informationen zu unseren Autor:innen und Titeln finden Sie unter: www.beltz.de

Inhalt

Einleitung   9

1. Die Entstehung der institutionellen Kleinkinderziehung

1.1 Die Anfänge der Kleinkindpädagogik   14
1.2 Über die gesellschaftlichen Voraussetzungen für die Entstehung von
    Kleinkinder-Bewahranstalten und Kleinkinderschulen   16
1.3 Kleinkinderschulen   17
1.4 Kleinkinderbewahranstalten   19

2. Der Fröbelsche Kindergarten

2.1 Fröbels Pädagogik   24
2.2 Die Gründung der ersten Kindergärten   29
2.3 Fröbels Spielgaben   32
    Exkurs: Die Ästhetik der Spielgaben   34
2.4 Gesellschaftspolitische Entwicklungen nach 1848   35
2.5 Die Einrichtung der Volkskindergärten   35
2.6 Ein neuer Frauenberuf entsteht   38

3. Die Stellung des Kindergartens in der Republik von Weimar

3.1 Forderungen   42
3.2 Diskussionen und Empfehlungen der Reichsschulkonferenz   44
3.3 Der Kindergarten als Aufgabe der Jugendhilfe   46

4. Psychoanalyse und Kindergartenpädagogik

4.1 Ansätze psychoanalytischer Pädagogik   50
4.2 Vera Schmidts Kinderheim-Laboratorium   51
    Pädagogische Ansätze und Erfahrungen   52
4.3 Nelly Wolffheim   53
    Lebensweg   53
    Die Aufgaben des psychoanalytisch orientierten Kindergartens   55
    Äußerungsformen der infantilen Sexualität im Kindergarten   58
    Kinderfreundschaften   60
    Das verhaltensgestörte Kind im Kindergarten   61
    Zur Bedeutung des Spiels   61
    Psychoanalyse und Kindergarten   62

5. Der Kindergarten im Dritten Reich

5.1	Erste Folgen der Machtübernahme	66
5.2	Zur vaterländischen Erziehung im Kaiserreich	66
5.3	Grundzüge nationalsozialistischer Pädagogik	68
	Mädchenerziehung im Kindergarten	71
	Führer und Gefolgschaft	72
5.4	Kindergarten und Familie	75
	Die »Gleichschaltung« der Kindergärten	77
	Die NSV-Kindergärten	79
	Die Ausbildung der Kindergärtnerin und Kinderpflegerin	80

6. Die Entwicklung des Kindergartens von 1945 bis 1970

6.1	Die Wiederaufnahme der deutschen Kindergartentradition	86
6.2	Zur methodischen Arbeit im Kindergarten	88
6.3	Zur Problematik der Einschulung	89
6.4	Der Schulkindergarten	90
6.5	Kritik am Kindergarten	92

7. Der Kindergarten in der DDR

7.1	Der gesellschaftliche Auftrag des Kindergartens	96
7.2	Ganztageseinrichtungen	98
7.3	Beziehung zu den Eltern	99
7.4	Grundzüge des Programms für die Bildungs- und Erziehungsarbeit im Kindergarten	102
7.5	Eine Erzieherin berichtet über die Erfahrungen	103
	Sachgebiet: Muttersprache	106
	Sachgebiet: Entwicklung elementarer mathematischer Vorstellungen	110
7.6	Kritik	111
7.7	Zur Rolle der Kindergärtnerin	113
7.8	Die Wende	114

8. Montessoris Konzeption einer Elementarerziehung

8.1	Die soziale Aufgabe der »casa dei bambini«	118
8.2	Die pädagogischen Methoden im Kinderhaus	121
8.3	Raumgestaltung und die Beschäftigungsmittel	122
8.4	»Hilf mir, es selbst zu tun«	125
8.5	Zur Bedeutung Montessoris	126

9. Der Waldorfkindergarten

9.1 Die Anziehungskraft der Waldorfpädagogik	128
9.2 Die anthroposophische »Menschenkunde« und »Entwicklungslehre«	130
9.3 Das Spiel als Entfaltung schöpferischer Fantasie	133
Sprachförderung durch Nachahmung	134
Das Kind soll sinnvolles erleben	135
Vom Leben lernen	135
Die Spielstufen	136
Spielzeug	136

10. Von den antiautoritären Kinderläden zu den Elterninitiativ-Kitas

10.1 Die antiautoritäre Erziehungbewegung	142
Die Gründung der antiautoritären Kinderläden	143
Sexualerziehung	146
Umgang mit kindlichen Aggressionen	149
Sozialistische Kinderläden	149
»Politische Sozialisation«	151
Finanzierung	152
Zusammenfassung	153
10.1 Elterninitiativ-Kitas	153
Der Vereinsvorstand	154
Intentionen der Eltern	155

11. Reformen in den 1970er-Jahren

11.1 Der Kindergarten in der bildungspolitischen Diskussion	158
11.2 Der Modellversuch »Kita 3000« in Frankfurt am Main	160
Einflüsse der Kinderladenbewegung und des Arbeitskreises Kritische Sozialarbeit	162
Soziales Lernen in der Kita	165
Beendigung des Modellversuchs »Kita 3000«	166
Lehren aus dem Modell »Kita 3000«	167
11.3 Der quantitative Ausbau	169
11.4 Der »Vorschulstreit« – oder: Wohin mit den Fünfjährigen?	170

12. Curriculare Entwicklungen in den 1970er-Jahren

12.1 Definition	174
12.2 Das funktionsorientierte Curriculum	175
12.3 Das wissenschaftsorientierte Curriculum	177
12.4 Der Situationsansatz	179

13. Interkulturelle Pädagogik

13.1 Zuwanderung in Deutschland – Vielfalt der Kulturen	186
13.2 Der Kindergartenbesuch	189
13.3 Bilinguale Kinder im Kindergarten	190
13.4 Das multikulturelle Konzept	193
13.5 Das bilingual-bikulturelle Konzept	195
13.6 Fazit	196

14. Pädagogische Fachkräfte und Plätze in Kindertageseinrichtungen

14.1 Von der Kindergärtnerin zur Erzieherin	198
Die Anfänge	198
Die Erzieherinnenausbildung	200
Die Neuordnung der Erzieherausbildung 2001	202
Die Ausbildung in der ehemaligen DDR	203
Die Ausbildung der Kinderpflegerin/Sozialassistentin	204
Pädagogische Anforderungen in der Praxis	206
Neue Studiengänge an Fachhochschulen und Universitäten	208
14.2 Das Personal in Tageseinrichtungen für Kinder	209
14.3 Ein Kindergartenplatz für jedes Kind	210
Umsetzung in den neuen Bundesländern	211
Umsetzung in den alten Bundesländern	212

15. Fazit und Perspektiven

15.1 Von der Bewahranstalt zur Bildungseinrichtung	214
15.2 Neue Studiengänge	216
15.3 Zu viele Plätze in Kindertageseinrichtungen?	216
15.4 Von der Kindertagesstätte zum »Haus für Kinder und Familien«	217

Literatur 220

Abbildungen 234

Einleitung

Das hier vorgelegte Buch ist eine gründlich überarbeitete, erweiterte und aktualisierte Fassung des 2002 erschienenen Buches »Kindergarten. Eine Einführung in seine Entwicklung und Pädagogik«, das seit 2010 vergriffen ist. Zwar fußt das neue Buch auf seinem Vorgänger, aber es enthält auch neu geschriebene Teile, sodass der Verlag es für gerechtfertigt hielt, es mit einem neuen Titel und in veränderter Aufmachung herauszubringen.

Auch das neue Buch gibt einen Überblick über die Entstehung und Verbreitung der institutionalisierten Kleinkinderziehung. Beginnend mit den Kleinkinderbewahranstalten im ausgehenden 18. Jahrhundert führt es die Leserinnen und Leser bis in die Gegenwart. Prägten anfangs die Aufgaben der Betreuung und Erziehung die pädagogische Arbeit in diesen Einrichtungen, so trat mit dem Fröbelschen Kindergarten das Ziel der frühkindlichen Bildung hinzu. Durch die ausführliche Darstellung und Analyse weiterer pädagogischer Konzepte wie z. B. der Elementarpädagogik von Maria Montessori, dem anthroposophischen Konzept des Waldorfkindergartens, dem psychoanalytisch-pädagogischen Entwurf der antiautoritären Erziehung und dem seit 35 Jahren erfolgreich praktizierten Situationsansatz möchte ich das Augenmerk darauf lenken, dass es bei aller theoretischen und pädagogisch-praktischen Verschiedenheit eine Gemeinsamkeit gibt: In allen Konzepten werden frühkindliche Bildung, Erziehung und Betreuung als untrennbare Bestandteile in das jeweilige Konzept integriert, um damit der Entwicklungsphase des Kindergartenkindes und seiner Bedürfnisse gerecht zu werden.

Mir war es ferner wichtig aufzuzeigen, dass die moderne Pädagogik, die das Kind respektiert, sein Lernen als Aneignungsprozess und seine Bildung als Selbstbildungsprozess begreift, ihre Wurzeln in der Pädagogik der Aufklärung hat, die die Forderung nach einer umfassenden Bildung des Volkes auf ihre Fahnen schrieb.

In einer Darstellung der Geschichte des Kindergartenwesens darf die Epoche der nationalsozialistischen Diktatur nicht ausgespart werden. Es wird in diesem Kapitel gezeigt, dass die Nationalsozialistische Volkswohlfahrt (NSV) Kindergärten der freien Wohlfahrtspflege übernahm bzw. neu gründete und dass sie versuchte, ein nationalsozialistisches pädagogisches Konzept zu entwickeln und in ihren Einrichtungen umzusetzen. Dabei knüpfte die nationalsozialistische Erziehung an die schon zuvor vorhandenen Strömungen einer autoritären und nationalen Erziehungsideologie an.

Nach dem Zusammenbruch der nationalsozialistischen Diktatur mussten alle pädagogischen Einrichtungen sich neu orientieren. Dabei beschritten die beiden deutschen Staaten unterschiedliche Wege. Während man in den besetzten Zonen der West-Alliierten an die durch die Fröbelsche Pädagogik geprägte Kindergartentradition der Weimarer Republik anknüpfte, orientierte sich die Pädagogik der sowjetisch besetzten Zone und später der DDR an Konzepten der sozialistischen Pädagogik. Der Kindergarten der DDR, der in das dortige Bildungswesen eingebettet war, sollte dem Aufbau der sozialistischen Gesellschaft dienen. Anders als in der Bundesrepublik, in der der Kindergarten noch bis in die jüngste Vergangenheit als eine Nothilfe-Einrichtung galt, sollte in der DDR der Kindergarten die erste Bildungseinrichtung für alle Kinder sein. Für alle Kindergärten der DDR war das Programm für die Bildungs- und Erziehungsarbeit verbindlich vorgegeben, wohingegen in der Bundesrepublik die Pluralität der Träger und Konzepte das Bild des Kindergartenwesens prägten. Noch sind eine Aufarbeitung der Konzepte und Erfahrungen mit der Pädagogik des Kindergartens in der DDR und die Einschätzung seiner Wirkungen im Fluss und werden kontrovers diskutiert, dennoch war es mir wichtig, einige Grundzüge der ihm zugrunde liegenden pädagogischen Konzeption und seine Entwicklung in meine Darstellung aufzunehmen. Dies konnte im Rahmen einer Gesamtdarstellung des Kindergartens nur in der Form eines knappen Überblicks geschehen.

Der seit 50 Jahren anhaltende Zustrom von Menschen mit nichtdeutscher Muttersprache erforderte neue Konzepte hinsichtlich der Integration und Schulvorbereitung dieser Kinder. Dies ist seit langem eine Aufgabe von großer bildungs- und sozialpolitischer Bedeutung und wird es auch weiterhin sein, denn angesichts einer schrumpfenden Bevölkerung benötigt Deutschland die Zuwanderer.

Auch wenn die interkulturelle Erziehung in Kindergärten bereits eine lange Tradition hat, die bis in die 1970er-Jahre zurückreicht, so wurde ihr in jüngster Zeit weit mehr Bedeutung zugemessen. Insbesondere die Förderung der deutschen Sprache im Kindergarten wird als vordringlich angesehen, denn wie der 6. Familienbericht der Bundesregierung (Bundesministerium 2000) bereits darlegte, haben mehr als die Hälfte aller Kinder mit nichtdeutscher Muttersprache beim Eintritt in die Schule unzureichende deutsche Sprachkenntnisse und dadurch erhebliche Nachteile für ihre Schullaufbahn (s. Kapitel Interkulturelle Erziehung).

Aber nicht nur Kinder mit Migrationshintergrund bedürfen der sprachlichen Förderung. Auch zahlreiche Kinder aus deutschsprachigen Elternhäusern weisen sprachliche Defizite auf, wenn sie aus bildungsfernen Schichten stammen, wie die Sprachstandtests, die ein, in manchen Bundesländern zwei Jahre vor der Einschulung durchgeführt werden, ergaben.

Da gesetzlich jedem Kind vom dritten Lebensjahr bis zum Eintritt in die Schule ein Platz in einer Tageseinrichtung garantiert ist, und inzwischen etwa 90 Prozent aller Kinder einen Kindergarten besuchen, ist er für Eltern und Kinder fast genauso wichtig wie die Grundschule. Angesichts dieser Tatsache wird darüber diskutiert, ob der Besuch des Kindergartens nicht genauso kostenlos sein müsste wie der Besuch der Schule. Zumindest aber, so lautet vielfach die Forderung, sollte das letzte Kindergartenjahr vor der Einschulung unentgeltlich sein. Eine Forderung, die absolut nicht neu ist. Friedrich Fröbel hat schon 1848 in einer Petition an die Deutsche Nationalversammlung den kostenfreien Besuch des Kindergartens für jedes Kind gefordert und auf der Reichsschulkonferenz 1920 wurde ebenfalls diese Forderung lebhaft diskutiert, jedoch mehrheitlich abgelehnt. Auch im Interesse der Verwirklichung von mehr Bildungsgerechtigkeit wäre der kostenfreie Besuch des Kindergartens, der übrigens in der DDR gegeben war, wünschenswert.

Trotz der gewachsenen Bedeutung der Tageseinrichtungen für Kinder erfolgt in Deutschland die Ausbildung der pädagogischen Fachkräfte nach wie vor an Fachschulen. Dieses bekräftigte auch die von der Konferenz der Kultusminister am 28. Januar 2000 verabschiedete »Rahmenvereinbarung zur Ausbildung und Prüfung von Erziehern/Erzieherinnen«. Obgleich mit guten Gründen eine Anhebung des Ausbildungsniveaus auf Fachhochschulebene immer wieder gefordert und in den meisten europäischen Ländern auch durchgesetzt wurde, blieb es in Deutschland bedauerlicherweise dabei, dass Erzieherinnen und Erzieher an Fachschulen ausgebildet werden.

Schon vor zehn Jahren war es absehbar, dass das Niveau der Ausbildung für den Erzieherberuf angehoben werden muss. Auch wenn nach wie vor der größte Teil der Studierenden an Fachschulen ausgebildet wird, entwickelten einige Fachhochschulen und Universitäten Studiengänge für Frühpädagogik, unter der Annahme, dass deren Absolventinnen und Absolventen künftig Leitungsaufgaben übernehmen werden. Die Anhebung der Ausbildung aller Erzieherinnen und Erziehern auf ein akademisches Niveau ist damit zunächst nicht intendiert.

Waren in der Vergangenheit ausschließlich Frauen in den Kindergärten tätig – eine Ausnahme bildeten die antiautoritären Kinderläden, in denen auch Männer arbeiteten – so wird heute gefordert, dass auch Erzieher in den Kindertagesstätten beschäftigt werden sollten. Bislang gibt es nur wenige Erzieher in den Einrichtungen, aber die Diskussion darüber, welche Auswirkungen es auf die pädagogische Arbeit mit den Kindern und auf die Teamarbeit hat, wenn mehr Männer in den Kindergärten arbeiten, hat begonnen. Auch hieran lässt sich feststellen, dass das Berufsbild des Erziehers und der Erzieherin sich in einem starken Wandel befindet.

In diesem Buch wird ein Zeitraum von etwa 200 Jahren durchschritten, und das machte es erforderlich, die Hauptströmungen der pädagogischen Entwicklung des Kindergartens herauszuarbeiten, wobei ich auf eine Vertiefung einzelner Perioden und Aspekte zugunsten eines Überblicks über die Gesamtentwicklung verzichtet habe.

Meine Darstellung soll dabei helfen, die historische Bedingtheit aktueller Konzepte und Probleme zu erkennen, und ich hoffe, mit diesem Buch das Interesse sowohl an der geschichtlichen Entwicklung als auch an der heutigen Diskussion über frühkindliche Bildung und Erziehung zu wecken und zu weiterführender Lektüre anzuregen.

Kronberg, Juni 2011

1.
Die Entstehung der institutionellen Kleinkinderziehung

1. Die Entstehung der institutionellen Kleinkinderziehung

1.1 Die Anfänge der Kleinkindpädagogik

Wir sehen heute die Tatsache, dass zwischen Kindern und Erwachsenen pädagogisch geformte Beziehungen bestehen und dass sich Erziehung vorwiegend in abgegrenzten Bereichen vollzieht, als eine »natürliche« Folge des biologischen Zustandes von Kindern an. Uns ist nur unzulänglich bewusst, dass die Einstellung der erwachsenen Gesellschaft zum Kind einem historischen Wandel unterlag und dass sich eine differenzierte Wahrnehmung der Bedürfnisse und Entwicklungsstadien von Kindern im vorschulischen Alter erst allmählich entwickelte.

Philippe Ariès (1977) hat in einer umfangreichen Untersuchung dargelegt, wie erst im Verlauf der geschichtlichen Entwicklung die Kindheit im Bewusstsein der Menschen als eine eigene Periode wahrgenommen wurde und wie man langsam erkannte, dass das Kind eine spezifische psychosoziale Entwicklung durchläuft. Betrachten wir die Einstellung, die man im Mittelalter gegenüber der Kindheit findet, so ist der These Ariès' zuzustimmen, dass damals der Sinn für die Kindheit fehlte. Kinder wurden, schon bald nachdem sie laufen und sich verständlich machen konnten, in die Welt der Erwachsenen integriert und nahmen an deren Arbeiten und Vergnügungen teil. Ihre Kleidung glich der der Erwachsenen, und sie unterschieden sich von ihnen nach damaliger Auffassung nur hinsichtlich ihrer Größe und Kraft. Die Weitergabe von Wissen und Werten erfolgte in Lehrverhältnissen, die die Kinder dazu zwangen, »*in der Umgebung von Erwachsenen zu leben, die ihnen die technischen und sozialen Fertigkeiten beibringen, die sie zum Leben brauchen*« (Ariès 1977, S. 53).

Die Praxis des Lehrverhältnisses ist unvereinbar mit dem System der nach Altersklassen gliederten Erziehungseinrichtungen, wie sie für unser heutiges Bildungssystem charakteristisch sind. Im häuslichen Bereich sah man im Kind ein reizendes Spielzeug, mit dem sich die Erwachsenen vergnügten. Erst im 16. und 17. Jahrhundert wandelte sich die Einstellung zum Kind, das nun nicht mehr ein Gegenstand zum Hätscheln war, sondern ein Geschöpf Gottes, das zu einem verständigen Wesen erzogen werden sollte. Die ersten entwickelten Konzepte zur häuslichen Erziehung des Kindes bis zum 6. Lebensjahr finden wir im Humanismus. Während dieser Periode war die kulturelle und gesellschaftliche Bedeutung des Bürgertums gestiegen. Die weitreichenden Handelsbeziehungen sowie die Leitung der entstandenen großen Manufakturen erforderten eine umfassende Bildung.

Im Zuge dieser Neubewertung von Bildung und Erziehung schenkte man auch der Erziehung des Vorschulkindes erstmals eine besondere Beachtung. Der französische Humanist Michel de Montaigne (1533–1592) stellte Überlegungen darüber an, welche Ursachen menschlichem Verhalten zugrunde liegen, und erkannte, welche Bedeutung die Erziehung in frühester Kindheit für die Ausbildung des Charakters hat.

Es spricht für das humanistische Denken Montaignes, wenn er jede Gewalt in der Erziehung ablehnt. »*Ich bin gegen jede Gewaltanwendung bei der Erziehung einer jungen Seele, die an das Gefühl für Freiheit und Ehre gewöhnt werden soll. Es liegt etwas Knechtisches in Zwang und Strenge; und ich bin der Überzeugung, dass, was sich mit Vernunft, mit Behutsamkeit und Geschick nicht erreichen läßt, erst recht nicht durch Kraftmittel erzielt wird [...]. Meine Erfahrung lehrt mich, dass man mit Prügeln nichts weiter erreicht, als die Menschen feig, böse und bockig werden zu lassen [...]*« (zit. nach Krecker 1971, S. 30).

Im Unterschied zu Montaigne, der Fragen der Kleinkindererziehung eher beiläufig erwähnte, widmete Johannes Amos Comenius (auch Jan Amos Komensky) (1592-1670) dieser in seiner »Didactica magna« ein spezielles Kapitel. Comenius betrachtet Anlagen zur Bildung, Tugend und Frömmigkeit als angeboren, die jedoch erst durch die Erziehung entfaltet werden. Der Erziehung kommt die Aufgabe zu, entsprechend den Entwicklungsstufen des Kindes die ersten Grundlagen von Wissen zu vermitteln. Dabei sollen die Erzieher den Bewegungsdrang des Kleinkindes berücksichtigen und für Spiel- und Arbeitsmöglichkeiten sorgen. Comenius entwickelt zunächst die Aufgaben und den Aufbau eines einheitlichen Schulsystems und leitet hieraus die Anforderungen und das Konzept der »Mutterschule« ab. Das Kind soll bereits im vorschulischen Alter in die Wissenschaften eingeführt werden, wobei Comenius an die Erfahrungen des Kindes anknüpft. In seinem Bildungsplan sind u. a. folgende Gebiete enthalten: Naturwissenschaften, Optik, Astronomie, Geografie, Chronologie, Geschichtswissenschaft, Arithmetik, Geometrie, Statik u. a. m. Um zumindest an einem Beispiel zu zeigen, welche didaktischen Überlegungen er anstellt, sei hier ein kurzer Abschnitt zitiert: »*Der Anfang der Astronomie wird darin bestehen, dass er die Bedeutung von Himmel, Sonne, Mond und Sternen kennenlernt und ihren täglichen Auf- und Niedergang bemerkt*« (Komensky 1971, S. 40). In dem »Informatorium der Mutter-Schule«, 1633 in deutscher Sprache erschienen, hat er diese konzeptionellen Gedanken bis in die einzelnen Lebensjahre und bis zu methodischen Hinweisen aufgeschlüsselt und in allgemeinverständlicher Sprache dargestellt. Er empfiehlt den Müttern, während der ersten sechs Lebensjahre die seelische und geistige Entwicklung ihrer Kinder auf den Gebieten des Verstandes, der Arbeit, der Künste, der Sprache, der Sitte und Tugenden und der Religion zu fördern. Die Bedeutung Comenius' für die Entwicklung der Kleinkinderziehung liegt darin, dass er als erster ein wissenschaftlich begründetes Konzept vorgelegt hat, das die allseitige Förderung des Kindes umfasste. Jedoch ist sein Einfluss auf die Kleinkindpädagogik gering geblieben, da seine Schriften infolge der Wirren des 30jährigen Krieges weitgehend in Vergessenheit gerieten.

Den Ideen eines bürgerlich-demokratischen Staates, in dem alle Bürger die gleichen Rechte und Pflichten haben sollten, war Jean-Jacques Rousseau (1712-1778) verbunden. In seinem pädagogischen Hauptwerk »Émile« (1762) entwickelte er jene Gedanken, die später auch Pestalozzi und Fröbel beeinflusst haben. Wichtigstes Erziehungsziel ist für Rousseau der Bürger, der an den öffentlichen Angelegenheiten des demokratischen Staates teilnimmt. Damit der Zögling nicht durch die vorherrschende feudal-absolutistische Lebensweise verdorben würde, sollte er von seiner Umgebung isoliert aufwachsen. Die Erziehung beginnt nach der Auffassung Rousseaus mit der Geburt, und das Kind bilde sich vermittels von Erfahrungen ein Urteil über seine Umwelt, noch ehe eine Belehrung erfolgt. Rousseau hebt die Notwendigkeit einer gemeinschaftlichen Erziehung aller Kinder hervor. Sie sollte eine öffentliche Angelegenheit sein, da dies dem demokratischen Grundsatz der Gleichheit aller Bürger förderlich wäre. Es muss betont werden, dass Rousseau dem Kind das Recht auf das Spiel, in dem er einen Naturtrieb wirken sieht, ausdrücklich zubilligt und die Menschlichkeit einer Gesellschaft daran misst, ob sie das Kind Kind sein lässt. Die pädagogischen Schriften Rousseaus enthalten – jedenfalls soweit sie sich auf die Erziehung des Kleinkindes beziehen – Gedanken und Konzepte zur familiären Erziehung. Allerdings wird bereits bei ihm der Gedanke betont, dass Erziehung eine Aufgabe des Staates sei und dass man sie nicht allein der Familie überlassen solle.

Im Unterschied zu früheren Epochen lagen am Ende des 18. Jahrhunderts detaillierte Kenntnisse und Beobachtungen über die kindliche Entwicklung in den ersten Lebensjahren vor, und die grundsätzliche Bedeutung, die der Erziehung in der früheren Kindheit zukommt, wurde anerkannt. Daraus wurde die Notwendigkeit einer absichtsvollen (intentionalen) Erziehung abgeleitet.

1.2 Über die gesellschaftlichen Voraussetzungen für die Entstehung von Kleinkinderbewahranstalten und Kleinkinderschulen

Fragen wir uns, welche gesellschaftlichen Bedingungen zu Beginn des 19. Jahrhunderts zur Gründung der ersten Kleinkinderschulen und Kleinkinderbewahranstalten führten, so lassen sich drei Voraussetzungen nennen:

→ Veränderte Produktionsformen bedingten die Gründung und die Ausbreitung der Manufakturen, was eine Trennung von Familie und Produktionsstätte zur Folge hatte. Damit verlor die Familie eine wichtige erzieherische Funktion, denn die heranwachsenden Kinder konnten nun nicht mehr durch Nachahmung des beruflichen Handelns ihrer Angehörigen bruchlos in die Berufsrolle hineinwachsen.

→ Die Entstehung der Klasse des besitzlosen Proletariats mit Frauen- und Kinderarbeit brachte eine Verschlechterung der allgemeinen Lebensbedingungen, und hieraus folgten eine hohe Kindersterblichkeit, ein Absinken des Bildungsniveaus und die Gefährdung der psychischen und physischen Entwicklung der Kinder und Jugendlichen.

→ In der geistesgeschichtlichen Bewegung der Aufklärung wurde das Bürgertum selbstbewusster und beanspruchte politische Mitbestimmung im Staat. Aus diesen hier skizzierten gesellschaftlichen und

geistesgeschichtlichen Voraussetzungen lassen sich die zwei Funktionen ableiten, die die öffentlichen Einrichtungen für Vorschulkinder haben sollten:
→ Sie sollten zum einen für die Kinder der unteren Schichten ausfallende Erziehungsaufgaben der Familien wahrnehmen;
→ sie sollten zum anderen einen allgemeinen Bildungs- und Erziehungsauftrag erfüllen, der den neuen Bedürfnissen des sich von der Vorherrschaft des Adels emanzipierenden Bürgertums entsprach.

Wenn auch beide Aspekte nicht strikt voneinander zu trennen sind, weil sie in einem interdependenten Verhältnis zueinander stehen, so lässt sich an der geschichtlichen Entwicklung der Kleinkindpädagogik zeigen, dass sich je spezifische Einrichtungen für die Kinder aus unteren Schichten mit sozialfürsorgerischer Absicht und für die Kinder des gebildeten Bürgertums und des aufgeklärten Adels vornehmlich mit erzieherischer Zielsetzung bildeten.

1.3 Kleinkinderschulen

Eine bedeutende Einrichtung für Kleinkinder wurde von Pastor Johann Friedrich Oberlin im letzten Drittel des 18. Jahrhunderts in den Gemeinden des Steintals (Elsass) ins Leben gerufen. Man nannte sie »Strickstube« oder »Wohnstube für Stricken«. In den »Strickstuben«, die sowohl von Kindern im Vorschulalter als auch von Schulkindern besucht wurden, erstreckte sich die Erziehung der Kinder auf den Unterricht in französischer Sprache, auf das Bekanntmachen mit den Dingen der Umwelt, auf Heimatkunde, auf die Unterweisung im Stricken und auf die körperliche Ausbildung (vgl. Krecker 1971). Oberlins Strickschulen hatten einen eindeutig pädagogischen Charakter; sie waren nicht aus sozialfürsorgerischen Motiven entstanden. Die allgemeine politische Ursache für eine gesellschaftliche Kleinkinderziehung lag in Frankreich darin, dass die Bestrebungen nach einem Nationalstaat durch den Unterricht in der französischen Hochsprache anstelle der Dialekte unterstützt wurden. Die Strickstuben sollten in erster Linie einen Bildungsauftrag erfüllen und sind insofern als Vorläufer des von Fröbel fast siebzig Jahre später gegründeten Kindergartens anzusehen.

Die sprunghafte Entwicklung der Industrie bewirkte einschneidende Veränderungen im sozialen Gefüge der Staaten. Durch die Aufhebung der Frondienste auf dem Lande wurden Arbeitskräfte freigesetzt, die in die Städte zogen, um sich als lohnabhängige Arbeiter zu verdingen; sie bildeten die neue Klasse des besitzlosen Proletariats. Der ökonomisch-technische Fortschritt führte dazu, dass die ehemals komplexen Arbeitsvorgänge so weitgehend in einfache Tätigkeiten zerlegt wurden, dass sie auch von Frauen und Kindern ausgeführt werden konnten. Die Verelendung des Proletariats durch uneingeschränkte Ausbeutung, die zunehmende Frauenerwerbstätigkeit und Kinderarbeit führten dazu, dass die physische Reproduktion des

Proletariats bedroht war. Der allgemein schlechte gesundheitliche Zustand der Kinder, die hohe Säuglingssterblichkeit und die Verwahrlosung der Kinder provozierten zunächst in England, später auch in Deutschland, sozialfürsorgerische Maßnahmen.

Am bekanntesten waren die »Infant Schools« des utopischen Sozialisten Robert Owen (1771-1858), die ein Teil seiner sozialreformerischen Maßnahmen waren. Owen war in jungen Jahren bereits Helfer des Lehrers in seiner Heimatstadt Newton (Wales). Innerhalb kurzer Zeit hatte er sich zum kapitalistischen Unternehmer emporgearbeitet und leitete bereits mit zwanzig Jahren eine Feinbaumwollspinnerei mit 500 Arbeitern. 1800 übernahm er in New Lanark (Schottland) eine Fabrik, aus der er durch sozialreformerische Maßnahmen eine Musterfabrik machte, die nicht nur hohe Gewinne abwarf, sondern in der die Arbeiter unter menschenwürdigen Bedingungen lebten und arbeiteten. 1809 gründete er dort eine »Infant School«, in die die Kinder der Fabrikarbeiter im Alter von zwei bis sechs Jahren aufgenommen wurden. Danach besuchten sie bis zum zehnten Jahr die Normalschule. Folgende Überlegungen veranlassten Owen, eine Kleinkinderschule zu gründen:

»*Das Kind wird der falschen Behandlung seiner noch nicht erzogenen und ungebildeten Eltern entzogen, soweit dies gegenwärtig möglich ist. Die Eltern werden vor dem Zeitverlust bewahrt, und es werden ihnen Angst und Sorge genommen, die jetzt daraus entstehen, dass sie die Kinder von der Zeit des Laufenlernens bis zum Schulanfang beaufsichtigen müssen. Das Kind wird an einem sicheren Ort untergebracht, wo es sich zusammen mit seinen künftigen Schulkameraden die besten Gewohnheiten und Prinzipien erwirbt, während es zu den Mahlzeiten und zum Schlafen in die Obhut der Eltern zurückkehrt, wobei durch die zeitweilige Trennung die gegenseitige Zuneigung wahrscheinlich stärker werden dürfte*« (zit. nach Barow-Bernstorff 1969, S. 208).

Owen vertrat die Auffassung, dass man den Eltern nicht die Erziehung der Kinder überlassen dürfe, da sie nur unzureichende Kenntnisse von einer richtigen Erziehung hätten und ihren Kindern auch nicht die materiellen Voraussetzungen dafür geben könnten; daher sollte die Erziehung des Kleinkindes eine allgemeine gesellschaftliche Aufgabe sein.

In der »Infant-School« sollten die Kinder ohne Strafen und ohne Furcht vor Strafen erzogen werden. Durch die anregende Ausgestaltung der Räume sollten die Kinder »*durch Anschauung zur Fragestellung gebracht werden*« (zit. nach Krecker 1971, S. 204). Neben Spiel, Gesang und Tanz gehörten auch Vorformen der körperlich-militärischen Übungen und Unterricht in Geografie und Naturkunde zum Lehrplan. Owen erkannte aber, dass die wahre Ursache für die elende Lage des Proletariats in den Eigentumsverhältnissen lag, und er entwarf Pläne für eine genossenschaftliche Organisation menschlichen Zusammenlebens. Diese realisierte er durch die Gründung der Siedlung New Harmony in Nordamerika (1825). In dieser Siedlung entsprach der kollektiven Wirtschaftsform auch die kollektive Lebensform, in der die Kinder in Gemeinschaftseinrichtungen erzogen wurden. Die Ansätze der sozialistischen Erziehung Owens sind für die Entwicklung der Kleinkindpädagogik weitgehend ohne Einfluss geblieben, während die aus christlichem Glauben entstandenen Konzepte dominierten.

1.4 Kleinkinderbewahranstalten

Auf die Entwicklung der Kleinkinderbewahranstalten in Deutschland hatte Samuel Wilderspan (1792-1866), Leiter der Zentral-Kinderschule in London, besonderen Einfluss, da sein Buch über die frühzeitige Erziehung der Kinder der Armen bereits 1826 in deutscher Sprache erschien. Kleinkinderbewahranstalten erfüllen nach Wilderspan vorrangig drei Funktionen: 1. Sie dienen der Verbrechensverhütung, indem sie der Verwahrlosung vorbeugen; 2. sie fördern den Schulbesuch älterer Kinder, die nicht mehr der Schule ferngehalten werden, weil sie auf jüngere Geschwister aufpassen müssen, und 3. bilden sie den Anfang einer christlichen Erziehung. Mit etwa 120 Kindern pro Erzieher war in den Kleinkinderbewahranstalten nur eine Massenerziehung möglich, für die besondere organisatorische Maßnahmen getroffen wurden. Wilderspan arbeitete mit einem Helfersystem, bei dem eine Gruppe von Kindern von einem älteren Kind angeleitet wurde. Auf dem Lehrplan stand in erster Linie biblische Geschichte. Daneben lehrte man Naturgeschichte, die Zeitfolge der Könige von England, Lesen, Sprachlehre und Rechnen.

Zu Beginn des 19. Jahrhunderts blühten christlich-schwärmerische Vereine überall in Deutschland auf; man nannte daher diese Epoche auch die »Erweckerzeit«. Diese bürgerlichen Vereine widmeten sich sozialen Aufgaben, insbesondere auch der Armenpflege. Sie handelten aus christlichem Geist und verstanden ihre sozialen Aktivitäten als christliche »Liebestätigkeit«, wenn sie auch mit der offiziellen Kirche nichts zu tun haben mochten, deren erstarrte Formen sie ablehnten. Frauen traten in diesen Vereinen nicht öffentlich hervor, ihnen billigte man nur zu, im Stillen Gutes zu tun. Während des Krieges von 1813/14 gegen Frankreich wurden auch Frauen von der allgemeinen Kriegsbegeisterung erfasst und gründeten Frauenvereine, die es sich zur Aufgabe machten, für die Ausrüstung der Krieger, für die Verwundeten und für die hinterbliebenen Frauen und Kinder zu sorgen. In den Notjahren nach dem Krieg blieben viele Frauenvereine bestehen und engagierten sich nunmehr für andere soziale Aufgaben. Von diesen Vereinen wurden u. a. auch Kleinkinderbewahranstalten gegründet.

Die offizielle Kirche verhielt sich der »Liebestätigkeit« der »erweckten Kreise« gegenüber gleichgültig, teilweise sogar ablehnend. In der evangelischen Kirchengemeinde standen die Frauen zumeist am Rande, und noch im 18. Jahrhundert gab es in Deutschland kaum Diakonissen. Erst im 19. Jahrhundert kam der Gedanke auf, Frauen mehr als bis dahin an Aufgaben in der Gemeinde zu beteiligen. In Kaiserswerth gründete der evangelische Pfarrer Theodor Fliedner eine Diakonissenanstalt. Die von ihm ausgebildeten Diakonissen übernahmen als Leiterinnen zahlreiche Kleinkinderbewahranstalten in Rheinland und in Westfalen. So beeinflusste Fliedners pädagogische Konzeption zahlreiche Kleinkinderschulen.

Fliedner veröffentlichte ein Programm über die Tagesgestaltung in der Kleinkinderschule, aus dem hervorgeht, dass der Tagesablauf stundenplanmäßig gegliedert war; schulmäßige Übungen und intensive religiöse Unterweisungen waren ein Charakteristikum dieser Einrichtungen. Die körperlichen Übungen nahmen auf die Bedürfnisse des Kleinkindes keine Rücksicht, sie dienten vor allem der Disziplinierung. Über die Methode der Erziehung und des Unterrichts schrieb Fliedner: »*Kein Beschäftigungsgegenstand dauert länger als eine viertel Stunde, und zwischen jedem neuen Gegenstande findet, wie bemerkt, ein kurzes Singen statt, was den Kindern Erholung ist ... Der pünktliche Gehorsam und der Ordnungssinn wird bei den Kindern auch noch auf andere Art zu fördern gesucht. Wenn sie z. B. die Schiefertafeln gebrauchen sollen, müssen sich alle in eine Reihe stellen, und eins der größeren Kinder reicht ihnen die Tafeln, ein anderes die Griffel, ein drittes die Lineale. Sind sie fertig mit der Tafel, so müssen sie aufstehen, die Tafel auf einen Stuhl, die Griffel und Lineale auf einen anderen in der Mitte der Stube tragen, und in derselben Ordnung, wie sie gekommen um die Stühle herum auf ihre Plätze zurückgehen ... Die kleinen, zum Fördern der Ordnung aus den Kindern gewählten Aufseher und Aufseherinnen verrichten ihr Ehrenamt mit überraschendem Ernst, Pünktlichkeit und hilfreicher Liebe*« (Fliedner [1842] 1971, S. 141).

Außer den Kleinkinderbewahranstalten für die Kinder der Proletarier gab es für die höheren Stände die Kleinkinderschulen. Julius Fölsing (1818-1882), Gründer und Leiter von Kleinkinderschulen, beschrieb die unterschiedlichen Aufgaben und Konzeptionen von Kleinkinderschulen für die Kinder des Bürgertums und für die Kinder der Proletarier. Dabei ging er von der unterschiedlichen sozialen Lage der Kinder aus. Durch die Erwerbstätigkeit der Mütter, die vielfach gezwungen waren, ihre Kinder tagsüber sich selbst zu überlassen, waren viele Kinder seelisch und körperlich vernachlässigt, und Fölsing skizzierte, welche Folgen für die Gesellschaft daraus entstehen würden.

»*Durch Kleinkinderschulen können wir nun zwar der Armut, sofern sie in der Überbevölkerung und Arbeitslosigkeit ihren Grund findet, direkt nicht entgegenwirken. Aber der Rohheit, dem Leichtsinn, der Unmenschlichkeit, den Lastern und Verbrechen können wir entgegenwirken – und zwar durch ein einziges Mittel: durch eine bessere Erziehung von unten auf*« (Fölsing [1846] 1971, S. 150).

Fölsings Konzeption enthält eine nach den sozialen Klassen getrennte Erziehung. In den Bewahranstalten geht es auch später vor allem darum, die Proletarierkinder vor der Verwahrlosung zu bewahren, erst in zweiter Linie geht es um eine pädagogische Förderung. Für die Kinder des Bürgertums sind Kleinkinderschulen familienergänzende Einrichtungen, die von den Kindern meist vormittags und nachmittags je zwei Stunden besucht werden sollten, damit ihre Entwicklung gezielt unterstützt wird:

»*Die Kinder armer Eltern, die durch ihre Beschäftigung verhindert sind, ihren Kindern die gehörige Sorgfalt zu widmen, werden entweder den ganzen Tag, oder doch wenigstens den größten Teil desselben in die Anstalten aufgenommen und vor Schäden bewahrt ... In die Bewahranstalten werden Kinder von dem ersten und zweiten Lebensjahre an aufgenommen; in die Anstalten wohlhabender Eltern dagegen sollen die Kinder erst dann aufgenommen werden, wenn sie schon hinreichend körperlich erstarkt sind, also gewiß nicht vor dem dritten Lebensjahre ...Es ist Bedürfnis, die armen Kinder vor allen Dingen von der Straße wegzuschaffen und sie aufzunehmen, um den Körper und Geist vor nachteiligen Einwirkungen zu schützen; aber dazu ist keine Nötigung für Kinder aus höheren Ständen vorhanden ... Ihre Kleinen sollen aber ... etwas geregelter, ernsthafter als zu Hause ... unterhalten, beschäftigt und belehrt werden, um eben hierdurch einen zweckmäßigeren Übergang von der Familie zur Lernschule herzustellen. Es versteht sich von selbst, dass auch die Kinder armer Eltern zweckmäßig belehrt werden sollen, um sie für die eigentliche Schule reif zu machen, ohne förmlich zu unterrichten«* (Uhlhorn 1895, S. 744).

1843 gründete Fölsing eine »Kleinkinderschule für die höheren Stände«, die sich in ihrer Zielsetzung von Kleinkinderschulen für die unteren Stände deutlich unterschied: Es war das Ziel, »*Körper und Geist der Kinder ... auf eine dem kindlichen Wesen entsprechende, gleichsam spielende Weise, jedoch planmäßig zu entwickeln, sowie auch besonders ihren Thätigkeitstrieb, den Sinn für Ordnung und Wohlanständigkeit zu wecken und zu pflegen*« (Fölsing, zit. nach Krecker 1971, S. 153). Im Gegensatz zu Fliedner, der dem Spiel kaum einen eignen Wert zugestand, sondern es auf die Funktion reduzierte, die Pausen zwischen den einzelnen Unterrichtsabschnitten zu füllen, hatte das Spiel in dem von Fölsing entworfenen Programm für die Bildung und Erziehung vier- bis siebenjähriger Kinder in den Kleinkinderschulen weitaus größere Bedeutung. Die Spiele seien wichtiger als Spaziergänge oder Körperübungen, weil sie »*unbemerkt zur körperlichen und geistigen Entwicklung, zum Frohsinne, zur Freude, zur Zufriedenheit hinführen*« (Fölsing, zit. nach Krecker 1971, S. 154). Dabei förderte er nicht nur das gelenkte Spiel, sondern maß dem »Fürsichspielen« – wir würden heute sagen: dem Freispiel – große Bedeutung zu. Des Weiteren sollten die Kinder durch Übungen im Anschauen, Denken und Sprechen gezielt gefördert werden.

Fölsing, der auch eine Ausbildungsstätte gründete, bewahrte sich eine eigenständige Position, indem er sich von Fliedner und auch von Fröbel abgrenzte (vgl. Reyer 1983, S. 242).

Die Kleinkinderbewahranstalten breiteten sich rasch aus. So gab es z. B. 1845 in Berlin 29 Anstalten mit 3635 Kindern im Alter von zwei bis sechs Jahren. Zahlreiche Einrichtungen verdanken ihre Entstehung der Frauenbewegung und der Initiative einzelner Frauen. Erste pädagogische und soziale Erfahrungen sammelte Lily Braun (1865-1916) in einem von der Großmutter gegründeten Kinderhort:

»*Sie (die Großmutter) hatte einen Kinderhort ins Leben gerufen, wo die noch nicht schulpflichtigen Kleinen unter Aufsicht einer alten Frau aus dem Dorf spielten und in die ersten Begriffe der Reinlichkeit eingeweiht wurden. Großmama brachte täglich ein paar Stunden unter ihnen zu und saß, wie eine Erscheinung aus andrer Welt in ihrem schwarzen Samtkleid auf erhöhtem Sitz, mit den feinen Fingern Papierpuppen ausschneidend, während sie den Flachsköpfen, die sie dicht umdrängten, Märchen erzählte. Dazwischen flocht sie manchem Ruschelkopf die Zöpfe, oder putzte ein triefendes Näslein, oder wusch ein paar gar zu schmutzige Pfötchen. Was sie mit freundlichem Gleichmut tat, das kostete mir viel Selbstüberwindung. Diese Kinder straften die beruhigend-sentimentale Auffassung von der blühenden ländlichen Jugend Lügen. Nur wenige waren rund und pausbäckig und körperlich fehlerlos. Die meisten wackelten mühsam auf krummen Beinchen daher, an Ausschlägen an Kopf und Körper, an triefenden Augen litten viele, siehst Krüppel fehlten nicht, und mit Schmutz und Ungeziefer waren fast alle behaftet. Manche unter ihnen stierten mit verblödeten*

Blicken ins Leere, oder saßen stundenlang auf demselben Fleck, wie lebensmüde Greise. Andere, laute und lärmende, führten Worte im Mund, deren Sinn, den ich erst allmählich erriet, mir die Schamröte in die Wangen trieb. Ob es ihnen wirklich etwas nutzen konnte, dass sie hier während ein paar Kinderjahren vom inneren und äußeren Schmutz ein wenig gereinigt wurden?! dachte ich bei mir ... ›Und wenn wir nichts weiter erreichen, als ihnen ein paar fröhliche Stunden schaffen und für ihr ganzes späteres Leben die wohlige Erinnerung an etwas Sonnenschein – so ist das genug‹, sagte Großmama« (Braun 1909, S. 309f.).

Nach und nach ersetzte die organisierte Liebestätigkeit der Diakonissen die bürgerlichen Vereine. Um die Mitte des 19. Jahrhunderts konstituierte sich die Innere Mission, die zu einer Zentralisierung der »erweckten Kreise« beitrug. Im ausgehenden 19. Jahrhundert gab es dann etwa 2000 von Diakonissen geführte Kleinkinderbewahranstalten. In ähnlicher Weise wandten sich auch die katholischen Orden der Kleinkinderziehung zu, sodass insgesamt die Mehrzahl der Einrichtungen von Organisationen der beiden Kirchen getragen wurden.

2.
Der Fröbelsche Kindergarten

2. Der Fröbelsche Kindergarten

2.1 Fröbels Pädagogik

Abb. 1: Friedrich Fröbel (1782-1852)

In den Kleinkinderschulen und Kleinkinderbewahranstalten sehen wir Vorläufer jener von Friedrich Fröbel (1782-1852) gegründeten Erziehungseinrichtungen für drei- bis sechsjährige Kinder, die sich von den bis dahin bekannten Kleinkinderschulen und Kleinkinderbewahranstalten in jeder Hinsicht unterschieden.

Da zur Ausstattung dieser Einrichtungen auch ein Garten gehörte, gab Fröbel ihnen den Namen Kindergarten. Diese Bezeichnung und auch das spielpädagogische Konzept Fröbels hat weltweit eine große Verbreitung erlangt. Zwei Aspekte der Fröbelschen Pädagogik waren von besonderer Bedeutung: 1. Fröbels Auffassung von der seelisch-geistigen Entwicklung in der frühen Kindheit und 2. seine Theorie des Spiels sowie die von ihm entwickelten »Spielgaben«; wir würden diese heute als Spielmaterial bezeichnen.

Im Gegensatz zu den religiös begründeten Kleinkinderbewahranstalten ging Fröbel in entschiedener Ablehnung der Erbsünde davon aus, dass der Mensch von Geburt an gut sei. Fröbels Pädagogik entstand vielmehr aus der geistigen Bewegung der Aufklärung und des deutschen Idealismus. Für ihn stellte sich die Welt als sinnvolles Ganzes dar, und die Aufgabe der Erziehung sei es, den Menschen zum Einklang und zur Harmonie mit der Welt zu führen, zur »Lebenseinigung«. Der Begriff der Lebenseinigung umfasst die Beziehung zwischen dem Individuum, Gott, der Natur und der Gesellschaft. »*Fröbels Sphärephilosophie stellt eine Einheitsphilosophie, eine liberal-christlich fundierte Kosmologie und Anthropologie dar, die ›Natur‹ und ›Geist‹ (Mensch) als Bereiche der göttlichen Schöpfung interpretiert, deren Kern göttlich (›sphärisch‹) ist, die auf Gott verweist und auf diesen Ursprung zurückgeführt (religio) werden muss*« (Heiland 2010, S. 21).

Fröbel maß der Frühpädagogik sowie einer guten Mutter-Kind-Beziehung entscheidende Bedeutung für die gesamte Entwicklung des Menschen bei. Bereits im frühesten Alter sollten die Kinder durch spielerische Übungen mit der Mutter im kognitiven, emotionalen und motorischen Bereich gefördert werden. Ziel der Erziehung war ihm die Freiheit und Selbstbestimmung des Menschen, und daher sollten auch einengende Vorschriften und Strafen aus der Erziehung verbannt werden.

Im Mittelpunkt seiner Pädagogik stand die Beachtung und Förderung des kindlichen Spiels, denn er hatte beobachtet, dass die Fähigkeit zum Spiel eine notwendige Voraussetzung für die spätere Entwicklung zu einem ausgeglichenen und arbeitsfähigen Menschen war.

Friedrich Fröbel war erst ein Dreivierteljahr alt, als seine Mutter starb. In den ersten drei Lebensjahren wurde er vor allem vom Hauspersonal erzogen. Als sich sein Vater wieder verheiratete, war Friedrich Fröbel etwa drei Jahre alt. Die Stiefmutter konnte ihm die Mutter nicht ersetzen, und noch als Erwachsener klagte Fröbel, dass sie sich ihm nicht warmherzig und mütterlich zugewandt habe. Aus dem Mangel an mütterlicher Zuwendung, der – wie er selbst schrieb – seine Kindheit verdüsterte, sodass er als ein verschlossener Knabe galt, schöpfte er die Erkenntnis, dass zum einen die Kindheit von Bedeutung für die gesamte Entwicklung ist und dass zum anderen die Erziehung der Menschheit mit der Erziehung der Mütter beginnen müsse. »*Denn leider überwindet der Mensch oft kaum durch sein Leben das in der Kindheit Eingesaugte, eben weil sein ganzes Wesen wie ein großes Auge geöffnet, ihnen hin- und preisgegeben war*« (Fröbel [1826] 1951, S. 22). Die Menschen, die das Kind umgeben, sollten in ihm Vertrauen wecken, damit es eine positive Lebenseinstellung entwickeln kann. Es liegt nahe, hier an den von Erikson entwickelten Begriff des »Urvertrauens« zu denken (Erikson 1961).

Für Fröbel beginnt die Erziehung des Kindes mit seiner Geburt. Er erkannte frühzeitig die Bedeutung des Stillens und des ersten Lächelns, von dem wir durch die Forschungen von René Spitz heute wissen, dass es das Zeichen einer ersten geglückten Objektbeziehung ist. Es »*entwickelt sich in dem Kind das Gemeingefühl, daher sein Lächeln, sein Wohlbefinden … es ist dies das Beginnen des Selbstbewusstwerdens des Kindes*« (Fröbel [1826] 1951, S. 20).

In der ersten Erziehung des Kindes bezeichnen Ruhe, Lust und Lächeln die Lebensentwicklung und »*Lebenserhöhung*« (Fröbel), und die Erziehung sollte im Wesentlichen Pflege und Herstellung dieser positiven Gefühle sein. Unruhe, Weinen und Schmerz stünden der Entwicklung des Säuglings entgegen. »*Es muß bestrebt und sich bemüht werden, den Grund, die Gründe davon aufzufinden und sie zu entfernen*« (Fröbel [1826] 1951, S. 21). Jedoch darf diese Einstellung nicht mit der Verwöhnung verwechselt werden, daher gab Fröbel den Eltern folgenden Rat:

»*Haben also Eltern und Umgebung in sich die feste und sichere Überzeugung dass dem weinenden unruhigen Kinde das gereicht worden, was ihm jetzt Bedürfnis sein kann: so können nicht allein, ja so sollen Eltern und Umgebung das weinende, unruhige, ja schreiende Kind ruhig und still sich selbst überlassen, ruhig ihm Zeit geben, sich selbst zu finden*« (Fröbel [1826] 1951, S. 21).

In seinen frühen Schriften skizzierte Fröbel noch recht allgemein die Bedeutung der frühen Kindheit. Wie auch Pestalozzi, in dessen Erziehungsanstalt in Ifferten er zwei Jahre verbracht hatte, erkannte er, dass in der frühen Kindheit die charakterliche und geistige Entwicklung vorbereitet werden muss. Fröbel verfasste in seinen späteren Jahren ein Familienbuch, das die Mutter bei der Pflege und Erziehung des Säuglings und des Kleinkindes leiten sollte.

Die »*Mutter- und Koselieder*« (1844) sind eine Sammlung volkstümlicher Reime und Spiellieder, die von Fröbel mit umständlichen Erklärungen versehen wurden. Er folgte damit einer literarischen Strömung seiner Zeit, der Spätromantik, in der Volksmärchen und Volkslieder gesammelt wurden. Fröbel verfolgte aber mit diesen

Liedern keine ästhetische oder philologische Absicht, sondern es ging ihm darum, an die »*instinktive Erziehung*« (Fröbel) der Mutter anzuknüpfen und ihr die Bedeutung ihrer zufälligen und spontanen Spiele mit dem Kind bewusst zu machen. Erika Hoffmann hat in ihre Auswahl der Schriften Fröbels drei Spiellieder aufgenommen, um »*auf das schwer lesbare Buch aufmerksam zu machen und es vor dem Vergessenwerden zu bewahren*« (Hoffmann 1951, Bd. 1, S. 10). Die Reime und Lieder dienten der »*kosenden und spielenden Beschäftigung mit ganz kleinen Kindern, welche noch nicht sprechen, noch nicht stehen und noch weniger laufen können, wenigstens eben erst im Begriff sind, ihre Anlagen und Fähigkeiten zu entwickeln*« (Fröbel [1844] 1919, S. 11). Fröbel wollte von den unbewussten Verhaltensweisen der Mutter und den emotionalen Beziehungen zwischen Mutter und Kind ausgehen und sie mit der bewussten Erziehung verbinden. Er deutete die Äußerungen des Kindes und zeigte, wie man in der Erziehung darauf eingeht:

»*So spielt das Kind zunächst mit und durch sich selbst, wo ihm seine eigenen Glieder; Ärmchen, Händchen, Finger, Füßchen, Fußzehen, selbst sogar die Zunge Spielstoff und Darstellungsmaterial sind. Die vom Kindesleben selbst und ganz unmittelbar, ich möchte sagen, unzertrennlich und natürlich gegebene Sinnen- und Gliedertätigkeit muß also auch schon pflegend und beachtend erfasst, ja für den Gebrauch und die Anwendung des Balles, der Kugel und des Würfels aus- und vorgebildet werden*« (Fröbel [1840-51] 1929, S. 85).

Dieses wäre auch schon hier und da zu finden, »*allein es war nicht im Bewusstsein festgehalten und durch das Erkennen seines Zweckes geläutert worden*« (Fröbel [1840-51] 1929, S. 85).

Die Koselieder enthalten Belehrungen für die Mutter, wie sie mit ihrem Kind spielen könnte, um die Sinne des Kindes zu wecken und zu entwickeln. Fröbel empfiehlt den Müttern, auf spielerische Weise die Körperkräfte des Kindes zu üben und zu stärken. Seine Körperspiele sollen die motorische Entwicklung des Kindes fördern und unterstützen. Als Beispiel für eine Reihe solcher Übungen mag folgendes Spiellied dienen: »*Bautz, da fällt mein Kindchen nieder! Körperspiel, zur Stärkung des ganzen Körpers*« (Fröbel [1844] 1919, S. 8). Für die Mutter gab er eine genaue Anleitung, wie sie dabei mit dem Kind zu spielen habe: »*Das Kindchen liegt schon auf dem Kissen oder der dicken Steppdecke vor Dir; Du erfassest seine beiden Händchen oder Ärmchen und erhebest sanft des Kindes Oberkörper so, dass es selbst in sitzender Stellung bleibt. Nun läßt Du Händchen und Arme des Kindes Deinen Händen wieder sanft entgleiten und es abermals auf sein Bettchen niederfallen, doch so, dass es davon wirklich eine gelinde Erschütterung empfinde*« (Fröbel [1844] 1919, S. 62).

Die weiteren Ausführungen sind typisch romantische Vergleiche, in der einzelne Erscheinungen als Symbole für das Lebensganze gedeutet werden. Der erste Teil des Spielliedes richtet sich an die Mutter mit einer Belehrung:

> *»In jedem, was die Mutter thut,*
> *Ein hoher Sinn stets wirkend ruht;*
> *Selbst wenn sie ›Bautz-fall-nieder‹ spielet,*
> *Ihr Sinn ein höh'res Ziel erzielet.*
> *So stets in allem, was sie schafft:*
> *Nur stärken will sie Geist und Kraft,*
> *dass wenn ihr Kindchen einst auch gleite,*
> *Es sorgsam auch das Fallen meide«*
> (Fröbel [1844] 1919, S. 8).

Die Mutter wurde in romantischer Verklärung gesehen, und die Wirkung der Lieder damals ist nur schwer nachzuvollziehen, jedoch hat dieses Buch in mehrfachen Ausgaben weite Verbreitung gefunden. Die Untertitel der Lieder belegen, dass Fröbel eine übende Absicht mit den Spielen verfolgte. In seinen Spielliedern sollten folgende Bereiche geübt werden: Übungen für das Handgelenk, für die Armbewegungen, für den ganzen Körper … In der folgenden Stufe gibt es Spiellieder, in denen die einzelnen Übungen zusammengefasst werden.

Vergegenwärtigt man sich nun, dass sich im vorschulischen Alter die Motorik des Kindes von der Grobmotorik zur Feinmotorik entwickeln muss, damit das Kind beispielsweise befähigt wird, Schreiben zu lernen, so hatte Fröbel bereits hier die Übungen gezeigt, mit deren Hilfe diese Fähigkeiten des Kindes gefördert werden können. Mit anderen Übungen sollten die Sinne (Geschmack, Hören, Wahrnehmung) entwickelt werden. Zusammenfassend nannte Fröbel den Zweck der Koselieder, dass sie zunächst der Mutter und den weiteren Mitgliedern der Familie das Wesen des Kindes sowie die Bedeutung, die das Kind für sie habe, bewusst machen sollten. Dem Kind sollten sie dabei helfen, sich selbst wahrzunehmen und die Gegenstände und Personen seiner Umgebung sowie die Beziehungen zu ihnen zu strukturieren. An dritter Stelle stand für Fröbel die »*Freimachung der Sprech-, Sinnen- und Gliederwerkzeuge*« (Fröbel 1944, S. 30).

Charakteristika der Koselieder sind einerseits die romantische Überhöhung der Gestalt der Mutter, andererseits blumige Vergleiche und Symbole für das Kind. Die Koselieder sollten zeigen, dass in den spontanen Spielen der Mutter mit dem Kind Übungen enthalten waren, die – bewusst angewandt – die Entwicklung des Kindes positiv beeinflussen sollten. Zugleich hatten die Lieder die Absicht, die emotionale Beziehung zwischen Mutter und Kind zu festigen.

Man missversteht Fröbels pädagogische Konzeption, wenn man annimmt, er wollte sich auf das Beschützen und Bewahren der Kindheit beschränken. Die Bildung des Menschen von der frühen Kindheit an war sein innerstes Anliegen. »›*Bildung‹ ist bei Fröbel ein gestuftes Wissen des einzelnen Menschen um die Gesetzmäßigkeit von Wirklichkeit, jeder Wirklichkeit, aller Wirklichkeit. Dieses ›gestufte‹ Wissen reicht vom gefühlshaften ›Ahnen‹ im Kontext von Anschauung und Handeln bis zum klaren Bewusstsein, begrifflicher Abstraktion und philosophisch-wissenschaftlicher Systematik. Dabei handelt es sich um einen Prozess, der vom gefühlshaften ›Ahnen‹ zur bewussten*

Einsicht und zum Selbstbewusstsein führt und nicht auf einer Stufe dieses Prozesses stehen bleiben soll« (Heiland 2010, S. 19).

Durch das Spiel mit den von Fröbel entwickelten Spielmaterialien, den sog. Spielgaben, sollte der Bildungsprozess des Kindes gefördert werden. Allerdings sind die Übungen so in Spielformen eingekleidet, dass der systematische und geplante Aufbau nicht leicht zu erkennen ist. Fröbel stellte die These auf, dass bereits in frühester Kindheit Lernprozesse möglich sind, ja dass das Lernen im kognitiven, emotionalen und motorischen Bereich systematisch gefördert werden könnte. Jedoch konnte Fröbel den wissenschaftlichen Beweis seiner These nicht antreten. Sie ist erst etwa 100 Jahre später durch die Sozialisationsforschung belegt worden.

Fröbels Beobachtungen zur Psychologie des Kindes veranlassten ihn, zwischen dem Verhalten eines Kindes und seinen inneren Antrieben zu unterscheiden. Bravheit, was wir heute als angepasstes Verhalten bezeichnen, ließe nicht ohne Weiteres darauf schließen, dass das Kind auch in seinem Inneren gut wäre. Die Psychoanalyse unterschied später zwischen Triebmeisterung und Triebunterdrückung, und das etwa meinte Fröbel: »*Indem das äußerlich gut scheinende Kind oft in sich nicht gut ist, d. h., nicht durch Selbstbestimmung oder aus Liebe, Achtung und Anerkennung das Gute will; so wie das äußerlich raue, trotzige, eigenwillige, also nicht gut erscheinende Kind und Knabe, oft in sich das regste, eifrigste Streben nach Darstellung des Guten mit Selbstbestimmung hat*« (Fröbel [1826] 1951, 2. Bd., S. 10).

Fröbel lehnte die kirchliche Lehre von der Erbsünde des Menschen ab und ging in seiner erzieherischen Konzeption von der Annahme aus, dass das Kind von Geburt an gut sei. Der Historiker Hagen schrieb über Fröbels erzieherische Methode: »*Sie ist mir deshalb von großer Bedeutung, weil sie daraus ausgeht, den Menschen aus sich selbst heraus sich entwickeln zu lassen und ihn dadurch zum Selbstdenken, zur Selbständigkeit und zum Charakter zu erziehen. Durch dieses Prinzip ... tritt er freilich mit der jetzt eingerissenen Bevorzugung des positiv-christlichen Elementes in der Erziehung in direkten Widerspruch, denn er fasst das Kind – und gerade hierüber hat er die merkwürdigsten Erfahrungen gemacht – nicht, wie die Kirche will, als sündhaft auf, sondern im Gegenteile, er findet in demselben alle Keime der Intelligenz wie des sittlichen Lebens verschlossen und will diese naturgemäß zur Entfaltung bringen. Das Mittel, welches er zuerst anwendet, ist das Spiel. Hierüber hat er eine eigene Theorie erfunden, die zu den überraschendsten Resultaten führte, um so mehr, da die Werkzeuge desselben so einfach wie möglich sind*« (Fröbel [1826] 1951, S. 1f.).

Die Erziehung soll »leidend, nachgebend (nur behütend und beschützend), nicht vorschreibend, eingreifend und bestimmend sein« (Fröbel [1826] 1951, Bd. 2, S. 10). »Leidend« ist hier als abwartendes, beobachtendes Erzieherverhalten zu verstehen. »*Der echte Erzieher und Lehrer muss in jedem Augenblicke, muss in allen seinen Forderungen und Bestimmungen also zugleich doppelendig, doppelseitig sein: gebend und nehmend, vereinend und zerteilend, vorschreibend und nachgehend, fest und beweglich*« (Fröbel [1826] 1951, Bd. 2, S. 15). Es liegt nahe, hier an ein Zitat von Freud zu denken, das die Schwierigkeiten der Erziehung, die in der Spanne zwischen Gewähren und Versagen liegt, umreißt: »*Die Erziehung muss also hemmen, verbieten, unterdrücken und hat dies auch zu allen Zeiten reichlich besorgt. Aber aus der Analyse haben wir erfahren, dass gerade diese Triebunterdrückung die Gefahr der neurotischen Erkrankung mit sich bringt ... Die Erziehung hat also ihren Weg zu suchen zwischen der Scylla des Gewährenlassens und der Charybdis des Versagens«* (Freud 1969, S. 160).

Fröbel war, obgleich er einen gänzlich anderen Ausgangspunkt hatte, bereits zu vergleichbaren Anschauungen gelangt. Konsequenterweise verstand er abweichendes Verhalten und Erziehungsschwierigkeiten als Verletzung und Störung des ursprünglichen, gesunden Zustandes. Würde hier die Erziehung ›vorschreibend‹ und ›bestimmend‹ sein, so wäre das Ziel der Erziehung – Freiheit und Selbstbestimmung – gefährdet und würde verloren gehen. Der Zögling sollte in Verhältnisse und in eine Umgebung gebracht werden, in denen er von allen Seiten beachtet werde, wo ihm sein Betragen wie aus einem Spiegel entgegentreten solle und er dasselbe leicht und schnell in seinen Wirkungen erkenne (Fröbel [1826] 1951, Bd. 2, S. 13). Fröbel suchte der Fehlentwicklung mit therapeutischen Maßnahmen zu begegnen, ganz ähnlich denen, die später Aichhorn (1959) mit Erfolg angewendet hat. Die Ursachen für die sogenannten Unarten kleinerer Kinder sah Fröbel auch in dem Fehlen von geeigneten Beschäftigungsmöglichkeiten:

»Denn werden die Kinder auf diesem Weg geführt und beschäftigt, so braucht von Belohnungen und Strafen wenig oder gar nicht die Rede zu sein, wie wir denn auch kaum solche zu nennen wissen. Lohn fühlt sich das Kind in seinem Spiel, in seiner Beschäftigung, es findet dadurch einen Grundtrieb befriedigt, was kann es mehr wollen, wenn es darin noch nicht gestört ist? Strafe ist ihm, wenn es von der Gemeinschaft, wo ihm dies möglich wird, entfernt oder für eine Zeit ausgeschlossen werden sollte« (Fröbel 1944, S. 28).

2.2 Die Gründung der ersten Kindergärten

Aus einem von Fröbel geleiteten Spielkreis ging 1840 der erste Kindergarten in Rudolstadt (Thüringen) hervor. Bei der Eröffnung waren 24 Kinder im Alter von zwei bis fünf Jahren mit ihren Müttern sowie einigen Vätern zugegen. Die Kinder kamen zweimal wöchentlich für zwei Stunden zum Spielen zusammen. Eine Stunde war dem Bauen und die zweite Stunde den Bewegungsspielen gewidmet.

Die soziale Struktur der teilnehmenden Familien entsprach dem gehobenen Mittelstand: je zur Hälfte adlige und bürgerliche Familien, darunter Kaufleute und Fabrikbesitzer. Fröbel regte die Gründung von Elternvereinen an, die die Initiatoren und Träger der ersten Kindergärten wurden. Bis 1847 gab es sieben Kindergärten: Frankfurt a.M., Homburg v.d.H., Gotha, Annaburg, Quetz, Lünen und Dresden. Außerdem arbeiteten einige Kleinkinderbewahranstalten nach der Fröbelschen Methode, behielten aber ihren alten Namen. Zu diesen gehörten u. a. die Kleinkinderbewahranstalten in Darmstadt, Hildburghausen und Coburg. Die durch Fröbel gegründeten Kindergärten waren eine Einrichtung des aufgeklärten Bürgertums. Nach Fröbel erfüllt der Kindergarten drei Funktionen:

- In ihm werden Kinder im Vorschulalter durch angemessene Beschäftigung und durch Spiele allgemein gefördert und somit für die Schule und die weiteren Lebensstufen vorbereitet.
- Der Kindergarten selbst ist eine Ausbildungsstätte für junge Männer und Frauen, in der sie für Erziehungsaufgaben ausgebildet werden.
- Ferner soll geeignetes Spielmaterial entwickelt und die fachliche Diskussion durch die Herausgabe einer Zeitschrift gefördert werden.

Fröbel sah im Kindergarten die unterste Stufe eines einheitlichen Bildungssystems. Teile der Lehrerschaft unterstützten sein Bemühen um die Durchsetzung des Kindergartens und forderten 1848 die Nationalversammlung auf, in allen Gemeinden die Einrichtung öffentlicher Kindergärten zu empfehlen, denn – so die Begründung – die politische Neugestaltung, welche jedem Staatsbürger politische Rechte einräumt, fordert ein bis in die untersten Schichten gleichmäßig gebildetes Volk.

Nach dem Scheitern der Revolution von 1848 verhinderte jedoch das preußische Kindergartenverbot im August 1851 eine weitere Ausbreitung der Kindergärten. Erika Hoffmann, bekannt geworden als Fröbel-Forscherin, interpretierte das Kindergartenverbot folgendermaßen: »*Nach außen begründete sich das Verbot auf die Verwandtschaft Friedrich Fröbels mit Julius und Karl Fröbel, deren liberalistische Tätigkeit unangenehm aufgefallen war*« (Hoffmann 1951, Bd. 1, S. 179).

Abb. 2: Der Garten der Kinder im ersten deutschen Kindergarten

»*Der Kindergarten ... fordert also notwendig einen Garten und in diesem notwendig Gärten für die Kinder. Dieser Garten der Kinder hat aber außer dem allgemeinen Zwecke das Verhältnis des Besonderen zum Allgemeinen, des Gliedes, zum Ganzen, gleichsam des Kindes zur Familie, des Bürgers zur Gemeinde darzustellen, im wesentlichen nicht bloß entwickelnd, erziehend und beiehrend über Verhältnisse, sondern auch über Dinge, und hier namentlich über Gewächse und Pflanzen, zu sein. Sind die Kinder viele und der Bodenraum beschränkt, so kann man auch wohl zwei Kindern ein kleineres Stückchen gemeinsam geben. Das Verknüpfen im Kindergarten je zu zwei hat auch sein Gutes, es lehrt Verträglichkeit, und jedes der Kinder wird dann gleichsam um das reicher, was das andere auf seinem Beetchen oder Teile hat«.*

Julius Fröbel, der mehrere Jahre in der Erziehungseinrichtung seines Onkels in Keilhau verbracht hatte, wurde Verleger und Buchhändler, vertrat fortschrittliche Ideen und wurde 1848 Abgeordneter der Deutschen Nationalversammlung. Nach der gescheiterten Revolution musste er aus Deutschland fliehen. Auch Karl Fröbel war der wieder erstarkten Reaktion verdächtig, denn er bemühte sich in Hamburg darum, eine Hochschule für Frauen zu gründen. Er veröffentlichte 1851 eine kleine Schrift mit dem Titel »*Weibliche Hochschulen und Kindergärten*«. An der Verbindung zu diesen beiden Männern hakte das Verbot ein. Friedrich Fröbel, der 1852 starb, hat die Aufhebung des Verbots wenige Jahre später nicht mehr erlebt.

»*Wie aus der Broschüre – weibliche Hochschulen und Kindergärten – von Karl Fröbel erhellt, bilden die Kindergärten einen Teil des Fröbelschen sozialistischen Systems, das auf Heranbilden der Jugend zum Atheismus berechnet ist. Schulen u.s.w., welche nach Fröbels oder ähnlichen Grundsätzen errichtet werden, können deshalb im preußischen Staat nicht geduldet werden*« (Hoffmann 1951, Bd.1, S. 179).

Nach der Interpretation von Erika Hoffmann beruhte dieses Verbot durchaus nicht – wie andere Historiker glaubten – auf einer Verwechslung der Namen. Ursache war vielmehr das erhöhte Interesse der Lehrerschaft für Fröbel. Auch die freien Gemeinden (religiöse Gemeinschaften, die keiner der beiden großen Kirchen angehörten) hatten Beziehungen zu Fröbel aufgenommen und die Einrichtung eines Kindergartens zur Pflicht jeder Gemeinde gemacht. »*Diesen Freisinn, diesen vielfachen Nachklang der Volksbewegung von 1848 und das Aufstreben der Lehrerschaft als Stand wollte das Verbot treffen*« (Hoffmann 1951, Bd. 1, S. 180). Louise Otto-Peters beschrieb die Auswirkungen, die das Verbot für die Betroffenen hatte: »*Die Kindergärtnerinnen jener Reactionsperiode haben in der Tat ein Märtyrerthum durchgemacht, das dem vieler um ihrer Gesinnung verfolgter Männer jener Zeit vollkommen ebenbürtig ist. Die Kindergärten wurden polizeilich verboten und die Vorsteherinnen derselben sahen sich plötzlich ohne Existenz; auch diejenigen, welche durch Unterricht und Vorträge Kindergärtnerinnen bildeten, mussten aufhören zu lehren, und es fehlte nicht an Maßregelungen der mannigfaltigsten Art*« (Otto-Peters 1866, S. 99). Fröbel setzte sich gegen das Verbot ohne Erfolg zur Wehr. Erst zehn Jahre später wurde es wieder aufgehoben, was Fröbel selbst nicht mehr erlebte.

2.3 Fröbels Spielgaben

Das Spiel ist für Fröbel die höchste Stufe der Kindesentwicklung und das »*reinste, geistigste Erzeugniß des Menschen auf dieser Stufe*«. Im Spiel stellt das Kind seine inneren Regungen und seine Fantasien dar. »*Es gebiert darum Freude, Freiheit, Zufriedenheit, Ruhe in sich und außer sich, Frieden mit der Welt ... Ein Kind, welches tüchtig, selbstthätig still, ausdauernd, ausdauernd bis zur körperlichen Ermüdung spielt, wird gewiss auch ein tüchtiger, stiller, ausdauernder ... Mensch ... Die Spiele dieses Alters sind die Herzblätter des künftigen Lebens; denn der ganze Mensch entwickelt sich und zeigt sich in denselben in seinen feinsten Anlagen*« (Hoffmann 1951, Bd.2, S. 36). Entsprechend dieser hohen Bedeutung, die Fröbel dem Spiel zumaß, war die Förderung des Spiels ein vorrangiges Ziel des Kindergartens.

Neben der Spielpflege wurden die von Fröbel konzipierten und in eigener Fabrikation hergestellten »Spielgaben« wesentlicher Bestandteil der Kindergartenpädagogik.

Die Spielgaben sind:
- ein Kasten mit sechs farbigen Bällen
- Kugeln, Würfel, Walze
- sechs Baukästen.

Die Beschäftigungsmittel sind:
- Legetäfelchen
- Stäbchen
- Muscheln u. a.
- Ausstechen
- Ausnähen
- Netzzeichnen
- Flechten
- Falten
- Erbsenarbeiten
- Modellieren mit Ton.

Es war kein Zufall, dass Fröbel der mathematischen Grundbildung große Bedeutung zumaß, da er ausgebildeter Mathematiker und Mineraloge, also Naturwissenschaftler war. Für Fröbel war die Mathematik nicht allein Schulung des Verstandes, sondern das Kind sollte durch sie die ersten gesetzmäßigen Zusammenhänge der Natur erfassen. Mithilfe der Spielgaben sollte das Kind nicht eigentlich schon Mathematik im Sinne eines Unterrichts betreiben, sondern es sollte selbsttätig im Spiel mathematische Eigenschaften und Beziehungen erfassen. Fröbel ging nicht von flächigen Formen aus wie z. B. Pestalozzi, sondern von einfachen geometrischen Körpern: dem Ball, dem Würfel, der Walze und dem Kegel. An ihnen wurden bestimmte mathematische Eigenschaften deutlich. Hinzu kamen der Punkt, die Linie und die Fläche. In der Anwendung der Beschäftigungsmittel spielte nun für das Kind die Bewegung derselben eine besondere Rolle und machte aus dem Beschäftigungsmittel ein reizvolles Spielzeug: Der Ball dreht sich in alle Richtungen, die Walze kann nur in einer Ebene rollen und ist so der Kugel vergleichbar, jedoch kann man sie wie den Würfel auch aufstellen. Die Spielgaben enthielten nicht nur mathematische Grundgedanken, sondern auch den Spielgedanken, und das Kind machte zusätzliche für seine Entwicklung wichtige Grunderfahrungen. »*Von hier aus versteht man den ganzen tiefen Sinn dessen, was Fröbel im Umgang mit der ersten Gabe, dem (an einer Schnur aufgehängten) Ball entwickelt. Es sind die einfachen alles durchziehenden Grundbestimmungen von Einheit, Trennung und Wiedervereinigung, von Haben, Gehabthaben und Wieder-haben-wollen*« (Bollnow 1952, S. 9).

Aus der zweiten Gruppe der »geteilten Körper« entwickelte Fröbel den bekannten Baukasten. Der nächste Schritt führt von den Körpern zur Fläche (Rechtecke und Dreiecke) und zum Punkt (Perlen, Steinchen u. a. m.). In den »verknüpfenden Spielen« wird u. a. die Verbindung von Punkten zur Linie erarbeitet. Die Prinzipien des Vergleichens und Zuordnens verband Fröbel auch mit anderen Beschäftigungen. »*Hieran knüpft sich weiter als erziehende Spiel- und Unterhaltungsbeschäftigung zuerst das Sammeln von Naturerzeugnissen, der Steinchen, Blätter, Blümchen der verschiedensten Farben und Formen, wozu das Kind sich so früh neigt, um daran seine Beobachtungs- und Vergleichskraft zu üben*« (Fröbel GW 1874, S. 581).

Auf der Stufe der Elementarmathematik geht es auch heute nicht um abstrakte Begriffsbildung, sondern um die Vermittlung und Verarbeitung von Erfahrungen am konkreten Material. »*Kinder dieser Altersstufe sind nicht zu abstrakter Begriffsbildung fähig. Gibt man ihnen jedoch brauchbares Lernmaterial … so können sie im Spiel oder durch wiederholtes Probieren Einsichten gewinnen und durch analogisches Denken zu Erkenntnissen gelangen, die sonst nur durch formallogisches Denken möglich sind*« (Neunzig 1972, S. 5).

Der Umgang mit konkreten Materialien steht also noch vor dem Zeichnen oder dem Verbalisieren der gefundenen Problemlösungen, die eine höher Stufe der Abstraktion dar-stellen. Zur Einführung räumlicher Figuren empfiehlt Neunzig (1972) Würfel, Quader, Kugel und Säule (Walze), die als Fröbel-Material auch heute noch in fast allen Kindergärten vorhanden sind. Wie schon bei Fröbel sollen Kinder mit den Eigenschaften einfacher Formen bekannt gemacht werden.

Das Fröbel-Denkmal im Wald bei Bad Liebenstein/Thüringen ist aus dem Würfel, der Walze und der Kugel aufgebaut (Abb. 3).

Abb. 3: Fröbel-Denkmal Bad Liebenstein

Exkurs: Die Ästhetik der Spielgaben

Fröbels Spielgaben sind weltweit verbreitet. Überraschend ist dennoch die These von Norman Brosterman, dass sie auch die Entstehung und Entwicklung der abstrakten Malerei und der modernen Architektur beeinflusst haben. Beispielhalft nennt er u.a. Wassily Kandinsky, Piet Mondrian, Paul Klee und Le Corbusier (Brosterman 1997). Er legt überzeugend dar, dass die Wirkungen der Spielgaben durch die ausdrückliche Gleichsetzung von Ideen, Symbolen und Dingen das abstrakte Denken des Kindes fördere. Hinzu käme, dass das Kind durch den wiederholten Gebrauch von geometrischen Formen immer wieder neue Lösungen finde, wodurch das kreative Gestalten angeregt werde. Sowohl von der Kunstgeschichte als auch von der Erziehungswissenschaft wurden diese Verbindungen zu Fröbel bislang kaum thematisiert.

In etlichen künstlerischen Arbeiten, die am Bauhaus in den 1920er-Jahren entstanden sind, gibt es auffällige Parallelen zwischen den Entwürfen der Künstler und Architekten mit den Fröbelschen Spielgaben. Das Staatliche Bauhaus wurde 1919 von Walter Gropius in Weimar als Kunstschule gegründet. Das Bauhaus bestand von 1919 bis zu seiner durch das nationalsozialistische Regime erzwungenen Selbstauflösung 1933 und gilt heute weltweit als Heimstätte der Avantgarde der Klassischen Moderne auf allen Gebieten der freien und angewandten Kunst.

Von einigen der Künstler ist bekannt, dass sie einen Fröbel-Kindergarten besuchten. Da aber die Spielgaben auch an den Primarschulen und vor allem in vielen Familien vorhanden waren, kann man davon ausgehen, dass auch sie als Kinder damit gespielt haben. Als Erwachsene haben sie offenbar auf diese Formen zurückgegriffen und für ihre künstlerische Arbeit genutzt.

Abb. 4: Was man mit drei Stäbchen machen kann

Abb. 4 zeigt eine Darstellung von 1916 aus der Grundschule. Hier kam es dem Lehrer offenbar darauf an, darzustellen, welche unterschiedlichen Formen von den Kindern mit jeweils drei Stäbchen gelegt wurden.

»*Auf der Unterstufe läßt sich zur Veranschaulichung das Stäbchenlegen, das als Beschäftigungsmittel schon im Kindergarten mit bestem Erfolg gepflegt wird, gut verwenden*« (Löffler u. a. 1916, S. 70).

In der Holzwerkstatt des Bauhauses wurde u.a. auch Spielzeug entworfen. sowohl einige der in den 1920er Jahren entworfenen Spiele als auch die traditionellen Spielgaben Fröbels werden bis heute produziert, wie z.B. das von Josef Hartwig (1880–1950) entworfene Schachspiel und das »Traumschiff« von Alma Siedhoff-Buscher (1899–1944). Aus etwa 20 Holzklötzchen in den Fröbelschen Grundformen Kugel, Würfel, geteilte

Würfel und Zylinder können Kinder das »Traumschiff« mit Kajüte, Schornstein und Segel bauen. Auch die traditionellen Spielgaben Fröbels werden bis heute produziert und sind in vielen Kindergärten vorhanden.

2.4 Gesellschaftspolitische Entwicklungen nach 1848

In der zweiten Hälfte des 19. Jahrhunderts führte eine explosionsartige Ausbreitung der Fabriken dazu, dass die Arbeiterschaft wuchs und keine so kleine Minderheit mehr war wie vor der Revolution von 1848, sodass die Regierungen sich genötigt sahen, die Kinderarbeit zu reduzieren und den Arbeitern eine minimale Schulbildung zu gewähren, die ohnehin bei der fortschreitenden Industrialisierung unerlässlich war. Der sozialdemokratische Reichstagsabgeordnete Karl Liebknecht trat für eine Demokratisierung des Bildungswesens ein und hinsichtlich der Kleinkinderziehung knüpfte er an die fortschrittliche Konzeption des Fröbelschen Kindergartens an.

»Ich selbst bin zwar keineswegs gewillt, zu behaupten, dass die Fröbelschen Kindergärten in ihrer gegenwärtigen Form vollkommen seien, es ist noch viel zuviel Gedächniskram, viel zuviel Spielerei im schlimmsten mechanischen Sinn des Wortes darinnen; das ist von den meisten Pädagogen auch zugestanden worden. Dessenungeachtet steht fest, dass der Gedanke, das Spiel mit dem Lernen zu verbinden, das Spiel lehrreich zu machen, ein glücklicher und vom pädagogischen Standpunkt durchaus berechtigter ist. Jetzt sind die Fröbelschen Kindergärten mit verschwindenden Ausnahmen nur den reichen und reichsten Klassen zugänglich« (Liebknecht in Krecker 1971, S. 235).

Auch August Bebel, der in seinem Werk »Die Frau und der Sozialismus« die Grundzüge eines sozialistischen Erziehungswesens entworfen hat, bezog den Kindergarten in das allgemeine Bildungswesen ein; dabei sollte der Kindergarten die unterste Stufe eines einheitlichen Bildungswesens werden. Bebel forderte eine gleiche und gemeinsame Erziehung beider Geschlechter und die Unentgeltlichkeit der Lehrmittel. Damit der Kindergarten von allen Kindern besucht werden kann, forderte er, den Kindergarten an die Volksschulen anzugliedern. Dies waren Forderungen, die unerfüllt blieben.

Die pädagogische Konzeption der Sozialdemokratischen Arbeiterpartei war einerseits von bürgerlich-demokratischen Vorstellungen beeinflusst, wie sie u. a. Fröbel vertrat, enthält aber andererseits auch Gedanken der utopischen Sozialisten.

2.5 Die Einrichtung der Volkskindergärten

Die von Fröbel und seinen Schülerinnen gegründeten Kindergärten wurden von den Kindern des aufgeklärten Adels und wohlhabender Bürger besucht. Arbeitereltern gaben ihre Kinder in die ganztägig geöffneten Kinderbewahranstalten, die von kirchlichen Trägern unterhalten wurden. Die liberalen Vertreter der Kindergärten forderten das Recht auf Bildung für alle und glaubten, dass durch eine gute Bildung für die unteren Schichten die sozialen Barrieren zu überwinden wären.

Bertha von Marenholtz-Bülow, eine Nichte und Schülerin Fröbels, setzte sich ebenfalls für die gemeinsame Erziehung der Kinder aller Klassen ein und schuf in einzelnen Kindergärten Freistellen für arme Kinder. Dabei stieß sie auf den Widerstand vieler Bürger, die eine gemeinsame Erziehung ihrer Kinder mit Arbeiterkindern ablehnten. Da eine gemeinsame Erziehung der Kinder aller Klassen nicht durchzusetzen war, andererseits die durch private Initiative gegründeten Erziehungsvereine auch nicht die Mittel hatten, um eigens Kindergärten für Arbeiterkinder einzurichten, traten sie für eine Veränderung der Kinderbewahranstalten ein, indem sie versuchten, dort die Methoden Fröbels einzuführen. Um sich einerseits von den Bewahranstalten und ebenso von den bürgerlichen Kindergärten abzusetzen, nannten sie ihre Einrichtungen »Volkskindergärten«.

Die Volkskindergärten sollten also eine Erziehungsstätte für Arbeiterkinder sein und waren – wie die Bewahranstalten – ganztägig geöffnet. Die damit verbundenen Kosten waren erheblich. Die Eltern konnten nur einen geringen oder gar keinen Beitrag zahlen. Hinzu kamen die Kosten für ein Mittagessen, da meist beide Eltern arbeiteten. Die bestehenden privaten Erziehungsvereine, die nur Beiträge ihrer Mitglieder zur Verfügung hatten, konnten die materiellen Voraussetzungen für »Volkskindergärten« nicht schaffen. Sie versuchten daher auch, die bestehenden Bewahranstalten in Volkskindergärten umzuwandeln. Der Volkskindergarten, der seit 1860 Verbreitung fand, unterschied sich von den Kindergärten der Wohlhabenden vor allem darin, dass er die familiäre Erziehung weitgehend ersetzen musste. Bertha von Marenholtz-Bülow hat die Defizite in der Entwicklung der Arbeiterkinder, verglichen mit den Kindern des Bürgertums, erkannt und beschrieben:

Abb. 5: Laufgitter – schon Mitte des 19. Jahrhunderts in Kinderbewahranstalten gebräuchlich – in der Kinderpflegeanstalt der mechanischen Weberei zu Linden bei Hannover. Leipziger Illustrierte Zeitung 1884

»Die Hände und Finger dieser, ohne alle Pflege und Erziehung aufgewachsenen Kinder, sind meist so steif und ungelenk, dass sie oft mehr als der dreifachen Zeit wie die anderen Kinder bedürfen, um die ersten Anfänge der Kindergartenbeschäftigungen auszuführen. Einige dieser kleinen Wilden, welche ich darin unterwies, waren blödsinnig. Den Ball, den man ihnen in die Hand gab, hielten sie nicht einmal fest; wochenlang zerrissen sie stets die Streifen Papier, die zum Flechten dienen sollten, und die sämtlichen Gegenstände, die man ihnen gab, wurden in den Mund gesteckt. Dabei waren sie anfangs kaum aus einem halb schlafenden Zustande zu erwecken, der es unmöglich machte, ihre Aufmerksamkeit länger als wenige Minuten zu fesseln. Im Freien, bei den Bewegungsspielen, setzten sie sich meist zur Erde und wollten dann nicht wieder aufstehen, verfielen auch oft nach kurzer Beschäftigung wirklich in Schlaf ... Eingezogene Erkundigungen erklärten diesen unnatürlichen Zustand dadurch, dass die Kinder von den Müttern für die Tageszeit eingeschlossen waren, während diese zur Arbeit gingen. Wohl mit einigen Nahrungsmitteln versehen, aber ohne Mittel zur Beschäftigung gelassen, hatten sie fast immer geschlafen« (Marenholtz-Bülow 1875, S. 44).

Daraus folgte für Marenholtz-Bülow, dass in einem Volkskindergarten nach einer anderen Konzeption gearbeitet werden musste, um die Erziehungsdefizite auszugleichen. Sie kritisierte die bestehenden Bewahranstalten, die ihrer Aufgabe nicht gerecht werden könnten, da sie nicht die notwendigen Anregungen und kindgemäßen Beschäftigungen boten. Hatten die Bewahranstalten eine soziale Aufgabe wahrgenommen, indem sie die körperliche Pflege und Betreuung der Kinder übernahmen, so sollte der Volkskindergarten darüber hinaus eine Stätte der Erziehung sein. Dabei suchte man die Erziehungsziele und -methoden an der realen Lebenssituation der Kinder auszurichten.

Jetzt trat ein neues Erziehungsziel zu der emotionalen und kognitiven Förderung der Fröbelschen Konzeption hinzu: die Erziehung zu »Ordnung und Reinlichkeit«. Die körperlich und seelisch vernachlässigten Kinder sollten im »Volkskindergarten« die Versäumnisse der frühen familiären Erziehung aufholen. Verbunden mit der Erziehung zur Arbeit berücksichtigte der Volkskindergarten die soziale Lage der Arbeiterkinder.

»Dazu dienen z. B. das Matten-und Korbflechten, das Bandweben an einem eigens dazu eingerichteten Webstuhl, das Tonmodellieren, Papierarbeiten und Ausschneiden für Konditorei- und Buchbinderbedarf und dergleichen mehr. Diese Dinge können selbst schon im Kindergarten als kleiner Erwerbszweig dienen ... sollen aber den Kindern nur Mittel sein, ihre Liebe zu Eltern ... tätig ausdrücken zu können. Der eigentliche Gelderwerb, das für sich gewinnen wollen, soll in diesem Alter noch fern gehalten werden« (Mahrenholtz-Bülow 1875, S. 38f.). Diese Modifikationen wurden auch deshalb eingeführt, um den Einwänden, dass die Arbeiterkinder in den Kindergärten verwöhnt und ihren Familien entfremdet würden, zu begegnen.

Das Ziel des Fröbelschen Kindergartens war die allseitige Entfaltung und Entwicklung des Individuums sowie die Selbstbestimmung des Menschen. Er blieb eine Erziehungsstätte des Bürgertums. Im Volkskindergarten, der die Massenerziehung der Bewahranstalten fortsetzte, wurden zwar Fröbels Spielgaben eingeführt, jedoch war

Abb. 6: Kreisspiele – ein wichtiges Element in Fröbels Kindergartenpädagogik. Leipziger Illustrierte Zeitung 1884

ihre Anwendung aufgrund fehlender oder äußerst mangelhafter Ausbildung der Erzieherinnen zumeist eine mechanische Nachahmung der vorgegebenen Muster.

Da die inneren mathematischen Zusammenhänge der Spielgaben nicht erkannt wurden, konnte ihre bildende Kraft nicht wirksam werden. Die Defizite in der Entwicklung der Arbeiterkinder und deren Ursachen, die in den Sozialisationsbedingung lagen, wurden zwar bereits erkannt und beschrieben, jedoch gelangten die Anstrengungen einer kompensatorischen Erziehung nicht über eine Erziehung zur Anpassung hinaus. Es sollte zu Fleiß, Arbeitsamkeit, Ordnungsliebe und Sauberkeit erzogen werden.

2.6 Ein neuer Frauenberuf entsteht

Mit der Gründung der Kindergärten hatte Fröbel eine neue Einrichtung der Kleinkindererziehung und zugleich einen neuen Frauenberuf geschaffen, für den eine eigene Ausbildung erforderlich war. Fröbel hatte schon 1839 in Blankenburg Kurse für Mädchen und Frauen abgehalten und sie zu Kindergärtnerinnen ausgebildet. Später in Keilhau bildete er in Kursen von einem halben Jahr Kinderpflegerinnen und Kindergärtnerinnen aus.

1849 bildete sich in Hamburg ein »Allgemeiner Bildungsverein deutscher Frauen«, aus dessen Statuten in unserem Zusammenhang Folgendes interessiert: »*1. Zweck: Verbreitung humaner Bildung, ohne Rücksicht auf konfessionelle Unterschiede. 2. Bildungsmittel. Hochschulen für das weibliche Geschlecht, Kindergärten, Verbindung der Erziehung der Familie mit dem Unterricht der Schule, Armenpflege, Krankenpflege*« (Siebe/Prüfer 1922, S. 158f). Dieser Bildungsverein gründete eine Hochschule für

Frauen, deren Rektor Karl Fröbel, ein Neffe Friedrich Fröbels, wurde. Der erste Bildungsplan umfasste neben Religion, Philosophie und Sprachen auch Erziehungslehre und Übungen im Kindergarten. Die Hochschule für Frauen bestand jedoch nur kurze Zeit. Nach der gescheiterten Revolution von 1848 wurde sie ein Opfer der wieder erstarkenden Reaktion. »*Die Beziehungen der Hamburger Frauenhochschule zu den freireligiösen Gemeinden genügten den Gegnern, die Anstalt durch gedruckte Pamphlete zu verdächtigen. Sie wurde als ›Herd der Demagogie dargestellt, wo unter dem Mantel der Wissenschaft revolutionäre Pläne geschmiedet würden.‹ Viele Eltern wurden dadurch irre gemacht und erlaubten ihren Töchtern nicht den Besuch der Schule. Der Mangel an Hörerinnen brachte die Anstalt in finanzielle Schwierigkeiten, und sie musste geschlossen werden*« (Siebe/Prüfer 1922, S. 161).

Nachdem 1861 das Kindergartenverbot aufgehoben wurde, entstanden in vielen Städten aufgrund privater Initiativen Seminare für Kindergärtnerinnen. Henriette Goldschmidt (1825-1920) war Gründerin des »Vereins für Familien- und Volkserziehung« sowie des Seminars für Kindergärtnerinnen in Leipzig. Sie hat jahrzehntelang in der Frauenbewegung und im Fröbel-Verband mitgearbeitet und sich in ihren Schriften und Vorträgen mit pädagogischen Problemen des Kindergartens auseinandergesetzt. Sie verfasste im Auftrag des »Bundes deutscher Frauenvereine« eine Petition an die deutschen Regierungen wegen der »*Einordnung der Fröbelschen Erziehungs- und Bildungsanstalten (Kindergärten und Seminare für Kindergärtnerinnen) in das Schulwesen der Gemeinden und des Staates*«. Sowohl die Kindergärten als auch die Seminare für Kindergärten unterlagen damals der Gewerbeordnung, nicht aber der Schulordnung. So konnte jeder ohne Nachweis seiner Vorbildung Kindergärten und Seminare für Kindergärtnerinnen eröffnen. Die 1898 verfasste Bittschrift enthielt folgende Forderungen:

Ein besonderes Gesetz oder eine Novelle zum Schulgesetz sollte die Kindergärten der staatlichen Schulaufsicht unterstellen. Jede Gemeinde sollte verpflichtet werden, Kindergärten in Verbindung mit der Volksschule zu errichten, zu deren Besuch alle Kinder mindestens zwei Jahre vor ihrem Eintritt in die Schule verpflichtet werden sollten. Anstelle der privaten Seminare für Kindergärtnerinnen sollten staatliche Anstalten die Ausbildung der Kindergärtnerinnen übernehmen. Die Kindergärtnerinnen sollten den Lehrerinnen gleichgestellt werden (Siebe/Prüfer 1922, S. 114ff.). Wie erwartet, hatte die Eingabe zunächst keinen anderen Erfolg, als dass Konservative gegen den Kindergartenzwang, in dem sie einen Angriff auf die Familie sahen, polemisierten. Das preußische Kultusministerium bezog die Ausbildung der Kindergärtnerinnen 1908 in den Lehrplan der Frauenschulen ein und erließ 1911 Prüfungsbestimmungen für Kindergärtnerinnen und Jugendleiterinnen.

1910 konnte Henriette Goldschmidt die Idee einer Frauenhochschule in Leipzig realisieren. Diese Hochschule konnten alle Frauen vom vollendeten 18. Lebensjahr an besuchen. Neben den freien Vorlesungen, die allen Frauen offen standen, waren außerdem Studienkurse zur Ausbildung auf verschiedene Frauenberufe vorgesehen.

Es wurden eingerichtet:
- → Studienkurse für Lehrerinnen an Kindergartenseminaren, Frauenschulen und anderen Lehranstalten
- → Studienkurse für soziale Berufstätigkeit.

Als die Hochschule eröffnet wurde, hatten sich fast 900 Frauen eingeschrieben. Aus wirtschaftlichen Gründen konnten sich aber nur wenige Frauen ein volles Studium an der Hochschule leisten. Hinzu kam, dass der Staat nach und nach für alle Frauenberufe Ausbildungs- und Prüfungsvorschriften erlassen hatte, denen sich die Leipziger Hochschule anpassen musste. Das hatte zur Folge, dass die Aufnahmebedingungen erleichtert und die Studienzeiten gekürzt werden mussten. So war die Hochschule de facto bereits 1921 eine Berufsschule für Frauen und ist in »Sozialpädagogisches Frauenseminar« umbenannt worden (vgl. Kap. 14).

Die Vergesellschaftung der Kleinkindererziehung erforderte Berufserzieher mit Spezialkenntnissen in der Psychologie des Kindes und in den Methoden einer kindgemäßen Förderung. Erst allmählich bildeten sich im Verlauf des 19. Jahrhunderts Kindergärtnerinnenseminare, in denen in einer engen Verbindung zur Praxis zunächst in einem einjährigen, später in einem zweijährigen Kurs Kindergärtnerinnen ausgebildet wurden. Doch alle Versuche, eine Angleichung der Ausbildung und der beruflichen Stellung des Kleinkinderziehers an den Lehrer zu erreichen, scheiterten damals ebenso wie die Schaffung eines Ausbildungsganges auf Hochschulniveau.

3.
Die Stellung des Kindergartens in der Republik von Weimar

3. Die Stellung des Kindergartens in der Republik von Weimar

3.1 Forderungen

Durch die wachsende Erwerbstätigkeit der Frauen während des Ersten Weltkrieges stieg auch die Nachfrage nach Kinderkrippen, Kindergärten und Horten, die bei Weitem nicht befriedigt werden konnte. Bereits 1912 hatte man in Berlin ermittelt, dass bei etwa 75.000 Kindern eine Unterbringung in Kindergärten notwendig wäre, dass aber nur 7.000 Plätze zur Verfügung standen.

Während des Krieges war die Not der unversorgten Kinder noch gewachsen, sodass nach dem Krieg eine Reform der Jugendhilfe dringend geboten war. Die Erzieherinnen in den Kindergärten waren schlecht ausgebildet, wurden gering bezahlt und hatten Kindermassen von z. T. 120 oder 130 Kindern mit nur einer Helferin zu betreuen.

Abb. 7: Gesundheitserziehung im Kindergarten des Pestalozzi-Fröbel-Hauses, Berlin 1925.

Mit der Gründung der Weimarer Republik 1918/19 schien es, dass sich nun den progressiven Kräften die Chance bieten könnte, die Strukturen des Bildungswesens und der Jugendhilfe zu verändern. Vor der Verabschiedung des Reichsgesetzes für die Jugendwohlfahrt (RJWG) vom 9.7.1922 fanden Diskussionen und Konferenzen statt, auf denen die Stellung und die Aufgaben der privaten und der öffentlichen Fürsorge geklärt werden sollten. Allerdings waren die Möglichkeiten des Staates, grundlegende

Veränderungen durchzusetzen, gering, da das soziale Elend nach dem Krieg den Staat zwang, sich in seinen Maßnahmen auf vorhandene Organisationen zu stützen.

Die freien Wohlfahrtsverbände erwiesen sich als unentbehrlich, weil der Staat weder auf Spenden noch auf ehrenamtliche Helfer verzichten konnte. So traten die Vertreter der privaten Fürsorge recht selbstbewusst auf und stellten ihre Forderungen an den Staat. »*In den Ministerien und städtischen Körperschaften breche sich immer mehr die Überzeugung Bahn, dass nur durch ein Zusammenarbeiten von öffentlicher und privater Fürsorge das Ziel zu erreichen sei. Für diese Zusammenarbeit sei zu fordern staatlicher Schutz und staatliche Fürsorge der privaten Fürsorge. Der staatliche Schutz dürfe nicht zur hemmenden Schutzaufsicht werden [...]. Die staatliche Förderung sei zu erstreben in Form von geldlichen Beihilfen und in der Berücksichtigung bei der steuerlichen Gesetzgebung*« (Jugendfürsorge, Mitteilung der Deutschen Zentrale für Jugendfürsorge Okt./Dez. 1919, S. 82).

Eine Abgrenzung zwischen den Aufgaben der privaten und der öffentlichen Fürsorge wurde ebenfalls erörtert. Vertreter der privaten Fürsorge vertraten die Auffassung, dass Krippen, Kindergärten und Horte unter der Trägerschaft der privaten Verbände bleiben sollten. Dagegen befürworteten die Sozialdemokraten eine allgemeine Kindergartenbesuchspflicht und forderten die Einbeziehung des Kindergartenwesens in das gesamte Schulwesen.

»*Der Ausdruck ›schulpflichtig‹ könnte irreleiten. Nicht etwa sollen die Kleinen in Institute, wie unsere heutigen Schulen, gezwängt und dort noch vor der heutigen Schulzeit mit abgezogenem Wissen vollgestopft werden. Wohl aber sollen die Einrichtungen, die wir heute Kindergarten nennen, innerlich und äußerlich ausgebaut und an Zahl so vermehrt werden, dass sie für die ganze Jugend von Beginn des vierten bis Ende des siebten Lebensjahres ausreichen*« (Droescher 1919, S. 2). Auf einer Tagung des Deutschen Fröbel-Verbandes forderte Lilly Droescher, dass der pädagogische Wert des Kindergartens anerkannt und dass er den Volksschulen gleichgestellt werden sollte. »*Es müssen daher auch die entscheidenden Prinzipien der öffentlichen Volksschule auf ihn sinngemäß Anwendung finden: Es darf keine Scheidung der Kindergärten nach sozialen Rücksichten, nach Klasseninteressen geben; der Kindergarten muß in allen seinen Teilen und Darbietungen unentgeltlich sein; und der Kindergarten muß weltlich sein, er darf nicht zum Tummelplatz irgendwelcher religiöser oder gar konfessioneller Nebenabsichten herabgewürdigt werden*« (Droescher 1919, S. 3).

Eine allgemeine Kindergartenbesuchspflicht lehnte Lilly Droescher ab, weil im vorschulischen Alter die Bindung des Kindes an die Mutter noch so eng ist. Sie plädierte für eine eingeschränkte Besuchspflicht, und zwar sollte der Kindergarten für alle Kinder zur Verfügung stehen, denen zu Hause die richtigen Entwicklungsmöglichkeiten fehlten. Lilly Droescher wollte, dass der Kindergarten eine Vorbereitungsklasse nach Art der Fröbelschen Vermittlungsgruppe enthielte, deren Besuch obligatorisch sein sollte. Fröbel verstand darunter die Zusammenfassung der Kinder des Jahrgangs, der unmittelbar dem Grundschulbesuch vorausgeht. Das Ziel dieser Gruppe sollte es sein, die Kinder durch spezielle Übungen auf die Schule vorzubereiten. Eine frühere Einschulung vor dem sechsten Lebensjahr wurde damals nicht diskutiert.

3.2 Diskussionen und Empfehlungen der Reichsschulkonferenz

Die Reichsschulkonferenz unter der Leitung des sozialdemokratischen Staatssekretärs Heinrich Schulz fand vom 11. bis 19. Juni 1920 im Reichstagsgebäude in Berlin statt. Die Reichsschulkonferenz konnte keine Beschlüsse fassen, aber ihre Empfehlungen hatten weitreichende Bedeutung für eine Vereinheitlichung des Schulsystems und für das Jugendwohlfahrtsgesetz. An der Konferenz nahmen Vertreter von Behörden und Verbänden sowie Einzelpersonen teil, die das Reichsministerium des Innern eingeladen hatte. Wichtigster Beratungspunkt war der Schulaufbau der künftigen Einheitsschule, und im Zusammenhang damit wurden auch das Kindergartenwesen und seine Beziehung zur Jugendwohlfahrt und zur Schule erörtert. Das Reichsministerium des Innern hatte folgende Berichterstatter zum Problem der Einheitsschule berufen: 1. Binder, einen Verfechter des Gymnasiums; 2. Voß, der für eine Konfessionsschule eintrat; 3. Kerschensteiner, der sich für eine vierjährige Grundschule mit einer darauf aufbauenden stark differenzierten Einheitsschule einsetzte; 4. Karsen, ein Vertreter des Reichsbundes entschiedener Schulreformer; 5. Tews, Vertreter des Deutschen Lehrervereins, der ebenso wie Karsen für eine Einheitsschule vom Kindergarten bis zur Hochschule focht.

Binder, Voß und Kerschensteiner sahen im Kindergarten eine überwiegend sozial fürsorgerische Institution für die Kinder, deren Eltern ihre Erziehungspflicht nicht erfüllten. Für Karsen hingegen war der Kindergarten eine Bildungsstätte, die von allen Kindern besucht werden sollte. »*So ist der Kindergarten unbedingt zunächst fakultativ zu fordern. Möchte er bald allgemein werden. Prinzipiell sei betont, dass er nicht Kinderbewahranstalt ist, sondern bewusste Schule, die die Kinder durch systematisch an bestimmte Zentralisationspunkte angeschlossene Beobachtung und durch ein kindliches Spiel nach und nach zur bewussten Gemeinschaftsarbeit heranbildet. Der Kindergarten gebe nicht nur Anregung für die Anschauung, sondern auch für Herz, Phantasie und Intellekt und übe außer der manuellen Betätigung auch die durch das Wort*« (Die Reichsschulkonferenz 1921, S. 110).

Tews vertrat die Auffassung, dass der Kindergarten ganz in den Aufbau einer künftigen Einheitsschule einzubeziehen sei. Unter Punkt 5 seiner Grundforderungen schrieb er: »Das deutsche Volk hat darum in Zukunft nur eine öffentliche Schule, die vom Kindergarten bis zur Hochschule aufsteigt« (ebd., S. 151). Der Besuch des Kindergartens sollte freiwillig sein, jedoch für Kinder, denen eine geordnete häusliche Erziehung nicht zuteil würde, zur Pflicht gemacht werden.

Bereits bei den fünf Berichterstattern zeigte sich das Spektrum unterschiedlicher politischer Meinungen, jedoch fanden die eigentlichen Auseinandersetzungen bei den eingehenden Erörterungen im Ausschuss »Kindergarten« statt. Unter den 15 Ausschussmitgliedern waren acht Vertreter der Kirchen; hinzu kamen unter anderem je ein Vertreter des Fröbel-Verbandes, der Landesregierung, des deutschen Lehrervereins und der Berufsorganisation der Kindergärtnerinnen und Hortnerinnen.

Die beiden Ausschüsse »Kindergarten« und »Jugendwohlfahrt und Schule« erzielten eine grundsätzliche Einigung darüber, dass der Kindergarten eine Einrichtung der Jugendwohlfahrt sein müsse und nicht der Schule angegliedert werden sollte. Im Ausschuss »Kindergarten« wurden zu der Frage, wer künftig Träger der Kindergärten sein sollte, divergierende Meinungen vertreten und folgende Anträge gestellt:

1. Die Vertreter der Kirchen vertraten die Auffassung, dass die Einrichtung und Unterhaltung von Kindergärten Sache der privaten Fürsorge sei.
2. Die Delegierten der Sozialdemokratie lehnten den konfessionellen Kindergarten ab. Sie forderten: »*Die Errichtung von Kindergärten ist ausschließlich Sache der Gemeinden und des Staates. Die bestehenden Einrichtungen der freien Liebestätigkeit müssen als solche innerhalb einer bestimmten Zeit in öffentliche Kindergärten umgewandelt werden. Bis zu dieser ›Säkularisierung‹ müssen sie den gleichen hygienischen und pädagogischen Anforderungen wie die öffentlichen unterworfen werden*« (ebd., S. 693). Der Kindergarten sollte die Vorstufe zur Einheitsschule sein, die noch geschaffen werden sollte.
3. Der Deutsche Fröbel-Verband suchte, zwischen beiden Positionen zu vermitteln, indem er vorschlug, dass zunächst der Staat bzw. die Gemeinde die Pflicht hat, Kindergärten im Bedürfnisfall einzurichten. Die Kindergärten der Vereine sollten als Ersatz zugelassen werden, wo sie in ausreichendem Maße vorhanden waren.

Da die Vertreter der Kirchen im Ausschuss die Mehrheit hatten, wurde der erste Antrag angenommen. Ferner verabschiedete der Ausschuss folgende Leitsätze:

- Recht und Pflicht der Erziehung der Kinder im vorschulischen Alter liegen grundsätzlich bei der Familie.
- Der Kindergarten hat seinem Wesen und seiner Bestimmung nach eine wertvolle Ergänzung der Familienerziehung zu leisten.
- Für Eltern, die ihre Kinder in den Kindergarten schicken wollen, muss die Möglichkeit dazu geboten werden.
- Soweit die freie Wohlfahrtspflege dem Bedürfnis nach Kindergärten nicht ausreichend zu entsprechen vermag, haben Staat und Gemeinde Kindergärten einzurichten.
- Leiterin und Erzieherinnen müssen entsprechend ausgebildet sein.
- Die Einrichtungen der freien Wohlfahrtspflege sind den öffentlichen grundsätzlich gleichzuachten.
- Die Überwachung übt der Staat aus. Erfahrene Jugendleiterinnen sind hinzuzuziehen.
- Wenn die sittliche, geistige und körperliche Entwicklung eines Kindes gefährdet ist, muss der Besuch eines Kindergartens verbindlich gemacht werden.

→ Kinder, die zwar schulpflichtig, aber nicht schulfähig sind, sollen nach Möglichkeit einer Vorklasse zugeführt werden. Die Vorklasse ist Teil der Volksschule.

Die ersten drei Punkte, die im Grunde nur höchst allgemeine Feststellungen enthielten, wurden einstimmig angenommen. Anlass zu heftigen Auseinandersetzungen war Punkt vier, in dem sichergestellt werden sollte, dass die Verbände Vorrang vor der öffentlichen Fürsorge haben würden. Die Minderheit formulierte einen eigenen Antrag, der jedoch nicht einmal zur Abstimmung gelangte: »*Die Errichtung der Kindergärten ist Sache der Gemeinden und des Staates. Einrichtungen der Freien Liebes- und Wohlfahrtspflege sind innerhalb einer Übergangszeit bis zum Jahre 1930 den öffentlichen Kindergärten anzugliedern*« (ebd., S. 694) und in die Einheitsschule einzugliedern. Aber die Wohlfahrtsverbände und damit insbesondere die Kirchen nutzten ihre Mehrheit im Ausschuss, um sich durchzusetzen und als Träger den Kindergarten weiterhin für sich zu beanspruchen. Die vom Kindergartenausschuss verabschiedeten Leitsätze bildeten die Grundlage für das Jugendwohlfahrtsgesetz. Wichtige politische Entscheidungen fielen also bereits auf der Reichsschulkonferenz, obgleich diese Konferenz keine Beschlüsse fassen, sondern nur Empfehlungen aussprechen konnte.

3.3 Der Kindergarten als Aufgabe der Jugendhilfe

Die Notlage der Kinder nach dem Ersten Weltkrieg war so offensichtlich, dass eine gesetzliche Regelung der Kinder- und Jugendfürsorge unumgänglich war. Wie schon von der Reichsschulkonferenz empfohlen, wurde der Kindergarten als Teil der Jugendhilfe im Reichsjugendwohlfahrtsgesetz (RJWG) von 1922 verankert. Im Folgenden sei hier nur auf die Paragrafen eingegangen, die für die Errichtung von Kindergärten sowie für die Gestaltung der Arbeit im Kindergarten relevant waren. Im ersten Paragrafen des RJWG wurde das Recht des Kindes auf Erziehung erstmalig in einen Gesetzestext aufgenommen. »*§ 1. Jedes deutsche Kind hat ein Recht auf Erziehung zur leiblichen, seelischen und gesellschaftlichen Tüchtigkeit.*« Aus dem »*Recht auf Erziehung*« kann nicht generell abgeleitet werden, dass benachteiligende Faktoren hinsichtlich der Persönlichkeit der Eltern und ihrer Verhältnisse aufgehoben werden müssten. Ein Rechtsanspruch wurde damit nicht begründet. »*Jedoch läßt sich der Gesetzgeber des RJWG, entsprechend dem Übergang vom Rechtsstaat zum Wohlfahrtsstaat, von dem Gedanken leiten, nach Möglichkeit dem Kinde normale Erziehungsbedingungen zu schaffen*« (Friedeberg/Polligkeit 1955, S. 62).

Das bedeutete zwar einen Fortschritt gegenüber früheren Auffassungen, da dieses Gesetz nun die Verantwortlichkeit des Staates hinsichtlich der Erziehung der Kinder stärker betonte, änderte aber nichts an der Rechtsauffassung, dass staatliche Stellen nur »fallweise« eingreifen durften, »*insoweit eine Verletzung der elterlichen Erziehungsrechte und -pflichten*« (Friedeberg/Polligkeit 1955, S. 59) vorkam. Der Gesetzgeber bewirkte also keineswegs eine Abschwächung des Erziehungsrechtes der Eltern. »*Im

Gegenteil zeigt das Gesetz in seinen weiteren Bestimmungen eine starke Zurückhaltung in dieser Beziehung« (Friedeberg/Polligkeit 1955, S. 63). Auch gegenüber den freien Wohlfahrtsverbänden und der freien Liebestätigkeit trat das Jugendamt zurück. In § 4 wurde die schwache Stellung des Jugendamtes gegenüber den freien Verbänden deutlich: »*§ 4. Aufgabe des Jugendamtes ist ferner, Einrichtungen und Veranstaltungen anzuregen, zu fördern und gegebenenfalls zu schaffen*« (Friedeberg/Polligkeit 1955, S. 2). Damit war das Primat der Wohlfahrtsverbände gesichert. Das Jugendamt konnte nur aktiv werden, wenn die Einrichtungen der privaten Fürsorge nicht ausreichten oder bestimmte Aufgaben nicht wahrnahmen. Zu den durch das Jugendamt zu fördernden Einrichtungen ist unter Absatz 4 die »Wohlfahrt für Kleinkinder« genannt. Gemeint war damit in erster Linie die Gesundheitsfürsorge. In Bezug auf Kleinkinder wurde nur von Wohlfahrt, nicht aber von Erziehung gesprochen. Der Erziehungsgedanke war gegenüber dem der Pflege völlig in den Hintergrund getreten. In den Erläuterungen zum RJWG hieß es unter der Überschrift »Kleinkinderfürsorge«: »*Insbesondere müssen für die aufsichtsbedürftigen Kleinkinder Tagesheime (Krippen, Kinderbewahranstalten, Kleinkinderschulen, Kindergärten) in ausreichender Zahl und fachlich geschultes Personal (Schwestern, Kleinkinderlehrerinnen, Kindergärtnerinnen und Helferinnen) vorhanden sein*« (Friedeberg/Polligkeit 1955, S. 111).

Ansätze einer pädagogischen Aufwertung des Kindergartens, die auf der Reichsschulkonferenz noch spürbar waren, wurden hier nun endgültig beiseite gedrängt. Zwei Jahre zuvor hatte auf der Reichsschulkonferenz ein Mitglied der preußischen Landesregierung gegen die Auffassung protestiert, den Kindergarten als Bewahranstalt für »aufsichtsbedürftige Kleinkinder« anzusehen. Damit werde der Kindergarten zu einer »*Auslese besonders benachteiligter Kinder*« und zu einer »*Straf- und Armeleuteanstalt*« herabgedrückt werden (Reichsministerium des Innern 1921, S. 946). Im RJWG hat sich nun gerade diese Auffassung vom Kindergarten als Bewahranstalt durchgesetzt und die Kindergärten in den folgenden Jahrzehnten geprägt; sie blieben dann auch fast ausschließlich Aufgabe der privaten Wohlfahrtsverbände, insbesondere der konfessionellen Verbände. Der sozial-fürsorgerische Aspekt trat wieder zunehmend in den Vordergrund, sodass der Kindergarten zu Recht als eine »*Pflegestätte unschulischer kindlicher Ausdrucks- und Lebensformen*« (Mollenhauer 1968, S. 129) beschrieben werden konnte.

Mit der Verabschiedung des RJWG waren die Weichen für die gesellschaftliche Kleinkindererziehung für lange Zeit gestellt. Eine entschiedene Pädagogisierung der Einrichtungen wurde nicht vorgenommen, und auch die im nächsten Kapitel dargestellten Konzeptionen psychoanalytisch orientierter Kleinkinderzieher bleiben zunächst ohne Einfluss auf die von den Wohlfahrtsverbänden getragenen Kindergärten.

4.
Der Einfluss der Psychoanalyse auf die Kindergartenpädagogik

4. Der Einfluss der Psychoanalyse auf die Kindergartenpädagogik

4.1 Ansätze psychoanalytischer Pädagogik

Seit den Anfängen der Psychoanalyse haben Pädagogen wie z. B. Aichhorn, Bernfeld, Zulliger, Pfister versucht, deren Ergebnisse für die Erziehung in Schule und Kinderheim nutzbar zu machen. Für die Kleinkinderziehung haben bereits in den zwanziger Jahren Nelly Wolffheim und Vera Schmidt Erziehungskonzeptionen entworfen, die die Erkenntnisse der Psychoanalyse einbezogen. Die psychoanalytische Pädagogik hat die Erziehungswissenschaft und die Sozialisationsforschung vor allem dadurch bereichert, dass sie die Erziehung nicht nur als eine absichtlich veranstaltete Maßnahme interpretierte, sondern zugleich die unbewusst wirkenden Triebkräfte des Kindes und des Erziehers in ihre Überlegungen einbezog.

Die Psychoanalyse lehrte den Erzieher, das Verhalten des Kindes als sichtbaren Ausdruck von gelösten oder ungelösten inneren Konflikten zu verstehen. Die ersten Versuche, psychoanalytische Erkenntnisse im Hinblick auf ihre pädagogische Relevanz zu prüfen, begannen in den zwanziger Jahren. Plattform der pädagogischen Diskussion war die seit 1926 erschienene Zeitschrift für *psychoanalytische Pädagogik*, die Heinrich Meng und Ernst Schneider herausgaben. Damals glaubten manche Autoren, dass man durch geeignete Erziehungsmittel einer neurotischen Entwicklung des Kindes vorbeugen könne. Vor allzu großem Optimismus warnte damals schon Sigmund Freud, der darauf hinwies, dass man die Erziehungsarbeit nicht mit psychoanalytischer Beeinflussung verwechseln dürfe, dass die Psychoanalyse zwar als Hilfsmittel herangezogen werden könne, dass sie aber nicht geeignet sei, an deren Stelle zu treten (Freud 1969, 15. Band, S. 566).

Dem Erzieher wird es jedoch durch dieses neue Verstehen der im Kind wirkenden unbewussten Triebkräfte ermöglicht, in angemessener Weise auf das Verhalten des Kindes zu reagieren. Der psychoanalytisch gebildete Erzieher weiß, dass er seine Intentionen mit den Ich-Kräften des Kindes verbinden muss, damit Triebbedürfnisse nicht verdrängt, sondern gemeistert werden. Im Mittelpunkt der Diskussion stand damals die Frage, wie die Zügelung der ungebändigten Triebkräfte durch die Erziehung so gefördert werden könnte, dass eine neurotisierende Entwicklung vermieden wird.

Nach 1933 führte die Unterdrückung der Psychoanalyse sowie die Vertreibung und Verfolgung von Psychoanalytikern im nationalsozialistischen Deutschland dazu, dass die »Zeitschrift für Psychoanalytische Pädagogik« in Deutschland nicht mehr erscheinen konnte, wie auch andere psychoanalytische Schriften und Autoren nicht mehr publizieren durften.

Deutschland war abgeschnitten von den internationalen Entwicklungen der psychoanalytischen Theorie, und es dauerte auch nach Kriegsende viele Jahre, bis sich die Psychoanalyse in Deutschland wieder etablieren konnte. Somit waren viele Autoren in Vergessenheit geraten, wie z. B. Vera Schmidt und Nelly Wolffheim, deren pädagogisch-psychoanalytische Ansätze für die Pädagogik der frühen Kindheit im folgenden dargestellt werden.

Um die Wiederentdeckung der letztgenannten Pädagoginnen hat sich die antiautoritäre Erziehungsbewegung verdient gemacht, die durch Raubkopien die Schriften von Vera Schmidt und Nelly Wolffheim zugänglich machte und sich mit ihren pädagogischen Konzepten auseinandersetzte.

Obwohl das Kinderheim-Laboratorium von Vera Schmidt kaum mehr als zwei Jahre bestanden hatte, hat es der Diskussion über die Umsetzung psychoanalytischer Erkenntnisse in die pädagogische Praxis wichtige Impulse gegeben.

4.2 Vera Schmidts Kinderheim-Laboratorium

1921 schuf Vera Schmidt durch das von ihr gegründete Kinderheim-Laboratorium in Moskau ein Modell frühkindlicher kollektiver Erziehung. Unter der wissenschaftlichen Begleitung des psycho-neurologischen Instituts sollte in diesem Heim für Kinder zwischen einem und fünf Jahren nach psychoanalytischen Grundsätzen gearbeitet werden.

Durch einen Wechsel im Direktorium trat ein überzeugter Gegner der Psychoanalyse an die Spitze des psycho-neurologischen Instituts, das daraufhin dem Kinderheim-Laboratorium jede weitere Unterstützung versagte. Etwa zur gleichen Zeit wurden die finanziellen Mittel gesperrt.

Mit Unterstützung des deutschen und russischen Bergarbeiterbundes konnte das Heim zwar noch kurze Zeit weiterarbeiten, jedoch musste die Anzahl der Erzieher und der Kinder erheblich reduziert werden. Die Auflösung des Kinderheims fiel etwa in die gleiche Zeit, als der kulturelle und politische Aufschwung der Revolutionszeit erstarrte. Seit Lenins Erkrankung 1922 und nach dessen Tod 1924 verschärfte sich in Russland die Tendenz, kritische Diskussionen durch administrative Entscheidungen zu ersetzen. In den ersten Jahren nach der Revolution hatte es ernsthafte Bestrebungen gegeben, sich in Schule und Elternhaus auf eine kollektive Erziehung umzustellen, die dem Kind die Selbststeuerung seiner Bedürfnisse gestattete. Nach wenigen Jahren setzte sich jedoch nicht nur auf politischem Gebiet eine rückschrittliche Tendenz durch, die die Rückkehr zu autoritären und patriarchalischen Formen der Erziehung einleitete.

Gegen politische Widerstände und Vorurteile ihrer Umgebung hat Vera Schmidt sich für eine triebfreundliche Erziehung eingesetzt. Als der politische Kurs in der Sowjetunion sich änderte, musste sie ihren Modellversuch abbrechen.

Pädagogische Ansätze und Erfahrungen

Obgleich also das Kinderheim-Laboratorium nur kurze Zeit bestanden hatte, verdanken sich ihm wichtige Erkenntnisse für die psychoanalytisch orientierte Kleinkindpädagogik. Wichtigste Voraussetzung für den Aufbau der pädagogischen Arbeit im Sinne der Psychoanalyse war die Ausbildung der Erzieherinnen, die nicht psychoanalytisch geschult waren, sondern diese Ausbildung erst im Laufe ihrer Mitarbeit erhielten.

Die Basis der erzieherischen Arbeit sollte die positive Übertragung sein. Um diese herzustellen, waren die Erzieherinnen angewiesen, die Kinder nicht zu strafen, ja nicht einmal in strengem Ton mit den Kindern zu sprechen. Jede subjektive Beurteilung sollte unterbleiben. Lob und Tadel waren nach Vera Schmidt Urteilsäußerungen der Erwachsenen, die nur dazu dienten, den Ehrgeiz des Kindes anzustacheln. Die Erzieherinnen sollten den Kindern gegenüber mit Liebkosungen und Zärtlichkeiten sparsam umgehen. Sie mussten sich darauf beschränken, die Liebesbeweise der Kinder herzlich aber zurückhaltend zu erwidern.

Durch die Erziehung sollten dem Kind Hilfen gegeben werden, das Lustprinzip allmählich aufzugeben und sich der Realität anzupassen. Damit das Kind diese Anpassung ohne größere Schwierigkeiten vollziehen konnte, versuchte man, ihm die Realität so angenehm wie möglich zu gestalten. Jede primitive Lust, auf die das Kind verzichtete, sollte durch »rationale Freuden« ersetzt werden.

Für die Erziehung stellte sich die Aufgabe, dem Kind die Beschränkungen der Triebbefriedigung durch verschiedene Maßnahmen zu erleichtern:

- → Die Forderungen müssen sich aus den täglichen Lebensbedingungen und den Lebensordnungen der Kindergemeinschaft ergeben.
  Sie dürfen nicht Willkür der Erwachsenen sein.
- → Statt dem Kind direkte Befehle zu geben, die nur seinen Widerstand hervorrufen, soll ihm vernünftig erklärt werden, was von ihm verlangt wird.
- → Das Kind soll aus Liebe (Übertragung) auf gewisse Triebbefriedigungen verzichten. Dieser Verzicht gibt dem Kind ein Bewusstsein der eigenen inneren Kraft. Gelungener Triebaufschub steigert das Selbstwertgefühl.
- → Die Anpassung an die Realität gelingt am leichtesten Kindern mit starkem Selbstbewusstsein und Unabhängigkeitsgefühl.

In den zwanziger Jahren wurde Vera Schmidts pädagogische Konzeption im Kreis psychoanalytisch interessierter Fachleute lebhaft diskutiert, jedoch erlangte es keine weite Verbreitung.

4.3 Nelly Wolffheim

Lebensweg

Nelly Wolffheim (1879-1965) entstammte einer Berliner jüdischen Familie und wuchs in gesicherten Verhältnissen auf. Bereits seit früher Kindheit litt sie unter verschiedenen Krankheiten (Magenkrämpfe, Sehstörungen, Lähmungen), die sie monatelang ans Bett fesselten. Aufgrund ihres schlechten Gesundheitszustandes wurde sie mit 14 Jahren aus der Schule herausgenommen und erhielt Privatunterricht.

Unter dem Einfluss der Frauenbewegung, mit der sie durch ihre Lehrerin in Kontakt gekommen war, entschloss sie sich, einen Beruf zu ergreifen, was damals für Frauen bürgerlicher Herkunft nicht üblich war. »*Ich erklärte meinem ziemlich entsetzten Vater, ich wolle Kindergärtnerin werden, um geldlich unabhängig zu sein, um nicht später eine Vernunftehe eingehen zu müssen*« (Wolffheim 1964, S. 90).

Abb. 8: Nelly Wolffheim (1879-1965)

Sie absolvierte sehr erfolgreich die Ausbildung am Pestalozzi-Fröbel-Haus in Berlin und arbeitete als Kindergärtnerin in einem jüdischen Volkskindergarten am Prenzlauer Berg (Berlin). »*Damit hatte sie sich einen Kindergarten im proletarischen und ärmlicheren Osten der Stadt hinter dem Alexanderplatz ausgesucht, der in einer völlig anderen Gegend lag als der wohlhabende Berliner Westen, in dem sie aufwuchs. Der Kontrast zwischen den Kindern verschiedener Gesellschaftsschichten war für sie ein ›überwältigender‹. Ihre Tätigkeit beschrieb Nelly Wolffheim mehr als 60 Jahre danach immer als ein ›… Fiasko, unter dem ich natürlich schwer litt. Ich verstand weder Disziplin zu halten, was damals erste Vorbedingung für einen Erfolg war, noch gelang es mir, eine gute Atmosphäre zu schaffen, und alles ging drunter und drüber. Ich regte mich jeden Tag von neuem auf, ehe ich den Kindergarten betrat: Was wird wohl heute wieder geschehen?*‹« (Kerl-Wienecke 2000, S. 44).

Die mit ihrer Arbeit verbundenen physischen Anstrengungen und psychischen Belastungen führten dazu, dass die 21-Jährige an einer schweren Gehstörung erkrankte, die sie zwang, ihre Arbeit aufzugeben. Erst nach zehnjähriger Unterbrechung konnte sie ab 1910 wieder mit Kindern arbeiten.

1921 las sie Freuds »Traumdeutung« und war von der Psychoanalyse fasziniert. Sie begab sich in psychoanalytische Behandlung, durch die sie den Zusammenhang zwischen ihren unbewussten psychischen Konflikten und ihrer Krankheit erkannte.

Von 1923 an war sie zu den Ausbildungskursen der Berliner Psychoanalytischen Gesellschaft zugelassen und trug wesentlich zur Einrichtung einer pädagogischen Studiengruppe bei.

Die nationalsozialistische Machtergreifung bedeutete für sie als Jüdin einen tiefen biografischen Einschnitt. »*Ich und mein ganzes Schicksal wurden zuerst davon betroffen. Auf einmal hörte alles auf, nicht nur alle Arbeit, sondern auch alle Ideale, für die man sich eingesetzt hatte. Prinzipien, für die ich kämpfte, waren entwertet. Man musste lernen, sich abzufinden, musste auch versuchen, nicht moralisch unterzugehen in dieser Welt von Missachtung, die alle Juden umgab [...]. Dann aber hatte ich das Glück, meine größte und fruchtbringendste Arbeit zu finden mitten im Chaos oder eigentlich durch dasselbe*« (Wolffheim 1964, S. 172f.).

Da jüdischen Mädchen der Besuch der Universität oder anderer Ausbildungsanstalten durch die Nationalsozialisten untersagt wurde, forderte die jüdische Beratungsstelle für Auswanderer Nelly Wolffheim auf, einen Ausbildungskurs für Kindergärtnerinnen einzurichten. Denn Palästina forderte von allen Juden, die einwandern wollten, eine Berufsausbildung.

Wolffheim begann 1934 mit einem zweijährigen Kurs für etwa zehn Schülerinnen. Später wurde das Seminar von durchschnittlich 70 Schülerinnen besucht, und zehn Lehrkräfte wurden beschäftigt. Um die Schülerinnen auf eine mögliche Auswanderung nach Palästina vorzubereiten, wurden auch die Fächer Judentum, Hebräisch und Englisch unterrichtet. Nelly Wolffheim selbst unterrichtete die Fächer Pädagogik und Psychologie.

In der Erziehungslehre vermittelte sie auch die pädagogischen Ansätze von Johann Heinrich Pestalozzi, Friedrich Fröbel und Maria Montessori. Besonderen Wert legte Nelly Wolffheim auf Methoden der Kinderbeobachtung, »durch die das einzelne Kind umfassend erfasst und verstanden werden können« (Kerl-Wienecke 2000, S. 191). Sie war wohl die Erste, die eine systematische Beobachtung in den Kindergarten einführte und dokumentierte. Erst etwa 80 Jahre später wurde die Dokumentation von Entwicklungs- und Bildungsverläufen von Kindern zu einer in der Praxis verbreiteten und anerkannten Methode.

Der politische Druck verstärkte sich mit der fortschreitenden Festigung der nationalsozialistischen Diktatur und »*Zwischenfälle aller Art infolge des Eingreifens der Nazibehörden haben die Leitung des Seminars sehr erschwert und mich in einer dauernden Spannung gehalten. Trotzdem, als ich im März 1939 das Seminar schloss, tat ich es mit sehr großem Bedauern*« (Wolffheim 1964, S. 173). Die Schließung erfolgte, weil die meisten Schülerinnen und Lehrerinnen emigriert waren.

Als auch Nelly Wolffheim 1939 kurz vor Ausbruch des Zweiten Weltkriegs nach England auswanderte, war sie bereits 60 Jahre alt. Da sie als Emigrantin keine Arbeitserlaubnis erhielt, musste sie schlecht bezahlte Schwarzarbeit annehmen. Sie betreute Kinder, gab Erziehungskurse für junge Mädchen, stellte Beschäftigungsspiele für Kinder her und arbeitete als »Kopfmodell« in einer Kunstschule, »schlug Kapital aus meiner prägnanten Hässlichkeit«, wie sie schrieb.

Nach Kriegsende nahm sie ihre publizistische Tätigkeit wieder auf und veröffentlichte in deutschen Fachzeitschriften eine Reihe von Aufsätzen, die jedoch – wie die psychoanalytisch orientierte Pädagogik insgesamt – kaum beachtet wurden. Nelly Wolffheim starb 1965 in England.

Die Aufgaben des psychoanalytisch orientierten Kindergartens

In Berlin gehörte Nelly Wolffheim zu den ersten Pädagogen der zwanziger Jahre, die die Erkenntnisse der Psychoanalyse aufgriffen. Sie blickte bereits auf eine langjährige Praxis als Kindergärtnerin zurück, als sie 1922 begann, ihre Kindergartenpädagogik nach psychoanalytischen Erkenntnissen umzugestalten.

In ihrem theoretischen Aufsatz (Wolffheim 1966) geht es ihr zunächst um die Frage, welchen Beitrag der Kindergarten unter psychoanalytischem Aspekt zur Entwicklung der Kinder leisten kann. Danach soll der Kindergarten
- dem Kind helfen, sich an die Realität anzupassen.
- Fehler der familiären Entwicklung ausgleichen.
- zu starke, hemmende Bindungen an die Eltern lockern.

Nelly Wolffheim geht davon aus, dass das kleine Kind noch nicht sozial denken und handeln kann, dass es noch »asozial« ist und erst in der Erziehung dazu gebracht werden soll, asoziale Tendenzen aufzugeben und auf die Bedürfnisse Anderer Rücksicht zu nehmen. Das verlangt vom Kind bereits so viele Einschränkungen, dass der Erzieher darüber hinaus keine Versagungen setzen sollte.

Der Erzieher darf seine Position als Erwachsener nicht dazu ausnutzen, um Macht auszuüben. Die Kindergruppe, in der sich die Kinder miteinander identifizieren, hilft den Kindern, sich anzupassen, weil Einschränkungen und Zusammenstöße mit Gleichaltrigen leichter verarbeitet werden als Konflikte mit Erwachsenen. Aus der Kindergemeinschaft ergeben sich Forderungen an das Kind, sodass ein darüber hinausgehender Zwang unnötig, ja schädlich ist.

»*Diese aus der Gemeinschaft erwachsenden Einschränkungen sind ein wesentlicher Wert des Kindergartens […]. Wollten wir dem Kind alle Versagungen ersparen, würden wir es auf seiner Entwicklungsstufe stehenlassen; nur durch Einschränkungen wächst das Kind*« (Wolffheim 1966, S. 134).

Darüber hinausgehende absichtliche Versagungen durch den Erzieher lehnte Nelly Wolffheim entschieden ab. Der Erzieher sollte es möglichst weitgehend den Kindern selbst überlassen, sich in der Gemeinschaft zurechtzufinden. Allein die Tatsache, dass der Erzieher als ein Erwachsener den Kindern gegenübersteht, bedeute, dass jedes Eingreifen einen Druck, einen Zwang darstellt.

Fehler der familiären Erziehung bestehen vor allem in zu frühen und zu starken Anpassungsforderungen, in der Neigung der Erwachsenen, zu viel erziehen zu wollen. Nelly Wolffheim sieht hier die Gefahren für das Kind in dem »Erziehungszwang« der Erwachsenen und stellt fest, dass der Kindergarten oftmals die Aufgabe habe, das Kind »unartiger« zu machen, d. h. seiner Überangepasstheit entgegenzuwirken. Über das Verhalten eines solchen allzu braven Kindes berichtet Nelly Wolffheim:

»*Hannelore kam mit fünf Jahren in den Kindergarten, weil der Kinderarzt der zu strengen häuslichen Erziehung entgegenwirken wollte. Sie schien zuerst etwas erstaunt über den bei uns herrschenden freien Ton und benahm sich – wie es zu Hause verlangt wurde – sehr wohlerzogen. Nach einiger Zeit hörte ich sie aber zu einem anderen Kinde* sagen: ›Du, gehe hin und kneife Paul.‹ Sie traute sich noch nicht, es selbst zu tun, aber dass sie es überhaupt als Wunsch aussprach, war ein Fortschritt und schien uns ein Erfolg zu sein. Es dauerte dann auch nicht mehr lange, bis Hannelore sich in ihrem Verhalten soweit änderte, dass sie sich gelegentlich auch einmal eine ›Ungezogenheit‹ gestattete« (Wolffheim 1966, S. 135).

Nelly Wolffheim kritisiert, dass die Erziehung gemeinhin das Kleinsein des Kindes betont. Dagegen fordert sie, Selbstständigkeit und Sicherheit des Kindes zu stärken und damit das Kind aus der Übermacht des Erwachsenen zu befreien.

Daraus folgt nun aber nicht – dieser Eindruck könnte fälschlicherweise entstehen – dass sich die Kindergärtnerin aus der Erziehung zurückziehen solle. Im nahen Kontakt zur Erzieherin werden die Gefühlsbeziehungen aus der Familie auf sie übertragen. Jedoch erfahren die Kinder schon bald, dass der Kindergarten keine Wohnung, die Kindergärtnerin nicht die Mutter und die anderen Kinder nicht die Geschwister sind. Sie erweitern ihre personalen Beziehungen im Kindergarten und lockern dadurch die Bindung an die Eltern, insbesondere an die Mutter. Es handelt sich hierbei nicht nur um eine quantitative Erweiterung von Beziehungen, sondern ebenfalls darum, dass das Kind gleichzeitig neue Verhaltensweisen erprobt.

Die Erzieherin soll nicht die Kinder beherrschen, sondern soll einen nahen Kontakt zum Kind haben, der es dem Kind ermöglicht, eine positive Übertragung herzustellen. Das Liebesbedürfnis des Kindes soll von der Kindergärtnerin verständnisvoll beantwortet werden. »*Es gehört zu den Erkenntnissen, die die Psychoanalyse der Pädagogik gebracht hat, dass wir das Übertragungsverhältnis nutzbar machen. Aus Liebe, also freiwillig, wird es dem Kind leichter, sich anzupassen und Verzichte zu leisten*« (Wolffheim 1966, S. 136). Zugleich soll das Kind intensive Beziehungen zu anderen Kindern entwickeln. Voraussetzung dafür war in jedem Fall eine kleine Kindergruppe, die es nur in den wenigen Privatkindergärten gab.

Im Rivalisieren um eine bevorzugte Stellung gegenüber einem Elternteil richten sich die Angriffe des Kindes häufig gegen Geschwister, insbesondere gegen die jüngeren. Tritt nun das Kind in den Kindergarten ein, so zeigen sich die aus geschwisterlichen Beziehungen resultierenden Konflikte meist verstärkt. Das Kind sieht in den anderen Kindern unbewusst Konkurrenten, die ebenfalls nach der ungeteilten Zuwendung der Kindergärtnerin streben. Erst ganz allmählich kann sich das feindselige Gefühl in eine soziale Bindung umwandeln.

Nach Nelly Wolffheim entwickeln sich die ersten Keime eines Zusammengehörigkeitsgefühls dadurch, dass sich die Kinder mit ihresgleichen identifizieren. Sie warnt davor, eine äußerliche Anpassung auch als innerlich vollzogen anzusehen. Werden ungewöhnliche soziale Gefühle wie Selbstverleugnung bei einem Kind beobachtet, so handelt es sich häufig um eine Überkompensierung asozialer Tendenzen, die gelegentlich später zu einem heftigen Durchbruch kommen.

»*Wir lernten durch die Tiefenpsychologie die Gefahren eines musterhaften Verhaltens verstehen, und keinesfalls darf der suggestive Einfluss, der von der geliebten Leiterin ausgeht, dazu benutzt werden, die Anforderungen des kindlichen Überichs zu sehr hinaufzuschrauben*« (Wolffheim 1966, S. 111).

Es muss den Kindern vielmehr gestattet sein, auch aggressive Auseinandersetzungen mit anderen Kindern ohne Schuldgefühle auszuleben. »*Zusammenstöße mit Altersgenossen haben meist nicht die störende Wirkung wie die Konflikte mit Erwachsenen. Überlassen wir es daher den Kindern, in möglichst weitgehendem Maße sich selbst in der Gemeinschaft zurechtzufinden*« (Wolffheim 1966, S. 113).

Nelly Wolffheim kritisierte, dass in vielen Kindergärten die Kinder zur Teilnahme an Gemeinschafts- und Kreisspielen gezwungen würden. Diese erzieherisch gemeinte Maßnahme diene allenfalls einer äußeren Anpassung, die aber nicht innerlich vollzogen werde. Erst mit etwa 3 bis 4 Jahren sei das Kind fähig, sich in die Spielgedanken anderer einzufühlen. Zwar spiele es bereits wesentlich früher gerne in Gegenwart anderer Kinder, aber meist spiele es neben den anderen Kindern seine eigenen Spiele.

Sondere sich ein Kind im Kindergarten ständig ab, so stehe das wohl immer im Zusammenhang mit Kräften, die im Unbewusstsein wirksam sind. Von außen kommende Beeinflussung vermag da kaum etwas auszurichten. Die Freundschaft mit einem anderen Kind kann oftmals eine Brücke zu den anderen Kindern bilden. Eine andauernde Absonderung des Kindes lässt auf eine tiefer gehende seelische Störung schließen.

Ein wichtiger Vorteil der Kindergemeinschaft liegt vor allem in der Gemeinsamkeit des Erzogenwerdens. Nelly Wolffheim unterscheidet dabei zwei Aspekte: Zum einen werden Gebote und Verbote weniger als persönliche Strafe empfunden, da man sie mit anderen teilt; zum anderen erziehen sich Kinder gegenseitig, indem sie sich miteinander identifizieren und aneinander anpassen.

Nelly Wolffheim beobachtete, dass Kinder die familiären Konflikte auf die Kindergärtnerin und die Kindergruppe übertrugen. Da die erwachsenen Bezugspersonen möglichst wenig eingriffen, konnten die Kinder ihre Konflikte ausagieren.

Sie waren damit der Verarbeitung zugänglich, das Kind konnte neue Erfahrungen machen und festgefahrene Verhaltensweisen so aufgeben.

Bei der Aufnahme eines Kindes in den Kindergarten sollte darauf geachtet werden, in welcher Phase der Entwicklung das Kind sich befindet. Das Verhalten des Kindes gibt Aufschluss über seine inneren Konflikte. Äußert es einen übergroßen Trennungsschmerz, so deutet das auf eine zu große Abhängigkeit hin.

Wenn jüngere Geschwister da sind, kann auch die Eifersucht des älteren Kindes dazu führen, dass es Angst hat, von der Mutter verlassen zu werden.

Abb. 9: Kinderspiel und Kinderarbeit

Zu energische Versuche seitens der Kindergärtnerin, das Kind zum Bleiben zu überreden oder gar zu zwingen, können dem Kind den Beginn im Kindergarten zum Trauma werden lassen. Nelly Wolffheim empfahl, dass die Mutter eine Weile beim Kind im Kindergarten bleiben solle, bis es die Fremdheit überwunden hat. Sie praktizierte damit eine Eingewöhnungszeit, die allgemein empfohlen wird.

Meist wirkt die Anziehungskraft der anderen Kinder so stark, dass das Kind sich zu ihnen hingezogen fühlt und die anfänglichen Schwierigkeiten rasch überwindet. Bleiben aber Angst und Ablehnung trotzdem bestehen, so kann es unter Umständen empfehlenswert sein, den Kindergartenbesuch zunächst einmal abzubrechen und später an anderer Stelle erneut einen Versuch zu machen. In besonders schwierigen Fällen kann es notwendig sein, eine Erziehungsberatungsstelle aufzusuchen, denn auf der Kindergartenangst kann später Schulangst aufbauen. Nelly Wolffheim wertet die Kindergartenangst als ein Symptom für eine Fehlentwicklung, die einer rechtzeitigen therapeutischen Beratung und möglicherweise auch Behandlung bedarf.

Äußerungsformen der infantilen Sexualität im Kindergarten

Die ödipale Phase ist die Blütezeit frühkindlicher Sexualität, und ihre Äußerungen sind in einem Kindergarten, der die Sexualität nicht tabuisiert und unterbindet, zu erwarten. Jedoch kamen die Kinder aus Familien, in denen die Eltern Fragen der Sexualerziehung zurückhaltend oder abweisend gegenüberstanden. Demnach hatte Nelly Wolffheim es mit Kindern zu tun, die durch die häusliche Erziehung bereits »verbogen« waren. Die Diskrepanz zwischen der Offenheit psychoanalytischer Erziehung im Kindergarten und repressiver familiärer Sexualerziehung führte nach ihren Beobachtungen zu Schwierigkeiten.

Ausgangspunkt für eine freie Sexualerziehung war für sie daher die Elternarbeit. *»Bei der vielfach noch außerordentlichen Rückständigkeit mancher Eltern würden häufig Schwierigkeiten entstehen, wenn wir einem Kinde, wie es dem psychoanalytischen Pädagogen selbstverständlich ist, in wünschenswerter Weise Auskunft gäben«* (Wolffheim 1966, S. 118). Sie sah es als vordringlich an, auf Elternabenden und in Einzelsprechstunden zu versuchen, Mütter und Väter für eine freie Sexualerziehung zu gewinnen. *»Nur eine richtige Belehrung der Eltern kann uns die wünschenswerte Freiheit dem Kinde gegenüber verschaffen«* (Wolffheim 1966, S. 118).

Werden im Kindergarten die sexuellen Bestrebungen der Kinder nicht so stark unterdrückt wie im Elternhaus, so äußern sie sich recht unverhohlen als Eltern- oder Doktorspiele. Die weitverbreiteten »Doktorspiele« mit einem gegenseitigen Betasten nahm Nelly Wolffheim zwar als typische Erscheinung dieser Altersstufe hin, suchte aber dennoch, die Kinder davon abzulenken. *»Da man nie wissen kann, ob der eine (passive) Teil nicht einen erstmaligen und heftigen Anreiz erhält, dessen Tragweite wir im Einzelfall nicht übersehen können, werden wir gut tun, auch im Interesse einer Realitätsanpassung des Kindes solchen Spielereien entgegenzuwirken«* (Wolffheim 1966, S. 122).

Die überaus vorsichtige Haltung Nelly Wolffheims entsprang offensichtlich ihren Erfahrungen mit den Eltern der Kinder. Sie versuchte, einen Erziehungsstil zu finden, der zwar nicht die Fehler der Eltern wiederholt, jedoch die Kluft zwischen der Erziehung im Kindergarten und im Elternhaus nicht allzu groß werden lässt.

Im Kindergarten wurden auch die Folgen einer repressiven frühkindlichen Sauberkeitsdressur sichtbar. Eine zu frühe oder zu rigide Sauberkeitserziehung kann zu Reaktionsbildungen führen, etwa einem übertriebenen, zwanghaften Sauberkeitsbedürfnis, das mit der Angst einhergeht, sich schmutzig zu machen. Bereits die Erzieher im Kindergarten haben es mit Kindern zu tun, die durch die Reinlichkeitserziehung im Elternhaus in bestimmter Weise geprägt wurden. Beginnende Fehlentwicklungen können hier erkannt und korrigiert werden. Nelly Wolffheim beobachtete in ihrem Kindergarten, dass Kinder sich an schmutzigen Dingen und Ausdrücken, die mit den Ausscheidungsfunktionen im Zusammenhang standen, freuten. Sie interpretierte dieses Verhalten als ein Überbleibsel aus der analen Phase, in der alle Kinder die Lust haben, mit ihrem Kot zu schmieren, und teilte eine Reihe von Beobachtungen mit:

»*Rita (5 Jahre) weigerte sich, sich bei der Gymnastik auf den Boden zu setzen. Mütterlicher Ermahnungen eingedenk, erklärte sie: ›Das darf man doch nicht. Da ist es doch schmutzig.‹ Nach wenigen Augenblicken: ›Ich tu es doch‹, und strahlend fortfahrend, ›Schmutz ist doch schön.‹ – Anni (4 Jahre) liebte es sehr, da man sie nicht hereinließ, durch eine Bretterritze in das ländliche Klosett zu sehen, wenn es benutzt wurde. Und die dreijährige Gerda ging mit dem größten Vergnügen in das nämliche Klosett, hob immer wieder den Deckel auf schaute hinein und zog den Geruch durch die Nase*« (Wolffheim 1966, S. 123).

Das erste Beispiel zeigt, wie durch häusliche Erziehung Hemmungen und Ängste erzeugt wurden; zugleich konnte sich das Kind aber im Kindergarten von diesen Hemmungen befreien, konnte sie kompensieren, vorausgesetzt, dass die Erzieherin die Probleme aus der analen Phase erkannte und durch ein entsprechendes Spielangebot Gelegenheit zur Verarbeitung bot. Eine Unterdrückung kindlicher Sexualäußerungen durch Verbote führt nicht zur Verarbeitung der Triebregungen, sondern zu Verdrängungen und Heimlichkeiten.

»*Dem fünfjährigen Peter war zu Hause der Gebrauch analer Worte strengstens untersagt. Er benützte eine günstige Gelegenheit im Kindergarten, zog sich allein in eine Ecke zurück und tat nichts als immer wieder und mit sichtlichem Vergnügen die zu Hause verbotenen Worte auszusprechen*« (Wolffheim 1966, S. 123).

Für die Entwicklung des Kindes ist es wichtig, dass anale Bedürfnisse nicht ausschließlich der Verdrängung anheimfallen. Daher sollte die Erzieherin sich bemühen, durch geeignete Beschäftigungen primitive Befriedigungsformen in höherwertige umzuleiten. Der Umgang mit Sand, Wasser, Farbe und Tonerde unterstützt dabei die Sublimierung analer Triebbedürfnisse.

Kinderfreundschaften

Im Alter von vier bis fünf Jahren gehen Kinder intensive Freundschaften ein, deren erotischer Charakter oft nicht zu übersehen ist. Nach Beobachtungen von Nelly Wolffheim waren solche Freundschaften recht verbreitet. Sie berichtete über einige Fälle solcher Kinderfreundschaften, beobachtete ihren Verlauf und stellte die Frage, welchen Einfluss sie auf die Entwicklung des Kindes haben:

»Peter (5 Jahre) war ein besonders intelligenter Junge, der sicher und bestimmt auftrat. Er hörte aber auf im Kindergarten als selbstständige Persönlichkeit hervorzutreten, nachdem sich Paul seiner in Freundschaft bemächtigte. Die beiden zogen sich von den anderen zurück, spielten nur allein – möglichst in einer Nische, in der man sie nicht sah – und Paul suchte, Peter zu onanistischen Spielereien zu verführen.

Günther (4. bis 6. Jahr) hatte eine Freundin Gerda (ungefähr gleich alt) außerhalb des Kindergartens, die ihn beherrschte und der er ganz ergeben war. Er – der sonst absolut nicht bescheiden war – fühlte sich neben ihr klein und unbedeutend. Er ließ von ihr mit sich machen, was sie wollte. So hörte die Mutter im Nebenzimmer, wie Gerda mehrfach wiederholte: ›Der Zipfel muss ab, wozu ist der denn da?‹ Und als die Mutter hineinging, sah sie, dass Gerda dem Jungen strähnenweise Haar abschnitt. Diese Handlung muss symbolisch verstanden werden. Das passive Verhalten Günthers zeigte, dass er seine Männlichkeit seiner Liebe opferte. Als Günthers Mutter einmal unfreundlich zu Gerda war, erfolgte gegen Letztere ein starker Zärtlichkeitsausbruch, während er sonst in seiner Freundschaft eher spröde war [...]. Gerda wirkte dem Kindergarten entgegen. Eines Tages wollte Günther nicht mehr in den Kindergarten gehen; es ergab sich, dass Gerda den Kindergarten ›doof‹ fand und es ihm auch gesagt hatte, er solle lieber bei ihr bleiben. Es scheint mir wahrscheinlich, dass das Sichschwer-Einleben, unter dem Günther lange Zeit litt, mit Gerda im Zusammenhang stand. Günther schloss sich nicht an die anderen Kinder an, weil sein Gefühlszentrum – eben Gerda – außerhalb des Kindergartens lag.

Erst nach zwei Jahren etwa befreundete er sich intensiver mit einem Jungen, spielte aber außerdem mit den meisten anderen Kindern. Dies war zu einer Zeit, als sich auch aus äußeren Gründen die Freundschaft mit Gerda gelöst hatte« (Wolffheim 1966, S. 127).

In den emotionalen Beziehungen versucht der eine Partner, den anderen zu beherrschen und abhängig zu machen. Auch Gisela Hundertmark (1969) erwähnt die negativen Folgen erotisch gefärbter Freundschaften unter Kindern.

»Eine erotisch gefärbte Freundschaft (kann) auch dazu führen, dass starke Eifersucht, Kampf um Alleinbesitz, Abhängigkeiten auftreten. Oft werden auch Zärtlichkeiten gesucht, und es kann zu onanistischen Spielereien kommen; Kinder sind übererregt und leiden unter der Heftigkeit ihrer Gefühle« (Hundertmark 1969, S. 32).

Gisela Hundertmark beurteilt die Chancen, solche intensiven Freundschaften erzieherisch zu beeinflussen, gering. Sie empfiehlt der Erzieherin, sie zu unterbinden. Dabei stellt sich die Frage, weshalb Kinder ihre Freundschaften so gestalten, dass sie z. B. ihren Partner beherrschen wollen. Offenbar sind die Kinder durch die Erziehung geschädigt, sodass ihre Beziehungen neurotische Symptome aufweisen.

Mit der Unterdrückung der Kinderfreundschaften lassen sich die Fehlformen von Partnerbeziehungen jedoch nicht verändern. Wir müssen klar erkennen, dass deren Ursachen in den Strukturen der Sozialbeziehungen in der Familie liegen. Aufgabe der Kleinkinderziehung sollte es sein, Methoden zu entwickeln, mit denen die Einwirkungen der familialen Sozialisation aufgearbeitet werden können. Im Kindergarten sollten die Kinder lernen, partnerschaftliche Beziehungen aufzubauen.

Das verhaltensgestörte Kind im Kindergarten

Verhaltensstörungen von Kindern haben ihre Ursache meist in unbewussten Konflikten. Die Verhaltensstörung selbst ist als ein Symptom dieser unbewussten Konflikte aufzufassen. Eine Unterdrückung oder Bekämpfung des Symptoms allein nützt wenig, denn solange die Ursache nicht beseitigt ist, wird das alte Symptom sich dem erzieherischen Einfluss entweder als unzugänglich zeigen, oder aber ein Symptom verschwindet und ein anderes störendes Verhalten tritt an seine Stelle.

Bei der Frage, welche Hilfen es im Kindergarten für verhaltensgestörte Kinder gibt, nennt Nelly Wolffheim an erster Stelle die Beratung der Eltern, denn selbst die therapeutische Behandlung eines Kindes kann nicht viel helfen, wenn die Eltern nicht zu einer verständnisvollen Haltung veranlasst werden. Nelly Wolffheim lehnt es ab, dass die Leiterin des Kindergartens die therapeutische Behandlung übernimmt, weil eine Therapie keine pädagogische Maßnahme sei. Jedoch sollte die Erzieherin Kenntnis darüber haben, ob ein Kind in therapeutischer Behandlung ist.

Zur Bedeutung des Spiels

Zu den besonderen Schwierigkeiten, die die Erzieher ratlos machen können, gehören aggressive Verhaltensweisen. Die aggressiven Affekte, die sich z. B. in Tierquälerei und in Zerstörungssucht zeigen, können nicht »moralisch beeinflusst werden« (Nelly Wolffheim), auch Strafen oder Verbote werden die im Unbewussten verborgenen Konflikte nicht aufdecken. Der Weg zur Bearbeitung unbewusster Konflikte ist das Spiel, denn im freien Spiel zeigen sich – nach der psychoanalytischen Theorie (vgl. Anna Freud) – die Konflikte des Kindes. *»Spiel ist die Umgestaltung der Realität in lustbringender Form. Spiel bringt wie der Traum Wunscherfüllung. Im Spiel kann das Kind ungestraft das tun, was ihm die Erziehung verwehren muss. Verbotenes kann hier in erlaubter Form […] erlebt werden«* (Wolffheim 1966, S. 138).

Die psychoanalytische Spieltheorie besagt, dass Situationen, die das Kind passiv erlitten hat, im Spiel in eine aktive Situation verwandelt werden. Was dem Kind zuvor als drohende Macht gegenübergetreten ist, wird im Spiel verarbeitet. Das Spiel hat eine kathartische, also reinigende Wirkung. Das Kind verarbeitet im Spiel Spannungszustände, die es bewusst noch nicht bewältigen könnte. Die therapeutischen Möglichkeiten des Spiels sind von der Psychoanalyse entdeckt worden und bilden seither ein wichtiges Element der Kindertherapie (Melanie Klein, Anna Freud, Hans Zulliger).

Im Kindergarten hat das freie Spiel besonderen Wert für die Sozialerziehung. Im gemeinsamen Spiel ist eine Vielzahl von möglichen sozialen Beziehungen enthalten. Das Kind tritt zu anderen in Beziehung und nimmt im Rollenspiel wechselnde Rollen ein. Im Spiel kann das Kind Zorn, Quälsucht und Machtwillen ausleben, und daher sollten Rohheitsakte im Spiel geduldet werden. Sie stellen eine Abfuhr von Affekten dar, die unerwünschten Handlungen in der Realität vorbeugen. Nelly Wolffheim beobachtete, dass Kinder in ihren Spielen Brände, Hauseinsturz, Zusammenstöße, also Vernichtung, darstellten. Spiele dieser Art entstehen aus unverarbeiteten Konflikten, und auch dann, wenn die Problematik dem Kind nicht durch Verbalisieren bewusst gemacht wird, hat das Spiel eine befreiende und lösende Wirkung.

Psychoanalyse und Kindergarten

Nelly Wolffheim hat den Aufsatz, in dem sie über ihre Erfahrungen im Kindergarten berichtete, »Psychoanalyse und Kindergarten« genannt, nicht etwa »Psychoanalytische Pädagogik im Kindergarten«. Das hatte seinen guten Grund, denn sie war sich durchaus bewusst, dass die Psychoanalyse ihrer Herkunft nach eine ärztliche Wissenschaft ist und dass eine Integration von Psychoanalyse und Erziehungswissenschaft nicht so ohne Weiteres gelingen kann. Vergegenwärtigen wir uns ihren theoretischen Ansatz:

Sie revidiert das Bild und die Vorstellung, die sich die normative Pädagogik von der Natur des Menschen gemacht hatte. Das bedeutete, dass sie die seelische Struktur des Menschen mit Es, Ich und Über-Ich als Gegebenheit annahm. In der Erziehung sollten die aus dem unbewussten stammenden Konflikte berücksichtigt werden. Sie erkannte, dass eine strenge und fordernde Erziehung zu einem rigiden Über-Ich führt und neurotische Fehlentwicklungen fördert. Das geeignete pädagogische Mittel zur Verarbeitung der unbewussten Konflikte war das freie Spiel, das daher im Kindergarten gefördert werden sollte.

Die Psychoanalyse hatte entdeckt, dass sich die kindliche Entwicklung in bestimmten Phasen vollzog. Die Konsequenz war, dass die Erziehung bestimmte kindliche Verhaltensweisen – insbesondere Sexualäußerungen – tolerieren musste, weil sie als Teil einer normalen Entwicklung erkannt wurden. Damit der Mensch befähigt wird, Triebansprüche einerseits sowie Forderungen der Realität und des Über-Ichs andererseits in Einklang zu bringen, braucht er als regelnde Instanz ein starkes und flexibles Ich. Die Erziehung muss darauf zielen, das Ich zu stärken.

Für Nelly Wolffheim stand der Abbau autoritärer Abhängigkeiten im Vordergrund. Sie sah, dass die Kindergruppe als erzieherisches Mittel eine positive Wirkung auf eine ichgerechte Verarbeitung von Konflikten hatte, während die Autorität der Erwachsenen das Kind erdrücken kann, und sie forderte, dass die Erzieherin sich zurückhalten sollte.

Es war Nelly Wolffheims Verdienst, dass sie durch direkte Kinderbeobachtungen die Erkenntnisse Freuds über die Entwicklung des Menschen bestätigte. Sie verstand ihre pädagogische Arbeit im Sinne einer Psychohygiene als Neurosenprophylaxe. Sie wies immer wieder auf die Gefahren hin, die von einem Zuviel an Erziehung ausgehen.

Vor dem politischen Hintergrund der nationalsozialistischen Diktatur ist ihr unerschrockenes Eintreten für eine triebfreundliche und ichstärkende Erziehung des Kindes beispielhaft.

5.
Der Kindergarten im Dritten Reich

5. Der Kindergarten im Dritten Reich

5.1 Erste Folgen der Machtübernahme

In der Republik von Weimar hatten die progressiven Kräfte, politisch repräsentiert durch die Parteien der Linken und die Organisationen der Arbeiterbewegung, sich gegen die konservativen Kräfte, repräsentiert durch wechselnde Konstellationen von rechten Parteien bis hin zur Mitte, nicht behaupten können. Aus der Weltwirtschaftskrise, die Mitte 1929 einsetzte, folgten Inflation und Massenarbeitslosigkeit.

Die Wahlen im September 1930 brachten den ersten großen Wahlsieg der NSDAP. In den zahlreichen Wahlen zwischen 1930 und 1932 hatte auch die Kommunistische Partei, die vor allem von den Erwerbslosen gewählt wurde, einen hohen Stimmenzuwachs zu verzeichnen gehabt. Jedoch wuchs die nationalsozialistische Bewegung rascher, weil ihr zunehmend frühere Wähler der bürgerlichen Parteien zuliefen. Das Bündnis des Bürgertums mit dem Kleinbürgertum in der Wirtschaftskrise verhalf schließlich den Nazis zur Macht: Nach einem kurzen Zwischenspiel der Präsidialkabinette unter von Papen und Schleicher wurde Hitler auf Drängen maßgeblicher Kreise der Wirtschaft zum Reichskanzler eines Minderheitskabinetts ernannt.

Bereits in den darauffolgenden Wochen wurden die Gewerkschaften, die Sozialdemokratische Partei und die Kommunistische Partei aufgelöst. Auch die den Organisationen der Arbeiterbewegung zugehörigen oder nahestehenden Jugend- und Wohlfahrtsverbände, z. B. die Arbeiterwohlfahrt, wurden verboten. Fortschrittliche Pädagogen wie Siegfried Bernfeld, Wilhelm Reich, Edwin Hoernle und viele andere mussten emigrieren, oder sie starben wie Otto F. Kanitz im Konzentrationslager. Sozialistische und demokratische Ansätze in der Erziehung wurden unnachgiebig ausgerottet.

Mit der Machtübernahme der Nationalsozialisten setzte auch im Bereich der vorschulischen Erziehung eine Entwicklung ein, die schließlich zum Abbruch aller pädagogischen Experimente führte, die sich einer sozialistischen und/oder psychoanalytischen Konzeption verpflichtet fühlten. Die rigorose Ablehnung aller fortschrittlichen und demokratischen Erziehungsziele resultierte aus der Ablehnung der in diesem Bereich bis dahin für wesentlich erachteten Gebiete wie Sozialpädagogik, Psychologie und Psychoanalyse. An die Stelle der Versuche einer wissenschaftlich begründeten Kleinkinderziehung trat nationalsozialistische Propaganda.

5.2 Zur vaterländischen Erziehung im Kaiserreich

Autoritäre und faschistoide Tendenzen hat es schon im Kaiserreich im Erziehungswesen Deutschlands gegeben. Bereits im Kindergarten sollte während des Ersten Weltkrieges »vaterländische Gesinnung« gepflegt werden, wie der Auszug aus einem Beschäftigungsplan für den Kindergarten von 1915 zeigt (Pappenheim 1971, S. 252).

Lieder, Gedichte, Spiele	Beschäftigungen und Arbeiten
Patriotische u. Heimatlieder. Kriegsgebete. Freie Gebete d. Kinder.	Verzieren von Feldpostkarten mit Eichenblättern, Blumen, Fahnen. (Auszeichnen und Zeichnen).
Soldaten- und Marschierspiele	Anfertigung von Soldatenausrüstung: Helm, Säbel, Mütze u. a.m. durch Falten u. Kleben u. v. Aufstell-Soldaten.
Reiter- und Pferdespiele	Pferde zeichnen, basteln.
Kriegsspiele. Der Kaiser ist ein lieber Mann. Er wohnt im Hauptquartier.	Im Sandspiel werden Schützengräben gebaut.
Heimatlieder. Deutschland, Deutschland.	Sammeln, Ausbessern, u. Anfertigung von Spielzeug (und Kleidungsstücken) für Flüchtlinge
Wir treten zum Beten. Heil dir im Siegerkranz Spiel von Hindenburg, Schwarz, Weiß, Rot, das sind drei schöne Farben	Fahnen schneiden, kleben, zeichnen. Ketten und Flechtblätter in Nationalfarben. Verzieren der Bilder unserer Heerführer. Ausnähen, Ausschneiden von Orden.

Mit Beschäftigungen, Liedern und Erzählungen dieser Art sollten »Vaterlandsliebe, Tapferkeit und Pflichtgefühl« geweckt werden. Als Ziel der Beschäftigungen wurde ferner genannt: »*Übung von pünktlichem Gehorsam; bewußte, gewollte Unterordnung, Friedfertigkeit, Dankbarkeit*« (Pappenheim 1971, S. 126f.). Wir sehen an diesem Beispiel, bei dem es sich keinesfalls um einen extremen Einzelfall handelte, dass bereits im Kaiserreich der Boden für nationalsozialistische Ideen bereitet war. Wie meine Analyse zeigen wird, wurde den oben genannten erzieherischen Werten auch in der nationalsozialistischen Erziehungslehre besondere Bedeutung zugemessen. So stellt denn die nationalsozialistische Erziehungslehre durchaus nichts Neues dar, sondern hat sich aus autoritären und kleinbürgerlichen Vorstellungen entwickelt, wie sie im wilhelminischen Deutschland sehr verbreitet waren.

5.3 Grundzüge nationalsozialistischer Pädagogik

Im Kern der nationalsozialistischen Ideologie stand die Rassenlehre, die eine primitive Übertragung der Theorie Darwins auf das soziale Feld war. Demnach galt die »nordische Rasse« als die höherwertige gegenüber minderwertigen Rassen wie z. B. den Juden. Da die Vitalkräfte der minderwertigen Rassen stärker als die der höherwertigen seien, drohten sie, die höherwertigen zu verdrängen. Züchtung und Auslese einerseits sollten die nordische Rasse stärken, Vernichtung und Unterwerfung der »minderwertigen« Rassen andererseits sollten deren Einflüsse beschneiden.

»Das ›gute Blut‹ (so besonders SS-Führer Himmler) müsse sich folglich verteidigen gegen das ›verdorbene Blut‹, das seine Qualität allen anderen durch Rassenmischung mitteile [...]. So erklärt sich auch die ›Endlösung der Judenfrage‹, die ›Ausmerzung‹ der Schädlinge« (Gamm 1964, S. 17).

> »Deutschland hat als erster Staat die Judenfrage gelöst. Durch die Nürnberger Gesetze zum Schutze des deutschen Blutes wurden Mischehen mit Juden verboten. Rassenschande wird nach diesem Blut-Schutzgesetz schwer bestraft. Den Beamten ist verboten, bei Juden zu kaufen. Unterschiede zwischen ›anständigen‹ und ›unanständigen‹ Juden sind unzulässig. Jüdische Geschäfte müssen als solche kenntlich gemacht werden. Der Jude lebt im Staat, ohne jedoch Staatsbürger und Gemeindebürger zu sein. Niemand kann zugemutet werden, als Gesellschafter forthin mit einem Juden zusammenzuarbeiten.«

Abb. 10: Die Nürnberger Gesetze

Während des Dritten Reiches nahm die Verfolgung der Juden ständig schärfere Formen an und gipfelte in deren Vernichtung in Konzentrationslagern. Der obige Text stammt aus einem weitverbreiteten Lehrbuch, das sich vorwiegend an Fürsorger und Erzieher wandte.

Ernst Krieck, führender nationalsozialistischer Pädagoge, der als Professor im Heidelberg lehrte, übernahm die Theorie der Rasse und erklärte: »*Es soll vielmehr die herrschende und maßgebende nordische Rasse so ausgelesen und hochgezüchtet werden, dass sie zum festen Rückhalt, zum tragenden Rückgrat der ganzen Volksgemeinschaft wird*« (Krieck 1935, S. 15).

Die Erziehung hatte nach Krieck die Aufgabe, die rassischen Anlagen durch »artgemäße Lebensordnungen«, Lebensgehalte und Wertordnungen zur höchsten Entfaltung zu bringen. In der Pädagogik des Kleinkindes kam es demnach vor allem darauf an, im Sinne der »Aufzüchtung der nordischen Rasse« die körperliche Entwicklung des Kindes zu kontrollieren. »*Der Staat braucht vor allem gesunde, lebenskräftige Menschen, die in frühester Kindheit schon entsprechend behandelt werden müssen, um später abgehärtet und gestählt den harten Anforderungen, die an diese gestellt werden müssen, standhalten zu können«* (Kindergarten 1940, S. 106).

Der Kindergarten sollte sich von der *»bisher einseitigen Erziehungseinrichtung zur Stätte der Gesundheitsführung«* (Kindergarten 1940, S. 127) wandeln. Erziehungsziel war das »Heranzüchten kerngesunder Körper«. Dazu dienten in erster Linie die ärztliche Überwachung, die penible Einhaltung hygienischer Vorschriften sowie Turnen, Gymnastik und die »Freilufterziehung«, deren Forderungen nach Licht, Luft und Sonne zu Schlagworten wurden.

Die körperliche Erziehung diente nicht allein dem gesunden Aufwachsen des Kindes, sondern sollte es im Sinne des Nationalsozialismus durch sportlichen Wettkampf zum begeisterten Kämpfer machen. Nach der Rassenlehre war die »nordische Rasse« kämpferisch, sodass es in der Erziehung darauf ankäme, dass diese Eigenschaften sich entfalten könnten. Dabei ignorierte man, dass das Kind im vorschulischen Alter in der Regel zu Konkurrenz und Wettkampf psychisch nicht bereit ist. Es geht dem Kind vielmehr darum, *mit anderen und nicht gegen andere Kinder* zu spielen. Sportliche Wettkämpfe entsprechen nicht seinem Bedürfnis. Beim Laufen z. B. passt es sich dem Tempo seiner Spielgefährten an und es bemüht sich, nicht schneller zu sein als andere.

Nationalsozialistische Erziehung unterdrückte die Fähigkeit des Kindes zu Kooperation und Rücksichtnahme und förderte Spiele, in denen Mut, Kraft und kämpferische Einsatzbereitschaft verlangt wurden. Die Erziehung zum begeisterten Kämpfer und Soldaten begann im Kindergarten. Da ganz allgemein in der nationalsozialistischen Erziehung körperliche Leistungsfähigkeit und Tüchtigkeit im Vordergrund standen, lag es nahe, die Leistungsfähigkeit bereits im Vorschulalter zu testen. 500 Kinder aus 20 Kindergärten wurden über mehrere Monate hinweg beobachtet, und ihre Leistungen im Weitsprung, Hochsprung, Laufen und Werfen wurden gemessen.

Die errechneten Mittelwerte sollten der Kindergärtnerin helfen, festzustellen, ob ein Kind die zu erwartende Leistungsfähigkeit erreicht hat. *»Die Bewältigung körperlicher und kämpferischer Leistungen dieser Art wirkt eben gestaltend auf die ganze Art des Kindes. Es wird erstaunlich rasch ein zwar verkleinerter, aber fix und fertiger Pimpf. Wir erleben diesen Wandel immer wieder mit Erstaunen«* (Benzing 1941, S. 61).

Den Begriff der Schulreife ersetzte Benzing durch den der »Schultauglichkeit«. Er verstand darunter in erster Linie die körperlichen Fähigkeiten des Kindes, wie sie bei Wettkämpfen zu messen waren. Benzing schlug vor, sportliche Leistungsfähigkeit sowie Selbstständigkeit des Kindes zu Kriterien für Schultauglichkeit zu machen. Die intellektuelle Entwicklung des Kindes könnte weitgehend unberücksichtigt bleiben, denn körperliche und geistige Entwicklung verliefen ohnehin parallel.

Neben der körperlichen Ertüchtigung spielte die Erziehung zur Wehrertüchtigung und zum Krieg eine besondere Rolle. Bereits im vorschulischen Alter setzte die Erziehung zum Krieg ein. Durch einen Erlass wurde 1937 die »Pflege des Luftfahrtgedankens« allen Schulen zur Pflicht gemacht und auch vom Kindergarten aufgegriffen. Basteln von Flugzeugen, Zeppelinen, die Darstellung von Segelfluggelände im Sandkasten waren Beschäftigungsvorschläge für den Kindergarten. Schon dort sollte die »Begeisterung für die Luftfahrt« geweckt werden.

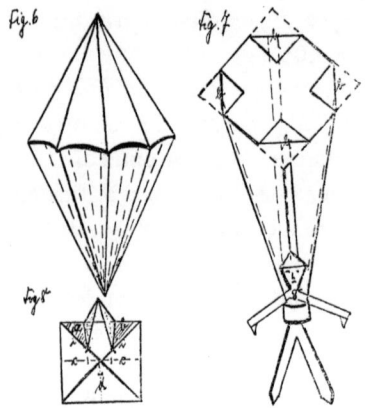
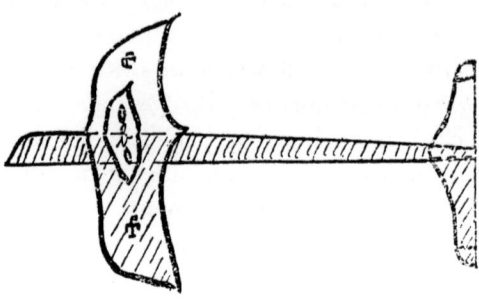

Abb. 11.1: Anleitung zum Basteln von Kriegsspielzeug (1). 1941.

Abb. 11.2: Anleitung zum Basteln von Kriegsspielzeug (2). 1941.

Fig. 6: Fallschirm aus Papier. Quadratisches Blatt kreuzweise falten, alle Ecken in gleichmäßigem Abstand nach oben umbiegen und an den Faltlinien b kurz einschlitzen, um 4 Papierbänder so weit durchzuziehen, daß sie festgeklebt werden können. Ein enger Papierring, in den ein Papiermännlein gesteckt wird, hält die vier Bänder unten zusammen.

Fig. 7: Fallschirmjäger (Phantasiefigur). Quadratisches Blatt Papier senkrecht, quer und zweimal diagonal falten; nun Faltlinien c, i und d bis zu den angegebenen Punkten einschneiden. Die oberen Eckflächen werden jetzt nach oben zum Kopf mit Helm geschlagen, die angrenzenden mittleren Dreiecksflächen spiralartig zu Armen gebogen und die beiden unteren quadratischen Abschnitte zu Beinen geformt.

Fig. 8: Flugzeug aus Kartonpapier wird in der schraffierten Form doppelseitig ausgeschnitten, daß Linie a den Bruch bildet. Der Rumpf wird so zusammengeklebt, daß Flügel und Steuerflächen zu beiden Seiten flach abstehen. Bemalung oder Buntpapierverzierung b belebt das kleine Flugzeug.

Was 1937 noch Spiel war, wurde wenige Jahre später Ernst. Nach Beginn des Krieges traten in der Zeitschrift »Kindergarten« Themen in den Vordergrund wie »Das Leben eines Kämpfers«, »Soldaten, Zelte, Kanonen – eine Bastelanleitung« (Möller 1941, S. 140), »Was muß die Kindergärtnerin vom Luftschutz wissen« (Winckelmann 1939, S. 198f.) und anderes.

In dem Bericht »Unsere Kinder erleben den Krieg« hieß es:
»Rasch hat die Tante mit ihnen (den Kindern, Anmerk. d. Verf.) die Uniform gearbeitet. Dann gehts hinaus auf den ›Kasernenhof‹ zum Exerzieren. In Rolf erkennt man jetzt schon die Führernatur. Er schreitet als Hauptmann die Front ab [...]. Jetzt spielen sie nicht mehr Soldaten, jetzt sind sie Soldaten. Im Zimmer bauen indessen einige Jungen mit ihrer Tante eine Artilleriestellung. Bausteine werden im Halbkreis zu einem Wall aufgeschichtet [...]. In der Stellung laden die Soldaten die einfach gestalteten Kanonen mit Papierkugeln. Ein Dorf unweit der Stellung wird beschossen. Einzelne Häuser sind bereits zusammengefallen. Auf einem anderen Tisch entsteht ein Flugzeugplatz. In großen Hallen warten einige Faltflugzeuge auf den Start. Soldaten kommen aus der Kaserne, um die Flugzeuge zum Feindflug startbereit zu machen [...]. Diese Beschäftigungen sind gut und schön, einmal, weil sie wenig Material beanspruchen, und dann in der Hauptsache, weil sie dem Kinde das große Erleben, den Krieg an der Front und in der Heimat veranschaulichen« (Zabel 1940, S. 83).

Benzing beruft sich auf den Führer, wenn er sagt: *»Wir wollen ein hartes Geschlecht heranziehen, das stark ist, zuverlässig, treu, gehorsam und anständig.«* Angst, wie sie jedes Kind in seiner Entwicklung erlebt, passte nicht in das Bild, das sich der Nationalsozialismus vom Kind gemacht hatte. In seiner Erziehung sollte das Kind stufenweise verschieden dosiertem Belastungsdruck ausgesetzt werden, um es seelisch »abzuhärten«. Der Gegenpol der Angst sollte die »Erziehung zur Furchtlosigkeit« (Benzing 1941, S. 63) sein. Demnach sollten in der Erziehung Angst machende Situationen nicht vermieden, sondern wohl dosiert werden als eine Vorbereitung für den Erwachsenen, als eine Tugend des Soldaten. *»Auch der Tapfere kommt unter Belastungsdruck vorübergehend in eine Lebenslage, wo der Soldat von sich sagt, daß er den inneren Schweinehund überwinden muß«* (ebd.). Ziel der Erziehung im Kindergarten war nicht die Förderung kognitiver Fähigkeiten, sondern die »Entwicklung des Charakters«.

Mädchenerziehung im Kindergarten

Die generell stark nach Geschlechtern differenzierende Erziehung setzte bereits im Kindergarten ein. An der Polarität der Geschlechtsrollen hielt die nationalsozialistische Erziehung fest, denn »*der kleine Junge wird einmal ein deutscher Soldat werden, das kleine Mädchen eine deutsche Mutter*« (Benzing 1941, S. 40f.).

Die Mädchen wurden durch entsprechende Spiele wie das Puppenspiel sowie die Erwartungshaltung ihrer Umwelt, dass sie sich in ganz bestimmter mädchenhafter

Grundzüge nationalsozialistischer Pädagogik

Weise verhalten, auf die Übernahme der Geschlechtsrolle, wie sie im Nationalsozialismus definiert war, vorbereitet. Pflegerische und häusliche Tätigkeiten galten als Ausdruck ihrer Geschlechtsanlagen. Die Mädchenerziehung unterschied sich nicht von der traditionellen Mädchenerziehung, wie sie auch heute noch zu finden ist. Der besondere Akzent nationalsozialistischer Erziehung der Mädchen lag darin, dass auch das Mädchen politisch erzogen wurde, nicht, um später einmal Aufgaben im politischen Leben zu übernehmen, sondern um eine deutsche Mutter zu werden, die ohne zu klagen ihre Söhne dem Reich opfert.

Führer und Gefolgschaft

Durchgehendes Element der nationalsozialistischen Erziehung war die Übertragung des Führer-Gefolgschaft-Verhältnisses der NSDAP auf die Erziehung. Der Erzieher wurde nicht in seinem personalen Bezug zum Zögling gesehen, sondern »alle sollten sich in der Gefolgschaft vorfinden. Darin bekundet sich ein durch autoritatives Gebaren gekennzeichneter Befehlsstil« (Gamm 1964, S. 25).

Die Unterwerfung des Einzelnen gegenüber dem Führer wurde von nationalsozialistischen Pädagogen uneingeschränkt bejaht. Die Sicherung des Gehorsams lag in der Bindung des Einzelnen an den Staat. Daher wurde der emotionale Aspekt in der Erziehung stark betont, denn »*Aufklärung wirkt trennend und zersetzend […]. Völkische und politische Erziehung arbeitet weniger mit Verstandesbeweisen, als mit Symbolen. In Hakenkreuz und Hitlergruß und im Glauben an das Dritte Reich steckt bindende Kraft*« (Sturm 1933, S. 106). Der Grundsatz des nationalsozialistischen Staates »*Autorität des Führers nach unten und Verantwortlichkeit des Geführten nach oben*« (Kindergarten 1940, S. 107) sollte schon im Kindergarten gelten, indem das Autoritätsgefühl geweckt wurde und jeder Einzelne von klein auf lernte, sich unterzuordnen. Bereits im Kindergarten wurde Adolf Hitler als eine übermächtige Vaterfigur aufgebaut. Der Mechanismus, dessen sich die Erziehung bediente, wurde von der Psychoanalyse als Übertragungsliebe beschrieben, d. h., man versuchte, die Gefühlslage des kleinen Kindes gegenüber seinem Vater als Brücke zu benutzen, um die erwünschte Bindung an den Führer zu erzielen. Die Gefühlslage des kleinen Kindes gegenüber seinem Vater ist ambivalent: Einerseits liebt es ihn wegen seiner Überlegenheit, andererseits fürchtet es ihn. Liebe und Abhängigkeit sollten als Bindung und Unterwerfung durch eine autoritäre Erziehung dann zeitlebens erhalten bleiben. Die Kindergärtnerin sollte alles tun, was der Übertragung der Liebe zum Vater auf den Führer dienlich war. Gebetähnliche Sprüche lenkten das Kind und manipulierten seine Gefühle.

> *»Lieber Führer!*
> *So wie Vater und Mutter*
> *Lieben wir Dich.*
> *So wie wir ihnen gehören,*

Gehören wir Dir.
So, wie wir ihnen gehorchen,
Gehorchen wir Dir.
Nimm unsere Liebe und Treue,
Führer, zu Dir«
(Kindergarten 1940, S. 42).

Auch in seinen Verhaltensweisen wurde das kleine Kind in den Bezug zum Führer gestellt. Dabei wurden die Verhaltensnormen an dem ausgerichtet, »was dem Führer Freude macht«.

»Wer nicht weint, wenn es schmerzt,
Erfreut den Führer.
Wer mutig ist und beherzt,
Den liebt der Führer.
Wer andere angibt und Schlechtes sagt,
Betrübt den Führer.
Wer gute Kameradschaft hält,
Den liebt der Führer«
(Kindergarten 1940, S. 42).

Die emotionale Bindung des Kindes an den Führer wurde nicht allein durch diese Sprüche angestrebt, sondern auch durch das Führerbild, das in jedem Kindergarten hing, und durch die Beteiligung der Kinder beim Hissen der Flagge. Der Verherrlichung Adolf Hitlers diente auch die Feier zum Geburtstag des Führers. Aus diesem Anlass sammelten bereits Kindergartenkinder Metall. Der Bericht über die Sammlung, die Übergabe in der Parteisammelstelle und die Feier im Kindergarten strotzt zwar von Sentimentalität, zeigt aber, wie hier die Fähigkeit und Bereitschaft des Kindes, sich zu identifizieren, propagandistisch ausgenutzt wurde, um den Glauben an den Führer zu wecken. Um das zu illustrieren, seien hier einige Sätze zitiert, die darüber berichten, was die Kinder gesammelt und in den Kindergarten mitgebracht hatten:

»Täglich kamen neue Überraschungen. Mit roten Backen und strahlenden Augen erschienen sie zeitig am Morgen und hatten große und kleine Tablette, zinnerne Kaffeekannen, Eier-, Trinkbecher und Likörgläser aus Nickel, Serviettenringe, Einsätze für Teegläser und andere Gebrauchsgegenstände unter dem Arm oder in den Händen.
Ein vierjähriger Junge brachte ein Wertstück, das er, wie die Mutter sagte, schon seit früh 7 Uhr in der Hand gehalten und sich an dem Glanz erfreut hatte. Er konnte die Zeit der Ablieferung kaum noch erwarten. Alle diese Geschehnisse wirken so, daß kleinste Kinder und schließlich die allerkleinsten von kaum drei Jahren irgend etwas organisiert hatten. Hufeisen, eine schwere Nickelsparbüchse, Blechspielzeug, Zinnsoldaten, Stanniol, so vieles, was Kinder gern für sich behalten hätten, wurde freudigen Herzens herbeigeschleppt. Uhrgehäuse, Türschlösser, Türklinken, Wasserhähne wurden gesammelt,

es fehlte nicht viel, und die Kinder hätten die goldenen Kugeln von den Betten ihrer Eltern ohne deren Zustimmung abmontiert [...]. Wohl war den Kindern am Anfang sehr eindringlich gesagt worden, was mit dem vielen Metall geschehen sollte, und sie hatten es verstanden, daß Granaten, Kanonen und andere ihnen aus dem Krieg bekannte und interessante Kriegsgeräte daraus entstehen sollten. Wenn aber die vor der Übergabe schön blank geputzten Sachen ausgebreitet dalagen, erklang die Frage: ›Steckt der Führer sein Geld in meine Sparbüchse?‹ oder ›Macht sich der Führer die Türklinken an seine Tür in Berlin?‹ oder ›Braucht der Führer einen Wasserhahn?‹« (Zabel 1940, S. 834).

Die von den Kindern gesammelten Sachen wurden aufgebaut und die Eltern zur Besichtigung eingeladen. Die Kinder sahen sich »mit heiliger Scheu« den Aufbau an. Der »würdige Abschluß« der Sammeltätigkeit war die Abgabe der Spenden in der Parteisammelstelle.

»Zur festgesetzten Zeit bewaffneten sich die Kinder mit einem Gegenstand, den sie gestiftet hatten und den sie selbst tragen konnten, und nun ordnete sich der Festzug [...]. Langsam und feierlich setzte sich der Zug in Bewegung [...] nun kam der Höhepunkt: ein Empfang in der Ehrenhalle der Parteisammelstelle.«

Im Anschluss daran wurde des Führers Geburtstag im Kindergarten gefeiert:
»Auf dem festlich gedeckten Tisch [...] stand eines der schönen Bilder, die den Führer im Kreise von Kindern zeigen. Still, fast andächtig gestimmt, saßen alle Kinder davor und hörten in schlichten und für sie verständlichen Worten vom Führer, von dem großen Geschenk des deutschen Volkes, zu dem sie auch beigetragen hatten, und von dem gewaltigen Zeitgeschehen, das alle deutschen Menschen in diesen Tagen erleben. Zur Erinnerung an diese große Zeit und den von den Kindern so geliebten Führer erhielt jedes Kind ein Führerbild, das zu Hause dort, wo das Kind seine Spielecke hat, einen würdigen Platz finden soll. ›Meins kommt über mein Bett, dann sehe ich den Führer gleich, wenn ich aufwache!‹ riefen viele« (Zabel 1940, S. 84).

So wie die Lieder, Bastelarbeiten und Kampfspiele dem Ziel dienten, den Gefolgsmann und Kämpfer für Führer und Reich zu erziehen, sollten auch die Sagen Beispiel für ›arteigene‹ Lebenshaltung sein. Dabei sollten Erzählungen über das germanische Freibauerntum dazu dienen, germanische Lebensweise – als eine heldische Epoche überhöht dargestellt – propagandistisch zu verbreiten.

Psychologische Feinheiten und Unterschiede wurden beiseite gelassen, und in bewusster Vereinfachung und Primitivität wurde das Bild der germanischen Knabenerziehung dargestellt. Dabei wurde eine möglichst enge Übertragung auf die Erziehung im Dritten Reich suggeriert. Ausgangspunkt der Erziehung bei den germanischen Bauern waren demnach die rassisch bedingten Erbmerkmale. Die rechte Kriegsart, so hieß es, könne nicht durch Erziehung vermittelt werden, wenn sie nicht als Blutserbe gegeben sei.

»Nur wo Kriegerart angeboren war, konnte Kriegererziehung einen Sinn haben. Mit Freude werden daher in den Sagen Charakterzüge und Äußerungen der Kinder konstatiert, die auf diese Substanz, auf diese innere Prägung schließen lassen. Dabei bewertet man Eigenschaften wie Starrköpfigkeit, Eigensinn, Neigung zu Gewalttätigkeit durchaus positiv [...]. Wer sich schon als Vierjähriger beim Spiel nichts nehmen ließ und notfalls *dazwischenzuschlagen bereit war, der versprach, ein Kämpfer in den Reihen der Sippenmannschaft zu werden, auf dessen Bereitschaft die Sippe würde zählen können im Kampf um Ehre und Besitz«* (Kindergarten 1939, S. 66).

So waren alle pädagogischen Inhalte und Methoden nahtlos in die nationalsozialistische Ideologie eingepasst. Abhärtung und Kampfspiele sollten den körperlich leistungsfähigen Menschen hervorbringen; autoritäre Methoden der Gruppenführung sollten zu Gehorsam und Gefolgschaft gegenüber dem Führer vorbereiten. Symbole und Feiern sowie nach den Kriterien nationalsozialistischer Erziehung ausgewählte Sagen und Märchen sollten die Bindung an den Führer festigen.

Bei der Darstellung der nationalsozialistischen Kindergartenpädagogik habe ich mich auf veröffentlichte Berichte gestützt, die allerdings noch keine Aussage darüber zulassen, in welchem Umfang diese Konzepte Eingang in die pädagogische Praxis fanden.

Manfred Berger hat den Versuch unternommen, ehemalige Kindergärtnerinnen, Seminaristinnen und Seminarleiterinnen zu ihren Erfahrungen und Haltungen zu befragen, machte dabei jedoch die Erfahrung, dass die Befragten die vergangene Zeit »verharmlosten oder beschönigten« oder »die nationalsozialistische Vorschulerziehung einfach in Abrede« stellten (Berger 1985, S. 15).

Er musste erkennen, dass sein Vorhaben nicht durchführbar war, *»denn fast alle der befragten Personen gaben an, nichts, absolut gar nichts vom nationalsozialistischen Gedankengut angenommen, geschweige die nationalsozialistische Weltanschauung in die Praxis umgesetzt zu haben. Nur Frau B. Schneider berichtete mir von der nationalsozialistischen Durchdringung ihrer Kindergärtnerinnenausbildung. Nach dem 74. Interview gab ich mein Vorhaben auf und entschied mich, das Kindergartenwesen im Dritten Reich anhand von aufgefundenen Dokumenten darzustellen«* (Berger 1985, S. 15).

5.4 Kindergarten und Familie

Obgleich sich der Nationalsozialismus zur Familie und ihrer zentralen Bedeutung für die Gesellschaft bekannt hatte, lag zwischen Ideologie und Praxis ein entscheidender Widerspruch. Die Familie erfuhr keineswegs die Förderung, die ihr ideologisch zugesichert wurde, sondern erlitt gerade im Dritten Reich einen empfindlichen Funktionsverlust. Nationalsozialistische Jugendorganisationen wie auch die ›Kinderlandverschickung‹ entzogen die Kinder weitgehend dem erzieherischen Einfluss der Eltern, an deren Stelle das NS-Regime zunehmend die Erziehung bestimmte. Die Rolle der Familie reduzierte sich auf die Erzeugung des Nachwuchses.

»Die nationalsozialistische Schulpolitik, aber stärker noch die Gestalt der seit 1936 für alle Kinder vom elften Lebensjahr ab obligatorischen Hitler-Jugend bedeutete eine zunehmende und klar erkennbare Einschränkung familiärer Rechte und Aufgaben. Zumal die Hitler-Jugend legte es auch bei den Zehnjährigen schon auf die Betonung der Unabhängigkeit vom Elternhaus, ja, unter Ausnutzung des Generationengegensatzes – der Feindschaft zu den Eltern an« (Gamm 1964, S. 440).

Im Sinne der Rassentheorie unterstrichen nationalsozialistische Pädagogen die besondere Bedeutung der Familie bei der »Züchtung« der germanischen Rasse. »*Da die Familie die Fortpflanzung und den grundlegenden Teil der Aufzucht des Nachwuchses in geregelter Sozialform zu leisten hat, ist sie diejenige unter den Sozialordnungen, die dem natürlichen, blutmäßigen rassischen Lebensuntergrund am nächsten steht. Daher haben an der Familie die Maßnahmen der Bevölkerungspolitik und der Rassenhygiene ihre wichtigsten Ansatzpunkte. Gesundung der Familie als Zelle organischen Volkstums setzt ihre Eingliederung und Verwurzelung im Lebensraum des Volkes und seiner Eigentumsordnung ebenso voraus wie die unter rassenpflegerischen Gesichtspunkten sich vollziehende Gattenwahl, die Gleiches mit Gleichem zusammenschließt*« (Krieck 1935, S. 19).

Die berufliche und politische Gleichberechtigung der Frau wurde im Dritten Reich als ›Entartung‹ abgelehnt. Ihre Unterdrückung rechtfertigte der Nationalsozialismus mit der Idealisierung der Frau als Mutter, wie es auch konservativen Anschauungen entsprach. »*Die Frau ist aus der öffentlichen Lebenssphäre in Privatkreis und Familie zu führen, wo sie die geborene Herrscherin ist, und wo ihr auch keinerlei geistige Entfaltung verwehrt sein soll. Im öffentlichen Leben hat sie nichts verloren und bleibt subaltern: Die politische Amazone, das Symbol femininer Zeitalter, ist Karikatur auf Mannheit und Weibheit gleichzeitig*« (Schlemmer/Janensch 1935, S. 27).

Die Abwehr emanzipatorischer Bestrebungen der Frauen erfolgte auf zweierlei Weise: Zum einen wurde »Hausfrau« zum eigentlichen Berufsziel jeder Frau, zur Lebensaufgabe schlechthin; zum anderen wurden Frauen auf sogenannte weibliche Berufe verwiesen, die entweder der Vorbereitung auf die Rolle als Hausfrau und Mutter dienten oder einen Ersatz für kinderlose Frauen darstellen sollten.

Dieses Bild der Frau als Mutter und Hausfrau entsprach keineswegs der gesellschaftlichen Realität; denn mit der Überwindung der Weltwirtschaftskrise nahm die Erwerbstätigkeit der Frauen wieder zu. Nach 1933 hatten Kindergärten schließen müssen, weil Frauen arbeitslos wurden und ihre Kinder aus dem Kindergarten abmeldeten. »*Demgegenüber habe sich jedoch in den folgenden Jahren, insbesondere 1936 und 1937, ein starker Zugang von Kindern, deren Mütter wieder Arbeit gefunden hatten, zu den städtischen Einrichtungen bemerkbar gemacht. Zunächst habe dieser Zugang noch nicht zur Schaffung neuer Kindergärten, sondern nur zur erheblich erhöhten Belegung der bestehenden, teilweise auch schon zu einer räumlichen und personellen Erweiterung geführt. Eine Vermehrung der Zahl der Kindergärten habe erst 1937 eingesetzt [...]. Das Bedürfnis nach neuen Kindergärten hat infolge der außerordentlich günstigen Arbeitseinsatzlage, die zur verschärften Heranziehung von weiblichen Arbeitskräften zwingt, im Jahre 1938 nicht nachgelassen, sich im Gegenteil noch erhöht*« (Rösch 1938, S. 9). In Verbindung mit der allgemeinen Kriegsvorbereitung und dann insbesondere während des Krieges verstärkte sich die Erwerbstätigkeit der Frauen, und die Kindergärten stellten sich in ihren Öffnungszeiten darauf ein.

»*Die Öffnungszeiten der Kindertagesstätten wurden auf die Arbeitszeiten der Betriebe umgestellt, so daß die Kinder bereits um 6 Uhr gebracht werden können und, soweit erforderlich, auch sonnabends nachmittags, sonntags oder feiertags die Kindertagesstätten besuchen. Bei Nachtschichten brachten Helferinnen der Kindertagesstätten die Kinder zu Hause ins Bett, soweit es nicht durch Nachbarschaftshilfe der Frauenschaft möglich war. Um eine Überbelegung der Kindergärten zu vermeiden, wurden als Kriegsmaßnahme die Kinder ausgeschaltet, deren Betreuung zu Hause sichergestellt ist, so daß die Kindertagesstätten fast ausnahmslos von Kindern werktätiger Mütter besucht werden«* (Rosenthal 1940, S. 185f.).

Der Kindergarten sollte sich darauf einstellen, dass die Erziehung der Kinder zum großen Teil von ihm geleistet werden musste. Die Kinder sollten angeleitet werden, sich selbst zu beschäftigen, damit sie der Mutter nicht zur Last fielen. Der Kindergarten sollte vor allem nur die Spiele anbieten, die die Kinder auch zu Hause spielen konnten. Man wollte das Kind nicht der Mutter entfremden, wollte es anpassungsfähig machen und verzichtete daher darauf, die Mängel der häuslichen Erziehung ausgleichen zu wollen. Der Kindergarten sah es als seine Aufgabe an, der »arbeitenden Mutter erzogene Kinder zu geben« (Kindergarten 1934, S. 2; 21).

Die »Gleichschaltung« der Kindergärten

Die totalitären Machtansprüche des NS-Regimes waren darauf gerichtet, alle politischen und sozialen Bereiche der Gesellschaft zu kontrollieren. Dem Prozess der »Gleichschaltung« waren zunächst die staatliche Bürokratie, Justiz, Armee und Presse unterworfen. Erst einige Jahre später wurden auch die sozialen Institutionen und privaten Organisationen der straffen Kontrolle zentraler Instanzen untergeordnet. Die freien Wohlfahrtsverbände sollten in der Nationalsozialistischen Volkswohlfahrt (NSV) gleichgeschaltet werden, die der NSDAP unterstand.

Die Vielzahl der Träger von Kindergärten bedingte die für Deutschland typische unübersichtliche, dezentralisierte Organisationsstruktur des Kindergartenwesens. Daher war es unmöglich, das gesamte Kindergartenwesen auf einen Schlag gleichzuschalten. Der Prozess der Gleichschaltung, in dem ein Kindergarten nach dem anderen von der NSV übernommen wurde oder durch Sperrung der Mittel schließen musste, zog sich bis 1941 hin.

Die Anzahl der Kindergärten war damals außerordentlich gering. In Berlin gab es bei einer Bevölkerung von fast 4 Millionen im Jahre 1925 nur 348 Krippen, Kindergärten und Horte (Statistisches Amt der Stadt Berlin 1947). In den Kindergärten wurden 8.531 Kinder betreut. Bis 1930 erhöhte sich die Zahl der Kindergartenplätze auf 9.612. In den darauffolgenden Jahren sank die Zahl der in den Kindergärten betreuten Kinder wieder auf 8.053, was offensichtlich mit der hohen Arbeitslosigkeit zusammenhing. Wenn die Frauen ihren Arbeitsplatz verloren, meldeten sie meist auch ihre Kinder aus dem Kindergarten ab, um Geld zu sparen. Erst 1938 wurde der alte Stand von 9.623 Kindern in Kindergärten wieder erreicht.

Allerdings konnte nur ein geringer Teil der Kinder zwischen drei und sechs Jahren den Kindergarten besuchen, denn die Anzahl der Kinder dieser Altersstufe betrug damals in Berlin 148.337. Insgesamt wurden in Krippen, Kindergärten und Horten

18.595 Kinder versorgt; es handelte sich hierbei fast ausschließlich um Kinder berufstätiger Mütter. Fast 16.000 Kindergartenkinder hatten eine Mutter, die erwerbstätig war.

Die Kindergärten waren also auch aufgrund ihrer geringen Anzahl von nachrangigem Interesse für die Nationalsozialisten. Der deutsche Gemeindetag in Berlin ermittelte 1935 (Rösch 1938, S. 9) durch eine Umfrage, wie viele Kindergärten der NSV, wie viele den anderen freien Wohlfahrtsverbänden und wie viele den Gemeinden und Städten unterstellt waren. Die Umfrage erstreckte sich auf insgesamt 201 Städte. Danach waren bis 1935 nur 27 städtische Kindergärten an die NSV oder andere nationalsozialistische Organisationen gegangen, davon allein 20 in Leipzig.

Nach einer Umfrage der Landesdienststelle Württemberg des Deutschen Gemeindetages vom 12.3.1937 gab es in 28 befragten Gemeinden 267 Kindergärten. Davon wurden:

- 53% von den konfessionellen Wohlfahrtsverbänden
- 26,6% von den Gemeinden und nur
- 6,7% von der NSV getragen.
- Der Rest unterstand sonstigen Organisationen bzw. Einzelpersonen (Rösch 1938, S. 8).

1938 befragte das Fürsorgeamt der Stadt Mainz 12 Städte nach der Trägerschaft ihrer Kindergärten (München, Frankfurt a.M., Stuttgart, Mannheim, Kassel, Wiesbaden, Mainz, Darmstadt, Heidelberg, Offenbach, Worms und Gießen). Dabei zeigte sich, dass sich die Verteilung der Kindergärten auf die Träger noch kaum verändert hatte. In den zwölf Städten stellten die Kindergärten der NSV nur 7,6% der Kindergartenplätze. Die Kindergärten der freien Wohlfahrtsverbände erhielten in fast allen Städten noch Zuschüsse für die laufende Unterhaltung, gelegentlich auch Zuschüsse für den Neubau. Jedoch zeichnete sich hier bereits allmählich der Abbau aller Wohlfahrtsverbände und das Vordringen der NSV ab.

Durch eigene Gründungen und durch die »Gleichschaltung« wuchs die Zahl der von der NSV getragenen Kindergärten. In Berlin stieg die Zahl der NSV-Kindergärten und -horte von 2 im Jahre 1935 auf 34 im Jahre 1937. *»Für konfessionelle Kindergärten kommen Bau- und Einrichtungszuschüsse nicht in Betracht. Besoldungs- und*

Abb. 12: Fotomontage aus der Broschüre »Hilfswerk Mutter und Kind« des Amtes für Volkswohlfahrt, Berlin um 1937.

Betriebszuschüsse hingegen werden noch solange weitergeleitet werden müssen, als es nicht gelungen ist, durch neue NSV-Kindergärten Ersatz zu schaffen. Dabei bietet sich bei der Bemessung des Zuschusses in gewissen Grenzen eine Möglichkeit, die Entwicklung zu beschleunigen« (Rösch 1938, S. 22).

Neben den konfessionellen Wohlfahrtsverbänden war der Deutsche Fröbel-Verband die wichtigste Mitgliederorganisation für Kindergärtnerinnen. Die gewaltsame Auflösung demokratischer Verbände soll hier am Beispiel des Fröbel-Verbandes gezeigt werden. Seit 1872 wurde die Zeitschrift *Kindergarten* vom Deutschen Fröbel-Verband in Zusammenarbeit mit dem Deutschen Verband für Schulkinderpflege sowie der Berufsorganisation der Kindergärtnerinnen, Hortnerinnen und Jugendleiterinnen herausgegeben. Auf Anweisung des Nationalsozialistischen Lehrerbundes (NSLB) wurde die Berufsorganisation bereits im Mai 1933 kooperatives Mitglied des NSLB Reichsfachgruppe der Kindergärtnerinnen, Hortnerinnen und Jugendleiterinnen (Kindergarten 1933, S. 151). Von nun an enthielt der Kindergarten die Mitteilungen des NSLB, soweit sie für die sozialpädagogischen Berufe relevant waren.

Der Vorsitzende der Reichsfachgruppe der Kindergärtnerinnen, ein Mitglied der NSDAP, wurde 1934 Verbandsleiter des Fröbel-Verbandes und Schriftleiter der Zeitschrift Kindergarten. In zunehmendem Maße wurden nationalsozialistische Beiträge veröffentlicht, auf dem Umschlag erschien das Hakenkreuz, und im Oktober 1938 erklärte der Fröbel-Verband seine Auflösung. Von 1939 an nahm die NSV unmittelbar Einfluss auf die Zeitschrift und trat die Nachfolge des Fröbel-Verbandes an.

Die NSV-Kindergärten

Die NSV übernahm Kindergärten der Städte und Gemeinden sowie der freien Wohlfahrtsverbände, aber sie gründete auch selbst Kindergärten. *»Die NSV unterhält mit Abschluß des Jahres 1938 4.781 Kindertagesstätten (Kindergärten, Krippen und Horte) als Dauereinrichtungen. Dazu kamen im Jahre 1938 5.575 Erntekindergärten, die größtenteils etwa drei Viertel des Jahres in Betrieb waren.*

In diesen Einrichtungen arbeiteten 773 Fachkräfte und 7.576 Hilfskräfte, die im wesentlichen den Nachwuchs für die sozialpädagogische Arbeit darstellen« (Kindergarten 1938, S. 3). Die meisten neuen Einrichtungen der NSV entstanden auf dem Land. Besonders stark vermehrten sich die NSV-Kindergärten in Schlesien; dort bestanden am 1.5.1934 fünf, am 1.5.1935 189, und am 1.5.1936 442 Kindertagesstätten. Bis 1940 erhöhte sich ihre Anzahl auf 1.600 Einrichtungen.

Die NSV hatte auch neue Formen wie den »Erntekindergarten« eingeführt, der nur während der Erntezeit unterhalten wurde. Der Bäuerin sollte während der Ernte die Sorge um die Kinder abgenommen werden, weil ihre Arbeitskraft auf dem Feld gebraucht wurde. Im Sommer 1937 bestanden ca. 6.000 bis 6.500 Erntekindergärten (Donath 1937, S. 141). Raumnot und Fachkräftemangel zwangen zur Improvisation. Die Kindergärten wurden in Gasthäusern, Schulen oder in leer stehenden Bauernhäusern untergebracht.

Abb. 13 und 14: Die von der NSV gegründeten »Erntekindergärten« sollten die Bäuerinnen während der Erntezeit von der Kinderbetreuung entlasten.

Da es nicht genügend ausgebildete Kindergärtnerinnen gab, wurden Kinderpflegerinnen oder junge Mädchen des BDM (Bund Deutscher Mädel) und des Reichsarbeitsdienstes eingesetzt.

In dem sogenannten »Mädel-Landjahr«, in dem schulentlassene Vierzehnjährige etwa 8 Monate in einem Lager lebten, sollten die Mädchen neben der nationalsozialistischen Erziehung zu Berufen geführt werden, die ihrer »weiblichen Wesensart« entsprachen. Daher hatten die meisten Lager einen Kindergarten eingerichtet, in dem die Mädchen umschichtig arbeiteten. Die Landjahrkindergärten waren Einrichtungen der einzelnen Lager und waren unabhängig von der NSV. Aufgrund einer Vereinbarung mit der NSV durften sie höchstens 25 Kinder aufnehmen, und sie durften sich nicht Kindergarten nennen, sondern nur die Umschreibung »Spielstunden für Dorfkinder« benutzen. Der Besuch dieses Lagerkindergartens war kostenlos. Er erfüllte vornehmlich zwei Aufgaben: Er entlastete die Frauen im Dorf vormittags, sodass sie für die Arbeit in der Landwirtschaft frei waren; außerdem sollte er die Mädchen, die dort arbeiteten, für sozialpädagogische Berufe interessieren. »*Wir haben die Pflicht, die vorhandenen Anlagen im Mädel zur Entfaltung zu bringen und zu pflegen, damit sie Achtung und Verständnis, Lust und Liebe für die Berufe bekommen, die der weiblichen Wesensart entsprechen [...]. Es sind in jedem Jahr eine bestimmte Anzahl Mädel, die einen sozialen Beruf, sei es NS-Schwester, Kindergärtnerin oder Kinderpflegerin ergreifen wollen*« (Donath 1937, S. 143).

Die Ausbildung der Kindergärtnerin und Kinderpflegerin

Nationalsozialistische Pädagogen gingen von einem starren Schema festgelegter Geschlechtsrollen aus und folgerten daraus, dass die Erziehung nach Geschlechtern getrennt zu verlaufen habe, wobei eine spezifische Mädchenerziehung die Mädchen auf ihre Aufgaben als Mütter und Hausfrauen vorbereiten sollte. »*Die Erziehung des weiblichen Geschlechts muß eine andere sein als die des männlichen, wie überhaupt der radikalen Gleichmachungstendenz der modernen Kultur hinsichtlich des Geschlechts-*

unterschiedes entschieden entgegenzutreten ist. Das Geschlecht ist ein Naturwert, der nicht verwischt werden darf« (Schlemmer/Janensch 1935, S. 28). Pflegerische und erzieherische Tätigkeiten entsprachen dem vermuteten Wesen der Frau, wogegen »*der strebende männliche Geist sich vorwiegend für alle erobernden, forschenden, etwas erkämpfenden Berufe in Kunst, Wissenschaft und Technik eignet*« (Schlemmer/Janensch 1935, S. 29).

Der Beruf der Kindergärtnerin galt als weiblicher Beruf, weil die Ausbildung als Beitrag zur Mütterschulung galt. 1942 wurde die Ausbildung der Kindergärtnerin neu geregelt. Unterschiedliche Ausbildungsgänge der einzelnen Länder wurden aufgehoben, eine reichseinheitliche Ausbildung vom Reichsministerium für Wissenschaft, Erziehung und Volksbildung erlassen (Bestimmung über die Ausbildungsstätte, Ausbildung und Prüfung von Kindergärtnerinnen im Kindergarten 1942, S. 111ff.).

Die Ausbildung fand in Fachschulen statt. Mädchen, die das 16. Lebensjahr vollendet hatten, konnten aufgenommen werden, sofern sie einer nationalsozialistischen Organisation angehörten. Der erste Punkt der neuen Ausbildungsordnung betraf die nationalpolitische Erziehung. Sie »*durchdringt alle Fachgebiete der Ausbildung. Im engeren Sinne dienen ihr die Fächer Reichskunde, Heimatkunde, Volkstumspflege und Deutsch [...].*

Der Unterricht geht aus von der Erb- und Rassenlehre, führt von der deutschen Geschichte zu Fragen der Volks- und Staatskunde der Gegenwart und verknüpft diese mit der Heimatkunde und der Volkstumspflege. Er zeigt die Volksordnung im Hinblick auf die biologischen, sozialen und volkswirtschaftlichen Zusammenhänge und gibt die erforderliche Einsicht für eine sinngemäße Durchführung der späteren Erziehungsarbeit« (Bestimmung über die Ausbildungsstätte, Ausbildung und Prüfung von Kindergärtnerinnen im Kindergarten 1942, S. 111ff.).

Die Erb- und Rassenlehre stellte demnach die Grundlage für die Psychologie des Kindes dar. Die Kindergärtnerin sollte in ihrer Ausbildung auf die politischen Aspekte ihres Berufes vorbereitet werden. »*Nun ist es nicht Aufgabe der Kindergärtnerin, von sich aus im engeren Sinne politisch zu arbeiten. Sie muß allerdings in engster Verbindung stehen mit allen an der grenzpolitischen Arbeit beteiligten politischen Organisationen von Partei und Staat und muß ihr Tun in die Gesamtarbeit sinnvoll einfügen. Sie muß persönlich eine eindeutige klare politische Haltung haben [...]. Meist ist die Kindergärtnerin Führerin des BDM, ja es kommt vor, daß sie zur Jungvolk-Arbeit herangezogen wird, weil es an führenden Kräften fehlt*« (Schmid 1939, S. 157f.). Bedingt durch den starken Mangel an Kindergärtnerinnen wurden auch Kinderpflegerinnen, die vorher überwiegend in der Familie tätig waren, stärker zur Arbeit in Krippen und Kindergärten herangezogen. Um auch hier den Nachwuchs zu sichern, hatte die NSV 14 eigene Kinderpflegerinnenschulen errichtet, die den Kindergärtnerinnenseminaren angeschlossen waren. »*Die Art der Ausbildung der zukünftigen Kinderpflegerin wird bestimmt durch das nationalsozialistische Erziehungsprinzip [...]. Die schicksalhafte Bedeutung der Vererbung einerseits, die Verantwortung des Erziehers andererseits sind Probleme, mit denen sich bereits die junge Kinderpflegerin auseinandersetzen muß*« (Kindergarten 1939, S. 129).

Richtlinien über die Ausbildung der Kindergärtnerinnen vom 20. September 1942.

Bestimmungen über die Ausbildungsstätte, Ausbildung und Prüfung von Kindergärtnerinnen

§ 1. *Aufgabe der Kindergärtnerin*

Die Kindergärtnerin ist Erzieherin. Sie ist mütterliche Führerin der Kinder in Kindertagesstätten (Kindergärten und Horten) und Kinderheimen oder in der Häuslichkeit zur Unterstützung oder auch an Stelle der Mutter. Ihre Arbeit ist Dienst am Kinde und damit zugleich Dienst an Familie und Volk.

Zweiter Abschnitt: *Ausbildung*

§ 5. *Zweck der Ausbildung.*

Die Fachschule soll die Kindergärtnerin im Sinne des § 1 dieses Erlasses befähigen, ihren erzieherischen, pflegerischen und sozialen Berufsaufgaben gerecht zu werden.

§ 6. *Dauer der Ausbildung*

Die Ausbildung dauert zwei Jahre. Beim Nachweis besonderer Vorbildung kann diese Ausbildungsdauer bis auf 1½ Jahre verkürzt werden.

Die Genehmigung für die Durchführung von Sonderlehrgängen behalte ich mir vor.

§ 7. *Voraussetzungen für die Aufnahme der Schülerinnen*

(1) Die Aufnahme in eine Fachschule für Kindergärtnerinnen setzt voraus:
1. die Vollendung des 16. Lebensjahres, spätestens im Kalenderjahr des Eintritts,
2. eine angemessene Allgemeinbildung,
3. gründliche Vorbildung in der Hauswirtschaft (Hauswerk und Handarbeit),
4. eine gute Gesundheit,
5. die deutschblütige Abstammung,
6. den Besitz der deutschen Staatsangehörigkeit,
7. Zugehörigkeit zur NSDAP., zum BDM. oder zur NS.-Frauenschaft oder zum Deutschen Frauenwerk.

§ 10. *Stundentafel*

Unterrichtsfächer	Stundenzahl 1. und 2. Jahr
I. Nationalpolitische Erziehung: Reichskunde Heimatkunde und Volkstumspflege Deutsch	5
II. Sozialpädagogische Erziehung: Erziehungslehre mit Psychologie Berufskunde Volkspflege Jugendschrifttumskunde Kinderspiel und Kinderarbeit Naturkunde	12
III. Gesundheitserziehung und Gesundheitspflege: Leibeserziehung (Gymnastik, Volkstanz, Sport, Spiel) Leibesübungen mit Kindern Gesundheitslehre, Körperpflege und Kinderpflege	8
IV. Werkliche und musische Erziehung: Hauswirtschaft (Hauswerk und Handarbeit) Werkarbeit Zeichnen und Formen Musik	9
V. Praktische Erziehungsarbeit: Kindergarten, Hort, Heim	
	34

Anmerkung: Die Schülerinnen sind gehalten, während ihrer Ausbildungszeit an der Fachschule für Kindergärtnerinnen in der für sie zuständigen Gliederung der NSDAP. Dienst zu leisten und insbesondere an den politischen Schulungsveranstaltungen teilzunehmen.

Abb. 15: Richtlinien über die Ausbildung der Kindergärtnerinnen vom 20. September 1942

Insgesamt betrachtet, war die Erziehung im nationalsozialistischen Kindergarten trotz gegenteiliger Beteuerungen nicht auf die liberale Tradition Fröbels aufgebaut, sondern knüpfte an die Tradition der Bewahranstalten an, deren autoritäre Erziehung im nationalsozialistischen Kindergarten noch verstärkt wurde. Als besonders anfällig für faschistische Propaganda erwiesen sich insbesondere die Personen, die sich schon in früher Kindheit der Autorität der Eltern absolut unterworfen hatten. Durch die nationalsozialistische Erziehung sollte das Kind sich der väterlichen Autorität fügen und dem Führer gegenüber den gleichen kindlichen Gehorsam zeigen.

Neben der nationalsozialistischen Erziehung, wie sie sich etwa im Führer-Gefolgschaft-Verhältnis ausdrückte, oder der Wehrerziehung blieben traditionelle Elemente der Kindergartenpädagogik weitgehend erhalten. Methodische Prinzipien des Fröbel-Materials wurden nach wie vor in den Fachschulen gelehrt. In Verkennung der liberal-demokratischen Konzeption Fröbels sah man in ihm, da er als Kriegsfreiwilliger am preußischen Feldzug gegen Frankreich teilgenommen hatte, einen Vorläufer völkischer Erziehung.

Bereits im Kindergarten sollte eine strikte Rollentrennung der Geschlechter die Mädchen auf ihre Mutterrolle vorbereiten und die Knaben zu »Kämpfern für das Volk machen«. Gehorsam und Gefolgschaft gegenüber Adolf Hitler wurden durch die Schaffung emotionaler Bindungen an den Führer angebahnt. Die Forderung nach Gehorsam gegenüber der Kindergärtnerin als Führerin der Kinder sollte autoritäre Strukturen festigen.

Die Überbetonung körperlicher Leistungsfähigkeit gegenüber geistigen Fähigkeiten schuf ein autoritäres Gruppenklima, in dem die »Hackordnung des Hühnerhofs« auf die Gruppe übertragen wurde. Idealisierungen und Überhöhung des »heldenhaften Menschen« bewirkten, dass die Kinder die realitätsgerechte Bewältigung ihrer Konflikte nicht lernten, wie überhaupt Konflikte, Entwicklungsschwierigkeiten der Kinder und ihre Individualität hinter einem Klischee verschwanden. Das Klischee des Kindergartenkindes war das fröhliche, kraftstrotzende und vor allem gesunde Kind, »rassisch hochstehender Nachwuchs«. Dieses klischeehafte Bild des Kindes verdrängte jede Problematisierung der Arbeit im Kindergarten, weshalb auch die Beiträge in der gleichnamigen Zeitschrift im Wesentlichen nationalsozialistische Ideologie boten und gegenüber den pädagogischen Beiträgen noch in den Jahren 1933 bis 1935 unter jedem Niveau waren. Propaganda hatte die pädagogische Diskussion ersetzt, und in den Kindergärten sollten Schulung und »Ausrichtung« an die Stelle von Erziehung treten.

Nach Gamm war im Nationalsozialismus der pädagogische Bezug Erzieher-Zögling ersetzt durch das Verhältnis Führer-Gefolgschaft. Der Nationalsozialismus kannte keine Anthropologie des Kindes, und dementsprechend hatte das Kind kein Eigenrecht. Der Reichsjugendführer Baldur von Schirach hat eine Antwort von erschütternder Deutlichkeit auf diese Frage gegeben und damit den Grund jenes Erziehungsdenkens enthüllt. »Mit ›Kinder‹ bezeichnen wir«, so heißt es bei ihm, »*die nichtuniformierten Wesen niederer Altersstufen, die noch nie einen Heimatabend oder einen Ausmarsch mitgemacht haben*« (Gamm 1964, S. 25).

6.
Die Entwicklung des Kindergartens von 1945 bis 1970

6. Die Entwicklung des Kindergartens von 1945 bis 1970

6.1 Die Wiederaufnahme der deutschen Kindergartentradition

Der Zusammenbruch des Dritten Reiches hinterließ ein durch Krieg zerstörtes Land. Deutschland war aufgeteilt in die vier Besatzungszonen der Siegermächte, und der mühselige Aufbau der zerstörten Städte und die Sammlung neuer politischer Kräfte, welche die Demokratisierung einleiten sollten, begann. Stand auch die Überwindung der materiellen Not im Vordergrund, so zeigte sich schon bald, dass auch in psychischer Hinsicht die tief greifenden Wirkungen des Nationalsozialismus und der Kriegsjahre nicht so bald zu überwinden sein würden.

Durch den Krieg hatten zahlreiche Kinder ihre Väter verloren. In vielen Familien stellten die aus der Kriegsgefangenschaft Heimkehrenden ein besonderes Problem dar, entweder weil sie sich in den veränderten Verhältnissen nicht mehr zurechtfanden oder weil sich ihre Frauen in den Jahren des Alleinlebens verändert hatten, selbstständiger geworden waren. Auch die Kinder litten unter den schwierigen Verhältnissen, und für die Kindergärtnerinnen war der Umgang mit den oft unterernährten und durch familiäre Konflikte belasteten Kindern schwierig.

In den ersten Nachkriegsjahren war auch vor allem in den Großstädten der Wiederaufbau der beschädigten oder zerstörten Kindergärten die vordringlich zu lösende Aufgabe. Dabei waren »*die öffentliche Kleinkinderziehung und der Kindergarten ein randständiges gesellschaftliches Thema [...] und die konzeptionelle Anknüpfung an das Kindergarten- und Jugendwohlfahrtssystem der Weimarer Republik prägte das Image und die Zielsetzung der Kindergärten als ein jugendfürsorgerisches Angebot, das für den Fall des Bedarfs familienergänzend Versorgungs- und Erziehungsaufgaben übernahm*« (Dammann/Prüser 1987, S. 27). Die Frage nach einer neuen Organisationsstruktur der vorschulischen Erziehung trat demgegenüber in den Hintergrund.

Nur in der sowjetisch besetzten Zone erarbeiteten SPD und KPD Entwürfe für ein neues Schulgesetz, nach dem der Kindergarten in das Schulwesen integriert werden sollte. Diese Pläne sind dann später in der DDR realisiert worden, sodass dort der Kindergarten ein Teil des öffentlichen Bildungssystems war (s. Kap. 7). Die Bundesrepublik hingegen knüpfte an die Tradition der Weimarer Zeit an, und nach und nach übernahmen die wieder gegründeten Wohlfahrtsverbände erneut die Trägerschaft für die Kindergärten, die dadurch ihren privaten Charakter zurück erhielten.

Maßgeblichen Einfluss auf die pädagogische Konzeption hatte die psychologische »Reifetheorie«, der zufolge die geistig-seelische Entwicklung analog zum biologischen Wachstum erfolgt. Nach dem von der Reifetheorie zugrunde gelegten Entwicklungsmodell vollzieht sich die Entwicklung des Kindes durch intern gesteuerte Entwicklungsschritte. Diese Auffassung war, verbunden mit Fröbels Konzeption, im Wesentlichen die Basis, von der aus sich die Kindergartenpädagogik der Nachkriegszeit entwickelte. Eine Grundannahme dieser Kindergartenpädagogik war es, durch eine kindgerecht gestaltete Erziehung das Kind schulreif werden zu lassen, ohne Methoden und Inhalte der Schule vorwegzunehmen.

Abb. 16: Kinder spielen zwischen Trümmern. Frankfurt a.M. 1946.
Foto: Kurt Weiner (Stadtarchiv Frankfurt a. M.)

Die nächste Stufe der kindlichen Entwicklung ergebe sich gleichsam von selbst, wenn nur die vorhergehende Stufe richtig ausgelebt werden konnte. So sah der Kindergarten seine Aufgabe darin, die Umwelt pädagogisch anregend zu gestalten, damit der »kindliche Tätigkeitstrieb« (Fröbel) sich spontan entfalten konnte. Als charakteristischer Ausdruck des kindlichen Lebens in der vorschulischen Zeit galt vor allem das Spiel, und die Spielpflege war folglich der zentrale Kern der Kindergartenarbeit. Der Kindergarten sollte eine »bewahrte Kindheit« sichern und vor allem vor einer Beschleunigung der Entwicklung schützen, die durch die moderne industrielle Umwelt und die allgemeine Reizüberflutung hervorgerufen werde.

»*Wir wirken dem Treibhausklima der modernen Welt, die das Kind zur vorzeitigen Differenzierung seiner ganzheitlichen Antwort auf den Eindruck der Umwelt drängt, entgegen*« (Hoffmann 1968, S. 347). Und an anderer Stelle heißt es: »*Wir sind überzeugt, einen pädagogischen Widerstand gegen die durch unsere Zeitumstände immer stärker vorangetriebene Frühreife setzen zu müssen. Diesen Widerstand kann und soll der Kindergarten leisten*« (ebd.).

Im Gegensatz zur Schule, in der auch immer ein bestimmtes Pensum erarbeitet werden muss, selbst dort, wo sich die Grundschule auf die vorwiegend spielerische Haltung des Kindes einstellte, sollte im Kindergarten nicht die Erreichung irgendeines Ziels, die Erfüllung eines Stoffplans verlangt werden. Nach dem Selbstverständnis des Kindergartens war es nicht seine Aufgabe, Inhalte zu vermitteln, sondern vielmehr die grundlegenden Fähigkeiten und Verhaltensweisen zu fördern, auf denen die Schule dann aufbauen konnte.

»Und diese Fähigkeiten, wie Ausdauer und Beständigkeit, Konzentration und stärkere Sachlichkeit, Wirklichkeitstreue und allmähliche Überwindung des triebhaften Egoismus zugunsten eines geklärteren Gemeingefühls, wie Fröbel sagen würde, die also in alle Sphären des Seelischen hineinreichen und in der freien Geistigkeit gipfeln, werden erworben in der Aktivität des Kindes selber« (Blochmann 1961, S. 70).

Für die jüngeren Kinder galt, dass der Kindergarten eng an die beschützende und bewahrende Art der Familienerziehung anknüpfte. Jedoch sollte mit den älteren gezielt und differenziert gearbeitet werden. Eine Sonderstellung nahm daher die Gruppe der 5- bis 6-jährigen Kinder innerhalb des Kindergartens ein. Während dieses letzten Jahres im Kindergarten vollzieht sich bei den meisten Kindern der Wandel zum Schulkind. Daher sollten diese Kinder nach Möglichkeit eine eigene Gruppe bilden, die sogenannte Vermittlungsgruppe. Ihre Aufgabe ist es, die Kinder von der Spielhaltung zur Arbeitshaltung zu führen. Die Grundlage für die Arbeitshaltung ist die Fähigkeit des Kindes zu spielen.

»Die Vokabel ›vorschulische Erziehung‹ ist uns also nicht in dem Sinn erfüllt, dass wir ein spielendes Lernen so früh wie möglich beginnen lassen und dem Kind durch sinnreiche Spiele die schulischen Elementarkenntnisse zum wirklichen Erwerb in den Weg schieben, sondern vorschulische Erziehung bedeutet uns die Erziehung in der Zeit vor dem Schulanfang mit dem eigenen Auftrag: durch Spielpflege die Bild- und Gestaltungskräfte des Kindes zu intensivieren« (Hoffmann 1968, S. 348). Konsequenterweise fordert Erika Hoffmann, dass die Vermittlungsgruppe innerhalb des Kindergartens bleiben und nicht der Schule angegliedert werden sollte. Im Gegensatz zur Schule sind Leistungsprinzipien und Konkurrenz dem Kindergarten fremd, denn es gibt hier keine Aufgabe, kein Ziel, das erreicht werden müsste. *»Im Kindergarten ist immer das vorhandene Maß der kindlichen Selbständigkeit und seine unbewußte geistige Zielsicherheit ... die Grundlage, auf der die ganze Arbeit aufbaut«* (Blochmann 1961, S. 327).

Man vertraute auf die spontane Reife und Entwicklung des Kindes, die sich einstellen würden, wenn dem Kind eine ihm gemäße, pädagogisch gestaltete Umwelt, wie sie der Kindergarten ist, geboten würde. Frühreife einerseits und eine verzögerte Reife andererseits werden als schädliche Folgen der modernen industriellen Umwelt begriffen. Abschirmen und Bewahren sollten helfen, Frühreife vorzubeugen, die die Kinder daran hindere, ihr Spielalter vollkommen auszuleben.

6.2 Zur methodischen Arbeit im Kindergarten

Gibt es auch keinen Stundenplan wie in der Schule, so verläuft doch der Vormittag im Kindergarten nach festen Regeln. Elisabeth Blochmann nennt es den *»Rhythmus des Lebens«*. Dies ist für sie der *»natürliche Wechsel zwischen Bewegung und Ruhe, Anspannung und Entspannung, Aufnehmen und Schlafen, der die Tagesordnung durchzieht [...]. Nach dem eindrucksreichen Hinweg, kommt die Pause des Händewaschens,* *nach dem Freispiel, in dem innere Lebendigkeit abreagiert und zugleich gesteigert wird, die Sammlung durch das Morgenlied, nach der Pause des Frühstücks, währenddessen von selbst nicht viel geredet wird, die neue Anspannung des Bewegungs- und Turnspiels, des Spaziergangs oder der Gartenarbeit und schließlich die körperliche Ruhe, die zugleich doch geistige Aktivität ist wie das Kneten, Bauen, Malen und Singen. Darauf folgt dann noch die Sammlung im Schlusslied«* (Blochmann 1961, S. 329).

Charakteristisch für den Ablauf ist die Annahme, dass Kinder im Vorschulalter in relativ kurzen Zeitspannen einen Wechsel der Tätigkeiten brauchen. Dabei vollzieht man alle Tätigkeiten gemeinschaftlich. Selbst der gemeinsame Gang zur Toilette ist in den Ablauf eingeplant. Elisabeth Blochmann sieht zwar, dass individuelle Unterschiede nicht berücksichtigt werden, jedoch zieht sie hieraus keine pädagogische Konsequenz. »*Eine Schwierigkeit liegt in solcher Rhythmisierung des Verlaufs deswegen, weil Ausdauer und Ermüdbarkeit der verschiedenen Kinder verschieden sind, und also doch eine gewisse Schablonisierung eintritt*« (Blochmann 1961, S. 330).

Die Spontaneität des Kindes wird eingeschränkt, wenn Beginn und Ende eines Spiels von äußerlich gegebenen Regeln bestimmt werden und sich nicht aus dem Spiel entwickeln. Auch das starre Festhalten an bestimmten Frühstückszeiten oder einem anderen Zeitpunkt, zu dem alle Kinder gemeinsam eine Beschäftigung beginnen oder beenden, sind Merkmale einer Erziehung, die auf äußerliche Anpassung und Disziplinierung ausgerichtet ist. Gewöhnungen an bestimmte Verhaltensweisen werden hier gefordert, nicht aber selbstständige Problemlösungsversuche.

6.3   Zur Problematik der Einschulung

Da allgemeine schulvorbereitende Maßnahmen fehlen, kommen Kinder mit sehr unterschiedlichen Voraussetzungen in die Schule. Die Schule hat durchaus ein Interesse daran, die Kinder, die nicht ihren Anforderungen entsprechen, auszulesen, da der Lehrer in den Anfangsklassen durch die damals noch hohen Klassenfrequenzen eine ausreichende Individualisierung des Unterrichts, um Defizite auszugleichen, nicht durchführen konnte. Von dem Kind werden bei Schuleintritt folgende Verhaltensweisen erwartet: Gliederungsfähigkeit, gute Beherrschung der Feinmotorik, willkürliche Aufmerksamkeit, Konzentrationsfähigkeit und Selbstständigkeit.

Artur Kern hat 1951 durch sein Buch »Sitzenbleiberelend und Schulreife« die Schulreifediskussion in Gang gesetzt, die über etwa zwei Jahrzehnte ein wichtiges pädagogisches Thema blieb. Nach Feststellungen Kerns liegen die Gründe des »Sitzenbleiberelends« vor allem darin, dass nicht alle Kinder mit der Erreichung des schulpflichtigen Alters auch schulreif werden. Die Entwicklungsunterschiede, so meinte er, beruhen im Wesentlichen auf dem in den Kindern angelegten unterschiedlichen Entwicklungstempo. Kern folgerte daraus, dass man die Anzahl der Sitzenbleiber senken könne, wenn man *erstens* generell das Einschulungsalter heraufsetze und wenn man *zweitens*, ungeachtet des Alters, nur die Kinder einschult, die bereits schulreif sind. Diese Diskussion hatte weitreichende bildungspolitische Konsequenzen.

Nach einem Beschluss der Kultusministerkonferenz vom 28/29.4.1955 legten die Länder der Bundesrepublik den Schulbeginn einheitlich auf das vollendete sechste Lebensjahr fest, sodass zu Ostern alle Kinder schulpflichtig wurden, die zum 31.3. das sechste Lebensjahr vollendet hatten. Das hieß, dass in den meisten Bundesländern das Einschulungsalter um ein Vierteljahr heraufgesetzt wurde. 1963 stellte es die Kultusministerkonferenz in einem ergänzenden Beschluss den Ländern anheim, das Einschulungsalter noch einmal um drei Monate zu erhöhen. Durch diese Maßnahmen hoffte man, dass der Anteil zurückgestellter Kinder gesenkt werden könnte. Nach Berechnungen von Tietze (1973) wurde jedoch der Anteil zurückgestellter bzw. überalterter eingeschulter Kinder nur unwesentlich und nur für kurze Zeit beeinflusst. In Berlin, so stellte Tietze fest, »*ist der Trend zur Zunahme der Einschulung überalterter Kinder keineswegs gebrochen, sondern setzt sich bis 1963 fort und erreicht sogar 18,3%*« (Tietze 1973, S. 23).

Neben einer generellen Heraufsetzung des Einschulungsalters wurden Schulreifetests entwickelt und auf breiter Basis angewandt. Der Begriff von Schulreife, auf dem diese Tests basieren, ist ein normativer Konsens darüber, welche Fähigkeiten zu Beginn der Schulzeit vorauszusetzen sind.

Ein gravierender Einwand gegen die Praxis der Zurückstellung war der, dass zwischen den Ergebnissen der Tests und den im ersten Schuljahr erbrachten Leistungen nur eine geringe Übereinstimmung bestand. Sie sind eine Momentaufnahme des Leistungsstandes, aber sie erlauben keine zuverlässige Aussage über die künftige Entwicklung eines Kindes. Folglich sind die Schulreifetests als ein prognostisches Instrument von geringem Wert.

Nicht nur die Anforderungskriterien, sondern auch die Verfahrensweise in der Anwendung der Tests kritisierte Lotte Schenk-Danziger. Sie bezweifelt, dass in Gruppentests überhaupt objektivierbare Daten zu gewinnen seien, und meint, dass die Handhabung der Tests zu falschen Entscheidungen führe. »*Diese Gruppentests werden – entgegen den Intentionen ihrer Verfasser – immer häufiger zur alleinigen Unterlage für die Rückstellung verwendet [...]. In den Fällen zweifelhafter Schulreife sind Einzeluntersuchungen durch Psychologen vorgesehen. Diese Empfehlung scheint in der Praxis niemals konsequent zur Durchführung gelangt zu sein, vielleicht deshalb, weil der schulpsychologische Dienst den Arbeitsanfall nicht bewältigen kann, hauptsächlich aber, weil den testenden Lehrern die Zweifel an der Richtigkeit ihrer Entscheidungen gar nicht kommen*« (Schenk-Danziger 1969, S. 27).

6.4 Der Schulkindergarten

Da durch das Zurückstellen allein die Defizite schulunreifer Kinder nicht aufgeholt werden können, hat der *Deutsche Ausschuß für das Erziehungs- und Bildungswesen* in seinem Gutachten »Schulreife und Schulkindergarten« (1957) den Ausbau von Schulkindergärten empfohlen, die der Schule angegliedert werden sollten. Schulkindergärten sind heilpädagogische Erziehungs- und Bildungseinrichtungen für Kinder im schulpflichtigen Alter, die wegen mangelnder Schulreife zurückgestellt wurden. Der Begriff »Schulkindergarten« ist nicht einheitlich von allen Ländern übernommen worden. In Hessen wird z. B. von Vorklassen gesprochen.

In den Schulkindergarten sollen nur solche Kinder aufgenommen werden, bei denen man erwarten kann, dass sie innerhalb eines Jahres ihre Defizite aufholen können. Kinder mit stärkeren Behinderungen und Störungen sollen einem Sonderkindergarten zugeführt werden.

Der Ausbau der Schulkindergärten erfolgte außerordentlich langsam. 1961 gab es im Bundesgebiet einschließlich West-Berlins nur 272 Schulkindergärten, die insgesamt 6.000 Kinder betreuten. Bis 1969 stieg die Anzahl der Schulkindergärten auf 768 Einrichtungen für etwa 20.000 Kinder. Die Stadtstaaten Hamburg mit 109 und Berlin mit 118 Schulkindergärten verfügten über ein relativ dichtes Netz, wogegen die Chancen zurückgestellter Kinder, einen Platz in einem Schulkindergarten zu erhalten, im Saarland (7 Einrichtungen mit 132 Plätzen) und in Baden-Württemberg (5 Einrichtungen mit 132 Plätzen) außerordentlich gering waren (Höltershinken 1971, S. 213). Im Jahr 1970 konnten in Hessen nur 36% der zurückgestellten Kinder eines Aufnahmejahrgangs in Schulkindergärten gefördert werden (Der Hessische Kultusminister 1970).

Der Schulkindergarten unterscheidet sich vom Kindergarten in erster Linie dadurch, dass er von Kindern mit Entwicklungsdefiziten besucht wird. Nach Erika Hoffmann sind die meisten schulunreifen Kinder vorher nicht in einem Kindergarten gewesen. »*Ihr Rückstand ist oft begründet in der noch nicht erfolgten Ablösung von der Mutter, in verwöhnter Unselbständigkeit, im Mangel an Bereitschaft, mit Gleichaltrigen umzugehen – oder es handelt sich gerade umgekehrt um Schäden der Vernachlässigung, Verkümmerung aus Mangel an Zuwendung*« (Hoffmann 1968, S. 349). Zur Klärung, welche Voraussetzungen erfüllt sein müssen, damit ein Kind schulreif wird, nennt sie folgende Punkte:

- → Ein Kind muss die Phasen der Entwicklung voll durchlaufen. Überspringt es Stufen der Entwicklung, so schadet das dem Kind.
- → Die moderne technisierte Welt gestattet kein wirklich kindgemäßes Leben. Deshalb muss ein besonderer Schonraum geschaffen werden, in dem kleine Kinder noch kleine Kinder sein dürfen.
- → Das kindliche Spiel muss in seiner undifferenzierten Ganzheitlichkeit anerkannt werden als die dem Kindergarten angemessene Bildungsform, auf die die Grundschule aufbauen kann.
- → Es muss ein gleitender Übergang zur Schule geschaffen werden, wobei die Grundschule eine derartige Auflockerung anstreben muss, damit sie bruchloser als bisher an den Kindergarten anschließen kann (ebd.).

Erika Hoffmann lehnt es ab, schulische Methoden bereits im Schulkindergarten einzuführen, wodurch ja auch der Übergang gleitend gestaltet werden könnte, weil sie Schulunreife als verspätete Reife auffasst. Demnach hat der Schulkindergarten die Aufgabe, »Ruhe und Schutz zum Ausreifen der verspäteten Entwicklung« zu geben

oder zum Aufholen der Versäumnisse in der ersten Stufe. Bei der Frage, worin die schulunreifen Kinder den schulreifen unterlegen sind, nennt sie zwei Punkte:
- → Mangelnde Kontaktreife (sich behaupten und sich einfügen) und
- → mangelnde Begriffsreife (Fehlen der Grundbegriffe der Zeit, der Zahl, der Raumlage usw.) (Hoffmann 1961, S. 99).

Der Schulkindergarten soll demnach ein Jahr der Nachreife sein. Folglich kann der Vorgriff auf schulische Arbeitsweise nicht seine Aufgabe sein. Erika Hoffmann fordert sogar, dass aus den Schulkindergärten schulisches Material, das zum bloßen Nachahmen anregen könnte, fernbleiben soll.

Schüttler-Janikulla kritisierte die Konzeption der Schulkindergärten: »*So hat die deutsche Schulkindergarteneinrichtung bis auf wenige Ausnahmen keinen Standort innerhalb einer umfassenden Vorschulerziehung gefunden. Bei ihrer eingeengten, theoretisch zum Teil antiquierten Konzeption hat sie außer dem Fröbelschen Ansatz auch keine eigenen Methoden zur Förderung der geistig-seelischen Kräfte des Vorschulkindes entwickeln können*« (Schüttler-Janikulla 1968, S. 69). Aber zu einer positiven Einschätzung des Schulkindergartens gelangen vergleichende Untersuchungen zwischen zurückgestellten Kindern, die einen Schulkindergarten besucht haben, und denen, die diese Möglichkeit nicht hatten. Die Ersteren zeigten bei der erneuten Einschulung signifikant bessere Leistungen im Schulreifetest als die Letzteren (Tietze 1973, S. 35).

Zwar birgt der Schulkindergarten einen positiven Ansatz, insgesamt stellt er jedoch keine befriedigende Lösung dar. Seine Arbeit beginnt erst, wenn bereits Defizite in der Entwicklung festgestellt worden sind, sie beginnt also zu spät. Die Dauer des Besuchs von einem Jahr ist in vielen Fällen zu kurz, um Entwicklungsrückstände zu kompensieren. Beim Übergang von der heilpädagogischen Gruppe im Schulkindergarten in die damals noch überfüllten Grundschulklassen wurden die Kinder vor neue Anpassungs- und Leistungsanforderungen gestellt, denen sie trotz der intensiven Förderung im Schulkindergarten häufig nicht gewachsen waren.

6.5 Kritik am Kindergarten

In der Bundesrepublik standen in den sechziger Jahren nur für etwa ein Drittel aller Kinder zwischen drei und sechs Jahren Plätze in Kindergärten zur Verfügung. Eine Erhöhung hielt man nicht für wünschenswert, denn noch galt der Kindergarten als eine sozialfürsorgerische Einrichtung ohne Bildungsauftrag. Entsprechend dem geringen Ansehen war auch der Ausbildungsstand der Mitarbeiterinnen niedrig. Es bestand ein eklatanter Mangel an fachlich qualifiziertem Personal. Nur etwa 45% der Mitarbeiterinnen hatte eine abgeschlossene Ausbildung als Erzieherin oder (seltener) als Sozialpädagogin. Neben Kinderpflegerinnen, Kinderkrankenschwestern und Praktikantinnen gab es eine große Zahl von Kräften, die überhaupt keine pädagogische Ausbildung hatten.

So betrug das Verhältnis von

Jugendleiterin/Sozialpädagogin : Kinder = 1:1.500
Kindergärtnerin/Erzieherin : Kinder = 1:52
(Deutscher Bildungsrat 1970, S. 105).

Drei Aspekte verhinderten, dass sich der Kindergarten aus sich heraus reformieren konnte:
1. Er galt als eine sozialfürsorgerische Einrichtung, nicht aber als eine pädagogische Institution mit einem eigenen Bildungs- und Erziehungsauftrag. Brezinka (1961) vertrat die Auffassung, dass eine gute Familienerziehung in jedem Fall dem Kindergarten überlegen sei. Deshalb sollte nur dann von ihm Gebrauch gemacht werden, wenn die Familie versagt.
2. Eine konservative Sozial- und Bildungspolitik verhinderte die Vermehrung der Kindergartenplätze, um den Trend zur Berufstätigkeit der verheirateten Frauen mit Kindern nicht indirekt zu unterstützen, sondern ihm entgegenzuwirken.
3. Die Ausbildung der Erzieher oblag nicht wissenschaftlichen Hochschulen, sondern Fachschulen. Zulassungsvoraussetzung für die Ausbildung war in der Regel die Mittlere Reife. »*Der Schwerpunkt der Ausbildung lag auf musisch-praktischen Fächern, denen gegenüber die theoretische Ausbildung in den Hintergrund trat*« (Kasüschke/Fröhlich-Gildhoff 2008, S. 38).

Erst mit der Veröffentlichung des »Strukturplanes für das deutsche Bildungswesen« (1970) zeigte es sich, dass aus den Ergebnissen der Sozialisationsforschung pädagogische Konsequenzen gezogen werden sollten. Man erkannte an, dass die Familie als alleinige Sozialisationsinstanz für das Kind im vorschulischen Alter unzureichend war, weil sie seine Lernmöglichkeiten beschränkte.
- In der Familie hat das Kind nur begrenzt Möglichkeiten, soziale Rollen und Verhaltensmuster kennenzulernen. Das erzeugt Verhaltensunsicherheit und mangelnde Umstellungsfähigkeit, wenn es diesen Rahmen verlässt.
- Um in Distanz zur eigenen Position treten zu können, muss es frühzeitig Einstellungsalternativen kennenlernen.
- Viele Eltern neigen dazu, ihre Kinder an sich zu binden, und hemmen damit deren Persönlichkeitsentwicklung mit der Folge, dass häufig Fehlentwicklungen und Verhaltensstörungen auftreten.
- Durch die Berufstätigkeit beider Eltern und durch beengte Wohnverhältnisse können zusätzliche Erziehungsprobleme auftreten, welche die Eltern überfordern.

Mit diesen Thesen wurde die gesellschaftspolitische Bedeutung frühkindlicher Erziehung bestätigt. Zugleich kritisierte der Strukturplan das an Geborgenheit und Mütterlichkeit orientierte Selbstverständnis des Kindergartens sowie seine Arbeitsweise: »*Unter curricularem Aspekt wirkt das Geschehen im Kindergarten unsystematisch, ohne konkrete Zielvorstellung und zufallsbestimmt, so sehr auch die einzelnen Tätigkeiten und Spiele die Umwelt des Kindes bereichern können*« (Deutscher Bildungsrat 1970, S. 104).

Angesichts der aus den USA bekannt gewordenen Versuche der Frühförderung von Kindern wurde die Praxis des Kindergartens als unzureichend empfunden und kritisiert. »*Die pädagogische Praxis des heutigen Kindergartens entspricht der Theorie des selbsttätig reifenden Kindes. Man wartet darauf, was das Kind in seiner Entwicklung selbsttätig hervorbringt, um dann das herangereifte Vermögen zu stärken und zu fördern. Die an diesen pädagogischen Leitgedanken orientierten Spiele und Tätigkeiten der heutigen Kindergärten bedeuten durchaus eine Bereicherung der Lebenswelt der Kinder. Der pädagogische Erfolg bleibt jedoch meist hinter dem zurück, was von einer modernen Kleinkindpädagogik im Kindergarten erwartet wird und nach neueren Forschungen auch erwartet werden darf ...*« (Deutscher Bildungsrat 1970, S. 46).

Der Kindergarten, der über Jahrzehnte hinweg ausschließlich ein Gegenstand der Sozialpolitik war, wurde nun mit den Anforderungen und Erwartungen von Bildungspolitikern konfrontiert. Durch eine frühzeitige Förderung sollten soziale Benachteiligungen ausgeglichen werden, durch ihn sollten Kinder gezielt auf die Anforderungen der Schule vorbereitet werden. Die durch die Bildungspolitik in Gang gesetzte Reform hat in dem darauf folgenden Jahrzehnt die Institution Kindergarten grundlegend verändert.

7.
Der Kindergarten in der DDR

7. Der Kindergarten in der DDR

7.1 Der gesellschaftliche Auftrag des Kindergartens

Nach dem Zusammenbruch der nationalsozialistischen Diktatur nahmen die Alliierten in den von ihnen besetzten Zonen erheblichen Einfluss auf das Bildungs- und Erziehungswesen in Deutschland. Es war das Ziel der Siegermächte, die nationalsozialistische Erziehungsideologie zu überwinden und die Umziehung des deutschen Volkes einzuleiten. In den Vorschlägen der Amerikanischen Erziehungskommission von 1946 hieß es, »*dass das deutsche Bildungswesen so geregelt werden soll, dass alle nazistischen und militaristischen Lehren völlig beseitigt [werden] und die erfolgreiche Entwicklung demokratischer Ideen möglich gemacht wird*« (Bericht und Vorschläge der Amerikanischen Erziehungskommission 1946, S. 20). Im gleichen Jahr wurden für die Länder der sowjetisch besetzten Zone (SBZ) Richtlinien für den Kindergarten erlassen, und auch hier bezog sich die wichtigste Forderung auf die Abkehr vom Nationalsozialismus und die Umziehung der Deutschen. »*Hauptaufgabe des Kindergartens ist die Erziehung von Kindern nach demokratischen Prinzipien, frei von allen faschistischen, rassischen, militaristischen und anderen reaktionären Ideen und Tendenzen*« (zit. nach Höltershinken u. a. 1997, S. 269).

Die unterschiedlichen gesellschaftspolitischen Orientierungen der westlichen Alliierten auf der einen, der Sowjetunion auf der anderen Seite führten allerdings bereits in den ersten Nachkriegsjahren dazu, dass sich das Bildungs- und Erziehungswesen in den Westzonen unter dem Einfluss der Amerikaner und Engländer anders entwickelte als in Ostdeutschland, wo die SMAD (Sowjetische Militäradministration in Deutschland) weitgehend die Entwicklungslinien vorgab. Dies führte zu gravierenden Unterschieden zwischen West- und Ostdeutschland, die später durch die Gründung der beiden deutschen Staaten und die damit verbundene 40-jährige Teilung Deutschlands noch vertieft wurden.

Im Unterschied zu Westdeutschland, wo der Kindergarten Teil der Kinder- und Jugendhilfe blieb, wurde er in der sowjetischen Zone in das Bildungswesen integriert und war damit die Vorstufe der Einheitsschule. Er unterstand, unabhängig von der Trägerschaft, der Zentralverwaltung für Volksbildung und nach der Gründung der DDR dem Ministerium für Volksbildung. Schon auf der Reichsschulkonferenz 1920 hatten Kommunisten und Sozialisten die Integration des Kindergartens in das Bildungswesen gefordert, diese aber damals nicht durchsetzen können (vgl. Kap. III). Im Mai und Juni 1946 wurde von allen Landes- und Provinzialregierungen der sowjetisch besetzten Zone ein »Gesetz zur Demokratisierung der deutschen Schule« beschlossen, nach dem »*der Kindergarten erstmalig in der deutschen Geschichte in ein einheitliches Bildungssystem eingefügt*« wurde (zit. nach Krecker 1971a, S. 354). Der Kindergarten als vorschulische Einrichtung und unterste Stufe des Bildungswesens hatte nunmehr »*die Aufgabe, die Kinder zur Schulreife zu führen*« (Krecker 1988, S. 28).

Darüber hinaus sollte der Kindergarten einen Beitrag zum Aufbau der sozialistischen Gesellschaft leisten. Deshalb sollte die Erziehung nicht unpolitisch sein. »*Es ist eine politische Aufgabe, das neue Leben und seine neuen Grundsätze zu begreifen, um die neuen Menschen vom Kindergarten an für dieses neue Leben erziehen zu können*« (Krecker 1988, S. 30).

Nach dem Beschluss des Politbüros der SED von 1952 war es die Aufgabe aller pädagogischen Einrichtungen, »*die Jugend zu allseitig entwickelten Persönlichkeiten zu erziehen, die fähig und bereit sind, den Sozialismus aufzubauen und die Errungenschaften der Werktätigen bis zum Äußersten zu verteidigen [...]. Sie sollen wertvolle Charaktereigenschaften besitzen, wie Willensstärke, Ausdauer, Entschlossenheit, Mut, Zielstrebigkeit und Prinzipientreue in ihrem Denken und Handeln*« (zit. n. Krecker 1971a, S. 382). Dabei wurde die Bedeutung der frühkindlichen Erziehung hervorgehoben: »*Gerade die gesellschaftlichen Erziehungseinrichtungen wie Krippen und Kindergärten, in denen die Kinder von frühester Kindheit an im Kinderkollektiv leben und gemeinsam tätig sind, haben alle Möglichkeiten für eine Erziehung nach den Normen der sozialistischen Moral*« (ebd.). Ähnliche Formulierungen finden sich auch in späteren Bildungsplänen und Programmen für den Kindergarten in der DDR.

Von Beginn an hat der Staat auf die Bildung und Erziehung der Kinder im Kindergarten Einfluss genommen, indem er zentral Bildungsprogramme erließ, deren Umsetzung im Kindergarten verbindlich vorgeschrieben war. In § 10 der Kindergartenordnung von 1983 hieß es: »*Die sozialistische Erziehung der Kinder erfolgt auf der Grundlage des vom Ministerium für Volksbildung herausgegebenen Bildungs- und Erziehungsplanes sowie der dazu erlassenen inhaltlichen Orientierungen*« (Ministerium für Volksbildung 1985, S. 282). Im September 1985 trat das letzte »Programm zur Bildungs- und Erziehungsarbeit im Kindergarten« (Ministerium für Volksbildung 1985) in Kraft, nach dem bis zur Wende im Herbst 1989 in allen Einrichtungen gearbeitet wurde.

Das sehr differenziert ausgearbeitete Programm umreißt im ersten Kapitel die »Hauptaufgaben des Kindergartens«. In diesem Teil werden die allgemeinen pädagogischen Ziele formuliert. Dabei wird deutlich, dass die pädagogischen Zielsetzungen weitgehend den ideologischen Vorgaben folgten. Es war die Aufgabe des Kindergartens »*alle Kinder fürsorglich zu betreuen, sozialistisch zu erziehen und gut auf die Schule vorzubereiten*« (Ministerium für Volksbildung 1985, S. 7). Zu diesen drei Aufgabenbereichen werden dann erläuternde Ausführungen gemacht, auf die ich im Folgenden kurz eingehen werde.

Ein wesentliches Ziel war »die Erziehung zur sozialistischen Moral«, d. h., die Kinder sollten zur »*Liebe zu ihrem sozialistischen Vaterland, der DDR, zur Liebe zum Frieden, zur Freundschaft mit der Sowjetunion und allen anderen sozialistischen Ländern, im Geiste des Internationalismus und der Solidarität mit den unterdrückten, für Freiheit und Unabhängigkeit kämpfenden Völkern*« erzogen werden (Ministerium für Volksbildung 1985, S. 7).

Kinder sind »*zur Liebe zur Arbeit [...] zu erziehen*« und »*daran zu gewöhnen, ihre Arbeiten ordentlich und gewissenhaft zu erledigen, sich an der Erhaltung von Ordnung und Sauberkeit zu beteiligen«* (Ministerium für Volksbildung 1985, S. 7). Nachdrücklich wird hervorgehoben, dass zur gesunden Lebensweise bei den Kindern *»kontinuierlich Fertigkeiten und Gewohnheiten«* herauszubilden sind. *»Sie sind zur Selbständigkeit bei der Einhaltung von Ordnung, Sauberkeit und hygienischen Forderungen zu erziehen. Durch regelmäßige körperliche Übungen und Spiele im gesamten Tagesablauf ist dem Bedürfnis der Kinder nach Bewegung Rechnung zu tragen«* (Ministerium für Volksbildung 1985, S. 8).

Abb. 17: Mittagsruhe im Dorfkindergarten – Schmalkalden 1991. Foto: Aden-Grossmann

Den Erziehungskonzepten lag die Vorstellung zugrunde, dass man durch Erziehung so nachhaltig auf Kinder einwirken könne, dass sich jedes Kind nach den gesellschaftspolitischen Zielvorstellungen formen lasse.

Man glaubte vielfach, *»dass die Erreichung eines Erziehungszieles durch die Verknüpfung von Didaktik, Methodik und Umwelteinflüssen in der pädagogischen Planung sicher gewährleistet werde könne. Der Titel des ersten Vorschulkongresses nach 1945 spiegelt dieses Denken wider: ›Neues Deutschland, neue Menschen – im Kindergarten beginnt ihre Formung‹. Die damit verbundene Vorstellung, der Mensch sei ein zu formendes Rohmaterial, wurde dann auch gleich auf dieser Sitzung mit dem Hinweis kritisiert, dass Pädagogen und Pädagoginnen so generell gar nicht in der Lage seien, den ›neuen Menschen‹ zu formen«* (Höltershinken u. a. 1997, S. 39). Trotz dieser Einwände kann man auch in vielen späteren Dokumenten dieses Bild des Kindes nachweisen. Auch dem 1985 erlassenen Programm lag das hier skizzierte Bild vom Kind zugrunde.

7.2 Ganztagseinrichtungen

Ein wesentliches Motiv, den Ausbau des Kindergartens voranzutreiben und die Plätze in ganztägig geöffneten Kindergärten zu erhöhen, war zunächst der Arbeitskräftemangel in der Nachkriegszeit. Viele Männer waren gefallen oder noch in Kriegsgefangenschaft, sodass die meisten Mütter sich und ihre Kinder ernähren mussten. Hinzu kam der Gedanke, dass die Berufstätigkeit der Frau auch ihre Emanzipation fördere.

1948 hieß es in der von der deutschen Verwaltung für Volksbildung herausgegebenen Zeitschrift »Die Kindergärtnerin«, dass der Kindergarten *»der Frau und Mut-*

ter die Möglichkeit (schafft), sich in das wirtschaftliche, kulturelle, öffentliche Leben einzugliedern und so ihre Gleichberechtigung aus einer formalen in eine wirkliche zu wandeln« (zit. n. Krecker 1988, S. 29).

Familienpolitische Maßnahmen zielten in der DDR von Anfang an darauf, die Vereinbarkeit von Familie und Beruf zu ermöglichen. Folglich war es ein wichtiges Ziel, für alle Kinder Plätze in Ganztagseinrichtungen zu schaffen, deren Öffnungszeiten den Arbeitszeiten der Mütter entsprachen. *»Von der Zahl der Kindergartenplätze, von der Öffnungszeit der Kindergärten und von der Art und Weise der Versorgung, der Lebensgestaltung und Erziehung in den Kindergärten hing es wesentlich ab, ob die Mütter kleinerer und größerer Kinder für die Arbeit in der Industrie und an anderen Arbeitsplätzen gewonnen und die großen gesellschaftlichen Aufgaben erfüllt werden konnten«* (Krecker 1988, S. 27).

Aber Ende der 40er-Jahre lag das Ziel, für alle Kinder einen Kindergartenplatz anzubieten, noch in weiter Ferne. 1955 gab es nur für 34,5% aller Kinder einen Kindergartenplatz, zehn Jahre später besuchten bereits 55% aller Drei- bis Sechsjährigen einen Kindergarten und Mitte der 80er-Jahre standen für alle Kinder Plätze zur Verfügung (vgl. Ministerium für Volksbildung 1968, S. 30; Höltershinken 1997, S. 212).

Durch den raschen Ausbau des Kindergartenwesens wuchs auch der Bedarf an ausgebildeten Kindergärtnerinnen, der jedoch nicht befriedigt werden konnte, sodass der Anteil unausgebildeter Mitarbeiterinnen in der Gruppenleitung stieg. Um diesem Mangel abzuhelfen, wurde 1966 ein dreijähriges Fernstudium mit dem Abschluss als staatlich anerkannte Kindergärtnerin eingeführt.

Parallel zur Erhöhung der zur Verfügung stehenden Plätze in Kindertageseinrichtungen stieg auch die Anzahl berufstätiger Mütter, die fast ausschließlich vollzeitig arbeiteten, denn Teilzeitbeschäftigung war in der DDR nicht üblich. Die geforderte Entlastung der Mütter durch die Betreuung der Kinder während der Arbeitszeit muss vor diesem Hintergrund gesehen werden, wobei noch in den letzten Jahren der DDR die Arbeitszeit knapp 44 Stunden pro Woche betrug. Für Mütter mit zwei Kindern gab es die Möglichkeit, die wöchentliche Arbeitszeit auf 40 Stunden zu reduzieren.

Aufgrund der starken Arbeitsbelastung von Müttern übernahm der Kindergarten neben der ganztägigen Versorgung von 7 Uhr (z. T. bereits ab 6.15) bis 17 Uhr (z. T. bis 18.00) auch die gesundheitliche Betreuung, indem die Kindergärtnerinnen regelmäßig mit den Kindern zum Zahnarzt und zu den notwendigen Vorsorgeuntersuchungen und Impfungen gingen.

7.3 Beziehung zu den Eltern

Damit Kinder sich gut entwickeln können, brauchen sie eine »heimische Atmosphäre«, die die Kindergärtnerin schaffen sollte. Eine Voraussetzung hierfür sei eine gute Beziehung der Kindergärtnerin zu den Eltern. In den »Thesen der ersten Zentralen Konferenz der Vorschulerziehung« von 1957 heißt es:

»*Die Beziehungen der Kindergärtnerin zu den Eltern sind entscheidend für die Gefühle der Geborgenheit und Sicherheit des Kindes. Die Kindergärtnerin muss ein gegenseitiges Achtungs- und Vertrauensverhältnis zu allen Eltern schaffen. Besonderes Augenmerk ist den Eltern entgegenzubringen, die den Erziehungsaufgaben und -methoden gleichgültig oder ablehnend gegenüberstehen*« (Ministerium für Volksbildung 1957, S. 221).

Gemeint sind hier vor allem Eltern, die andere weltanschauliche Auffassungen vertraten und folglich eine sozialistische Erziehung ihrer Kinder ablehnten. Da kaum Kindergärten in konfessioneller Trägerschaft vorhanden waren – gegen Ende der DDR waren dies lediglich 3% –, diese auch nicht staatlich gefördert wurden, hatten die Eltern fast keine Wahlmöglichkeit.

Die Kindergartenordnung von 1983 regelte verbindlich die Formen der Zusammenarbeit mit den Eltern. Danach waren regelmäßig Hausbesuche, Gruppenelternabende und Gesamtelternabende durchzuführen. Die auf den Elternabenden zu behandelnden Themen wurden zentral vom Ministerium für Volksbildung vorgegeben. »*Die Elternabende hatten dabei auch die Funktion, die geforderte Einheitlichkeit zwischen den Auffassungen von Staat und Partei sowie der Eltern zu fördern*« (Höltershinken 1997, S. 342).

Die Eltern wählten das »Elternaktiv« und wurden über die vorgegebenen Bildungspläne und deren Durchführung informiert. Eine inhaltliche Mitwirkung der Eltern bei der Festlegung von Erziehungszielen war nicht vorgesehen, da die Programme zentral vom Ministerium für Volksbildung bestimmt wurden.

Neben den durch die Kindergartenordnung vorgegebenen Formen der Zusammenarbeit mit den Eltern erfolgte diese auch durch informelle Gespräche zwischen »Tür und Angel«, also beim Bringen oder Abholen der Kinder. Dieser Form des Austauschs wurde von beiden Seiten eine große Bedeutung zugemessen. Eltern halfen auch bei der Vorbereitung von Festen, waren zusätzliche Begleitpersonen bei Ausflügen und übernahmen z. T. handwerkliche Arbeiten.

Bei den meisten Eltern erfreute sich der Kindergarten großer Wertschätzung, und auch im Nachhinein wird das Verhältnis der Kindergärtnerin zu den Eltern überwiegend positiv geschildert. Dennoch gab es auch hier kritische Stimmen, wenn aufgrund besonderer Bedingungen die Entlastung der Mütter zulasten des Kindes ging.

Die Betreuung der Kinder im Kindergarten wurde als Dienstleistung für die Mütter betrachtet, und dieser Verpflichtung konnten sich die Kindergärtnerinnen offenbar nicht entziehen. Wenn aufgrund der Lebenssituation der Mutter (z. B. im Erziehungsurlaub) eine ganztägige Betreuung nicht erforderlich, von der Mutter jedoch gewünscht war, mussten Erzieherinnen dies akzeptieren, auch wenn pädagogische Argumente gegen die ganztägige Betreuung eines Kindes sprachen. Hierzu ein Beispiel:

Mütter, die nach der Geburt eines weiteren Kindes das (bezahlte) Babyjahr in Anspruch nahmen, brachten z. T. ihr älteres Kind weiterhin ganztägig in den Kindergarten. Man weiß, dass manche Kinder eifersüchtig auf das kleine Geschwister sind und sich für einige Zeit stark an die Mutter klammern. Über die Reaktionen der Kinder im Kindergarten berichtete eine Erzieherin:

Kindergartenordnung

§ 21 Zusammenarbeit mit den Eltern

1. Die Zusammenarbeit von Kindergarten und Eltern ergibt sich aus der gemeinsamen Verantwortung für die allseitige Entwicklung und die sozialistische Erziehung der Vorschulkinder.

2. Die Leiterin trägt die Verantwortung für den politisch-pädagogischen Inhalt der Arbeit mit den Eltern. Sie gewährleistet ein vertrauensvolles Zusammenwirken aller pädagogischen Mitarbeiter mit den Eltern. Sie sichert die regelmäßige Durchführung und sorgfältige Vorbereitung der Gruppen- und Gesamtelternabende, hält Elternsprechstunden ab, veranlasst, dass Hausbesuche und eine individuelle Beratung der Eltern erfolgen. Dabei ist den Absolventinnen besondere Anleitung und Unterstützung zu geben.

3. Die Gruppenerzieherinnen arbeiten im Interesse der harmonischen Entwicklung eines jeden Kindes eng mit den Eltern zusammen. Sie werten die Erfahrungen, Vorschläge und Hinweise der Eltern gründlich aus, beziehen sie in ihre Arbeit ein und beraten die Eltern bei der Erziehung der Kinder in der Familie.

4. Zur Verwirklichung eines vertrauensvollen Zusammenwirkens mit den Eltern arbeitet die Leiterin besonders eng mit dem Elternaktiv zusammen und sichert, dass es über wichtige Maßnahmen zur Bildung, Erziehung und Betreuung der Kinder sowie zur Gewährleistung von Ordnung und Sicherheit informiert wird, bei deren Durchsetzung mithelfe und die Eltern bei der Erziehung ihrer Kinder in der Familie berät (Ministerium für Volksbildung 1985, S. 286).

»Dann haben eigentlich alle Kinder, die trotzdem den ganzen Tag in der Kindereinrichtung waren, verrückt gespielt. Also da kenne ich keine Ausnahme. Und das war auch sehr schwer, da mit dem Elternhaus zu arbeiten. Weil viele Mütter haben dieses Jahr so genossen mit diesem einzigen Kind, dass sie gar nicht bereit waren, das große Kind vielleicht mittags schon abzuholen. Und diesen Kindern haben wir oftmals Zwänge auferlegt.

Das ist eine Sache, die ich heute noch mit am schlimmsten empfinde. Wo ich auch sage, da haben wir den Eltern eigentlich zu viel abgenommen, zu viel durchgehen lassen. Aber da gab es keine Abstriche, wir mussten. Wenn die Mutter das eben wollte, dann ist das Kind gekommen, basta. Wir haben zwar mit ihnen reden können und haben gesagt, wissen sie, ihrem Kind geht es hier so schlecht. Besonders dieses Schlafen. Weil die morgens schon ausgeschlafen hatten, die sind immer erst um acht gekommen […], da hatten die schon gefrühstückt und dann wollten die natürlich um 12 nicht schlafen, da ist dann kein Kind müde. Dann haben sie sich natürlich nirgendwo reinreden lassen, haben auch geweint, sind den anderen Kindern gegenüber aggressiv gewesen, und da konnte man auch nichts machen. Wir mussten sie ja alle hinlegen« (Höltershinken u. a. 1997, S. 115).

An diesem Beispiel wird der Konflikt zwischen den Interessen der Mütter und den Bedürfnissen des Kindes deutlich. Zugleich zeigt sich die Ohnmacht der Kindergärtnerin, die die von ihr vorgeschlagene Lösung nicht durchsetzen konnte.

7.4 Grundzüge des Programms für die Bildungs- und Erziehungsarbeit im Kindergarten

Da alle Kindergärten nach dem gleichen, verbindlich vorgegebenen »Programm für Bildungs- und Erziehungsarbeit im Kindergarten« arbeiten mussten, unterschieden sie sich nicht grundsätzlich voneinander. Welche Abweichungen in der Praxis von diesem Programm vorgenommen wurden, welche Spielräume Erzieherinnen für die Gestaltung ihrer Arbeit hatten und nutzten, ist im Nachhinein nur schwer abzuschätzen. Erzieherinnen betonten in Interviews oft, dass die Differenz zwischen den z. T. stark ideologischen Zielen und der praktischen Umsetzung nicht unerheblich war (vgl. Grossmann, W. 1992; Höltershinken u. a. 1997). Auch Gebauer meint, dass die inoffiziellen Bilder von Kindheit und Erziehung in den Köpfen von Erzieherinnen und Eltern ganz wesentlich dazu beitrugen *»die Schattenseiten der ›sozialistischen Erziehung‹ teilweise zu korrigieren«* (Gebauer, R. 2010).

Dennoch ist festzuhalten, dass die Arbeit nach dem Programm, das pädagogische Inhalte detailliert vorgab, zwingend vorgeschrieben war. Damit hatte das Programm für die praktische Arbeit eine nicht zu unterschätzende Bedeutung.

Die Kindergartenordnung legte fest, dass die Kindergartengruppen nach dem Alter der Kinder gebildet werden sollten (jüngere, mittlere und ältere Gruppe). Nur wenn z. B. in kleinen Ortschaften die Anzahl und das Alter der angemeldeten Kinder es erforderten, waren altersgemischte Gruppen zulässig.

Nach der Kindergartenordnung musste für jede Gruppe in enger Anlehnung an das Programm ein Tagesablaufplan ausgearbeitet und sichtbar ausgehängt werden. Dabei sollte die Kindergartenleiterin gewährleisten, dass dieser konsequent eingehalten wurde (Kindergartenordnung vom 23.6.1983, § 13, Abs. 5). Dies engte die Gestaltungsmöglichkeiten der Kindergärtnerin sehr ein.

Kinderkombination Eisenach Tagesplan	
6.00 – 7.30	Ankunft der Kinder/Spiel/Aufnahme durch den Frühdienst
7.30 – 7.45	Körperpflege/die Gruppenerzieherin übernimmt die Gruppe
7.45 – 8.00	Fröhlicher Tagesbeginn
8.00 – 8.20	Frühstück
8.20 – 9.20	Beschäftigung: Jüngere: 1 Beschäftigung: 15 Minuten Mittlere: 2 Beschäftigungen: 20 bzw. 15 Min. Ältere: 2 Beschäftigungen: 25 bzw. 20 Min. zwischen den Beschäftigungen: Pausengestaltung/Körperpflege
9.20 – 9.30	Aufräumen der Beschäftigungsmaterialien
9.30 – 11.00	Spiel/Aufenthalt im Freien
11.00 – 11.10	Aufräumen
11.10 – 11.30	Körperpflege
11.30 – 12.00	Mittagessen
12.00 – 12.30	Körperpflege/Vorbereitung zum Schlaf
12.30 – 14.00	Mittagsruhe
14.00 – 14.30	Anziehen/Aufräumen der Betten/Körperpflege
14.30 – 15.00	Vesper
15.00 – 16.30	Spiel in der Gruppe/angeleitetes Basteln
16.30 – 18.00	Der Spätdienst übernimmt die Kinder

Tagesplan im Kindergarten 1998 (aus: Grossmann 1992, S. 250)

Aus diesem Plan wird ersichtlich, dass alle Tätigkeiten im Kindergarten, das Spiel, der Aufenthalt im Freien, die Beschäftigungen, die Mahlzeiten, Körperpflege und das Aufräumen zeitlich festgelegt waren. Vergleichbare Tagespläne gab es in allen Einrichtungen der DDR, denn neben den inhaltlichen Vorgaben durch das Programm war auch die zeitliche Strukturierung des Tages vorgeschrieben.

7.5 Eine Erzieherin berichtet über ihre Erfahrungen

»Z.B. war der Tagesablauf, der eingehalten werden musste, das hat mich immer sehr geärgert. Ich wurde immer belangt, dass ich diesen Tagesablauf nicht einhalte, dass ich nicht zur Zeit auf die Toilette bin, so wie es auf dem Plan steht, dass ich die Essenszeiten nicht einhalte, dass ich die Beschäftigung überzogen hatte. Diese Dinge mussten eingehalten werden mit der Uhr. Das hat die Leiterin kontrolliert [...]. Da waren immer die Kolleginnen gut raus, die die Zeiten immer genau eingehalten haben. Und das habe ich eigentlich nie ganz eingesehen« (Aden-Grossmann 1992, S. 312).

Ein wichtiger Aspekt der pädagogischen Arbeit waren die täglich durchzuführenden Beschäftigungen für alle Kinder. Die folgende Tabelle gibt eine zusammenfassende Übersicht über die Konzeption und die einzelnen Sachgebiete in dem »Programm für die Bildungs- und Erziehungsarbeit im Kindergarten« (1985) wieder. Mit dem Bereich »Gestaltung des Lebens im Kindergarten« werden übergreifende Gesichtspunkte benannt, wogegen in den Sachgebieten, die die Grundlage für die täglich durchzuführenden Beschäftigungen bildeten, spezifische Gebiete erfasst wurden (Bekanntmachen mit dem gesellschaftlichen Leben, Bekanntmachen mit der Natur, Förderung der Muttersprache etc.). Die Art der Beschäftigungen und die zu behandelnden Themen wurden – ähnlich wie der »Stoffverteilungsplan« in der Schule – für jedes Quartal festgelegt.

Abb. 18: Kindergarten in Schmalkalden, Thüringen, im Sommer 1990: 17:30 Uhr – die letzten Kinder warten im Flur auf ihre Eltern.
Foto: Aden-Grossmann

Stoffverteilungsplan

Bereiche	Ausgestaltung
Erziehungsziele	• Moralisch-sittliche Erziehung: Erziehung zur sozialistischen Moral • Geistige Erziehung: Denken und Sprache sind zielstrebig herauszubilden • Ästhetische Erziehung: Freude wecken am Malen, Bauen, Musizieren • Körperliche Erziehung: Bedürfnis nach sportlicher Betätigung fördern
Gestaltung des Lebens im Kindergarten	• Begegnungen mit Werktätigen, Soldaten, Sportlern, Pionieren; Naturbeobachtungen; Vermittlung von Kenntnissen über sozialistische Länder durch Spielzeug, Bilderbücher, Lieder • Gewöhnung an das Leben in der Kindergemeinschaft • Herausbildung kollektiver Beziehungen

Spiel	• Rollenspiel • Spiele mit Bau-, Lege- und Naturmaterial • Finger-, Stab- und Handpuppenspiel • Finger-, Rate- und Scherzspiele • Kreis-, Tanz- und Ballspiele • Didaktische Spiele
Arbeit	• Selbstbedienung (Körperpflege, Mahlzeiten, An- und Auskleiden) • Arbeiten für die Kindergruppe (Aufräumen, Blumenpflege, Tischdienst)

Sachgebiete und Beschäftigungszeit

Tägliche Beschäftigungen	Sachgebiete
Jüngere Gruppe: Eine Beschäftigung 15 Minuten *Mittlere Gruppe:* Eine Beschäftigung 20 Minuten Zwei Beschäftigungen je 15 Minuten Sport: 30-40 Minuten *Ältere Gruppe:* Eine Beschäftigung 25 Minuten Zwei Beschäftigungen je 20 Minuten Sport: 35-45 Minuten	• Muttersprache • Kinderliteratur • Bekanntmachen mit dem gesellschaftlichen Leben • Bekanntmachen mit der Natur • Sport • Bildnerisch-praktische und konstruktive Tätigkeiten • Musik • Zusätzlich für die mittlere und ältere Gruppe: Entwicklung elementarer mathematischer Vorstellungen

Es wurden sehr detaillierte Vorgaben gemacht, die die Erzieherinnen zu einem inhaltlich und zeitlich stark strukturierten Vorgehen zwangen. In den Sachgebieten Muttersprache, Bekanntmachen mit dem gesellschaftlichen Leben und der Natur, bildnerisches Gestalten und elementare Mathematik sollten durch die täglichen Beschäftigungen vor allem die geistige Entwicklung und die Schulfähigkeit der Kinder gefördert werden. Hier wurde nach ähnlichen Methoden gelernt und gearbeitet wie im Anfangsunterricht der Grundschule, allerdings überwogen die spielerischen Elemente. Dabei sollte die Erzieherin allgemein von dem Grundsatz ausgehen, »*alles, was den Kindern in ihrer Umwelt durch direkte Anschauung zugänglich ist, zielgerichtet über das unmittelbare Erleben zu vermitteln*« (Ministerium für Volksbildung 1985, S. 108). Darüber hinaus sollte Beschäftigungsmaterial oder didaktisches Material verwendet werden. Im Folgenden soll exemplarisch auf die Sachgebiete »Muttersprache« und »Entwicklung elementarer mathematischer Vorstellungen« eingegangen werden.

Abb. 19: Kindergärtnerin mit Kindern. Evangelischer Kindergarten in Schmalkalden, Thüringen, 1991. Foto: Aden-Grossmann

Sachgebiet: Muttersprache

Über die grundlegende Bedeutung der Sprache für die Entwicklung der Persönlichkeit heißt es in einem Fachbuch für Erzieherinnen: »*Auf Grund ihrer kommunikativen und kognitiven Funktion ist die Sprache ein notwendiges Mittel zur Entwicklung aller Fähigkeiten der Persönlichkeit, wie Denken, Wollen, Gefühle, Einstellungen, Überzeugungen, Verhaltensweisen, u. a. m.*«
(Brumme u. a. 1984, S. 12). Die übergreifende Aufgabe der mutter-sprachlichen Förderung im Kindergarten ist »*die Befähigung der Kinder zur Verständigung in zusammenhängender Rede*« (Brumme u. a. 1984, S. 26). Diese Fähigkeiten sollen im Kindergarten durch das Vorbild der Erzieherin und durch sprachliches Handeln entwickelt werden, indem die Kinder entsprechende Aufgaben lösen. Damit Kinder den späteren Anforderungen der Schule gerecht werden können, also lesen und schreiben lernen, sind im Vorschulalter die hierfür notwendigen Voraussetzungen zu schaffen:

→ »ein angemessenes Niveau der Sprachentwicklung,
→ das Verständnis für die Schrift als Träger von Bedeutungen und das Bedürfnis, lesen und schreiben lernen zu wollen, sowie
→ *das differenzierte Wahrnehmen und Erfassen der Sprache als Gegenstand der Tätigkeit und Aneignung*« (Brumme u a. 1984, S. 18).

In dem Sachgebiet Muttersprache, das für alle Altersstufen von herausragender Bedeutung war, sollte die Sprachentwicklung der Kinder in allen Dimensionen gefördert werden. Zentral waren die Entwicklung des lautrichtigen und deutlichen Sprechens, die Erweiterung des Wortschatzes der Kinder und der grammatikalisch richtige Gebrauch der Sprache. Dabei sollte die Erzieherin sich einen Überblick über die sprachliche Entwicklung der Kinder ihrer Gruppe verschaffen (Lautbildung, deutliche Aussprache, grammatisch richtiges Sprechen, sprachliche Aktivität), um danach Maßnahmen für die Gruppe oder einzelne Kinder festzulegen. Am Beispiel der Entwicklung von Sprechfertigkeiten für die Gruppe der Drei- bis Vierjährigen soll der methodische Ansatz dargestellt werden.

> *Entwicklung von Sprechfertigkeiten*
>
> » → *Unterscheiden verschiedener Stimmen, Geräusche, Klänge und Laute: Tierstimmen und Geräusche von Fahrzeugen und deren Lautstärke bestimmen, nachahmen und zuordnen; Geräusche unterscheiden wie Weckerrasseln, Papierknistern, Ballprellen ... Tätigkeiten wie Klopfen, Klatschen, Trommeln, Stampfen, Klappern, Klingeln sowie Vorgänge im Kindergarten am Geräusch erkennen, nachahmen und zuordnen.*
> → *Genaues Hören: Flüsterspiel*
> → *Üben der Atmung: Pustespiele verschiedener Art [...]*
> → *Üben von Sprechbewegungen: Lecken wie eine Katze; Lippen mit der Zunge ›saubermachen‹; Zähne mit der Zunge putzen; Lippen breitziehen; Lippen flattern lassen; Zunge schnell hin- und herbewegen; [...] schwierige, lustige Wörter sprechen«*
>
> (aus: Ministerium für Volksbildung 1985, S. 38ff.)

Zur Förderung des phonetisch richtigen Sprechens sollten Sprechspiele und Reime eingesetzt werden. Die Alltagssituationen im Kindergarten sollen auch für die Erweiterung des Wortschatzes genutzt werden. In dem Programm heißt es hierzu:

»Die Erzieherin entwickelt die Fähigkeit der Kinder, Handlungen sprachlich treffend und vollständig durch Verben und damit verbundene Wörter wiederzugeben. Sie wirkt dadurch der häufigen Verwendung von »machen« entgegen [...]. Diese Aufgabe verwirklicht die Erzieherin auch bei verschiedenen Tätigkeiten im Tagesablauf, z. B. beim Anziehen: ›Andrea knöpft ihre Jacke zu‹, ebenso mit solchen Verben wie zubinden, zuschnüren, umbinden, überziehen, zuziehen« (Ministerium für Volksbildung 1985, S. 40).

Große Aufmerksamkeit wird der Entwicklung des »zusammenhängenden Sprechens« gewidmet. Hierzu werden Bilderbücher betrachtet, Geschichten nachgestaltet und nacherzählt und das Handpuppen- und Stegreifspiel sowie das Rollenspiel eingesetzt.

Einen besonderen Schwerpunkt bildet die Beschäftigung mit Kinderliteratur (Bilderbücher, Märchen, Reime, Gedichte, Puppen- und Kindertheater), und es wer-

Abb. 20: Bilderbuch »Vater ist mein bester Freund« (Görlich 1978)

den sehr konkrete Angaben gemacht, welche Ziele zu verfolgen und welche Bilderbücher einzusetzen sind. Im Unterschied zu den am Alltagsgeschehen orientierten Sprechübungen und Sprachspielen soll durch die Auswahl von Kinderliteratur ein Beitrag zur sozialistischen Erziehung geleistet werden. In dem Programm heißt es:

»*Die Erzieherin vermittelt die Kinderliteratur in einer solchen Weise, dass die Kinder die literarisch gestalteten Beziehungen der Menschen zu ihrer sozialistischen Heimat, zur Arbeit, zum Frieden und zur Freundschaft mit den Menschen in der Sowjetunion und in anderen sozialistischen Ländern sowie zu den Menschen, die gegen die Feinde der Völker um ihre Freiheit kämpfen, auf der Grundlage ihrer Erfahrungen erleben, gedanklich erfassen und begründet werden. Die Kinder sollen in ihrer Bereitschaft gestärkt werden, sich gegenseitig zu helfen, gemeinsam zu handeln und sich richtiges Verhalten zum Vorbild nehmen*« (Ministerium für Volksbildung 1985, S. 210). Zur Erreichung dieser Zielvorstellungen sollte die im Folgenden kurz charakterisierte Kinderliteratur eingesetzt werden.

Zum Aufgabenbereich »Bekanntmachen mit dem gesellschaftlichen Leben« gehörte auch die Förderung einer akzeptierenden Einstellung zur Nationalen Volksarmee, die auch über Bilderbücher vermittelt werden sollte.

Vom Kampf um den Frieden und von unseren Freunden in der Sowjetunion und von Menschen in anderen Ländern

Die angeführten Erzählungen bereichern die Vorstellungen der Kinder vom Kampf und von der Einsatzbereitschaft der Menschen für den Frieden und für alles Wertvolle in unserem Leben, von der Freundschaft mit Menschen der Sowjetunion und anderer Länder.
»Die Polizeituba« (Gerber, H./Grube-Heinecke, R.: Die Polizeituba. Der Kinderbuchverlag Berlin 1975) gibt den Kindern Einblick in den Kampf der Arbeiter in Vergangenheit und Gegenwart und »Paul und Janni finden Teddy« (Rodrian, F./Zucker, G.: Paul und Janni finden Teddy. Der Kinderbuchverlag, Berlin 1978) den Kampf Ernst Thälmanns. Erlebnisnah verdeutlichen »Vater ist mein bester Freund« (Görlich/Golz; Vater ist mein bester Freund. Der Kinderbuchverlag Berlin 1978) und »Der kleine Kommandeur«, (Geelhaar, A./Zucker, G.: Der kleine Kommandeur. Der Kinderbuchverlag Berlin 1978), wie sich die Menschen für den Schutz unseres sozialistischen Vaterlandes einsetzen.

Durch die kleine Erzählung »Guten Tag, Onkel Lenin« (Kinderzeitschrift »Bummi«: »Guten Tag, Onkel Lenin«, Heft 18/1982) erfahren die Kinder etwas davon, wie es Lenin verstand, die Menschen, auch Kinder, in den revolutionären Kampf einzubeziehen, und durch »Der Serjoschaofen« (Kinderzeitschrift »Bummi«: »Der Serjoschaofen«. Heft 5/1982) davon, wie sowjetische Soldaten nach dem Sieg über die Faschisten Not und Elend bei uns überwinden halfen.

Durch die wirklichkeitsnahen Erzählungen »Vom Bären, der nicht mehr schlafen konnte« (Pludra, B./Meyer-Rey, I.: Vom Bären, der nicht mehr schlafen konnte. Der Kinderbuchverlag Berlin 1978) und »Randi« (Lind, H./Meyer-Rey, I.: Randi. Der Kinderbuchverlag Berlin 1976) erweitern die Kinder ihre Eindrücke über Arbeit und Leben der Menschen in der Sowjetunion. Zur Verbundenheit mit sowjetischen Soldaten und Menschen werden die Kinder anschaulich durch »Wir gehen mal zu Fridolin« (Rodrian, F./Zucker, G.: Wir gehen mal zu Fridolin. Der Kinderbuchverlag Berlin 1980) und »Die große Reise des kleinen Jonas« (Pieper, K./Friebel, I.: Die große Reise des kleinen Jonas. Der Kinderbuchverlag Berlin 1977) motiviert. Einfühlsam werden sie zur Solidarität mit Kindern anderer Länder durch »Antonella und ihr Weihnachtsmann« (Augustin, B./Lahr, G.: Antonella und ihr Weihnachtsmann. Der Kinderbuchverlag Berlin 1975) angeregt (Ministerium für Volksbildung 1985, S. 212).

Etliche dieser pädagogischen Ziele, die weit über das Fassungsvermögen 5- bis 6-jähriger Kinder hinausgehen, zeigen, dass nicht nur das Sachgebiet »Bekanntmachen mit dem gesellschaftlichen Leben« ideologisch ausgerichtet war, sondern dass sich dieses Prinzip auf weite Teile des pädagogischen Programms erstreckte.

Sachgebiet: Entwicklung elementarer mathematischer Vorstellungen

Die Vermittlung elementarer mathematischer Vorstellungen begann in der mittleren Gruppe und wurde dann in der Gruppe der älteren Kinder differenzierter und umfangreicher fortgesetzt. Der folgende Auszug aus dem Programm zeigt, welche Ziele innerhalb des ersten Jahres erreicht werden sollten:

»*Die Erzieherin befähigt die Kinder durch vielfältige praktische Handlungen mit Gegenständen und zunehmend anhand von Wahrnehmungen und Vorstellungen zum richtigen Gebrauch der Zahlen von eins bis zehn, Vergleichen mehrerer Gegenstände nach Länge, Breite und Höhe und zu einfachen Meßhandlungen.*

Die Erzieherin hat die Aufgabe, die Erfahrungen und Kenntnisse der Kinder über quantitative und qualitative Beziehungen zwischen Gegenständen und deren Eigenschaften sowie zwischen Mengen systematisch zu erweitern. Sie fördert das Interesse der Kinder an solchen Beziehungen, ihre Freude am Ausprobieren von Lösungen und ihre geistigen Fähigkeiten. Bei den Kindern sind differenziertes Wahrnehmen und genaues Vergleichen, Aktivität und Beweglichkeit des Denkens auszubilden. Sie sollen die erzielten Ergebnisse sprachlich genau darstellen, begründen und dabei gleiche Sachverhalte in verschiedenen Formulierungen wiedergeben können.

Die Kinder sind zu Sorgfalt und Genauigkeit beim Lösen der Aufgaben zu erziehen. Ihre Fertigkeiten im Umgang mit den speziellen Arbeitsmaterialien sind weiter auszubilden. Durch die Vermittlung der angegebenen Inhalte befähigt die Erzieherin die Kinder, sich besser in der Umwelt zu orientieren und Aufgaben im täglichen Leben selbständiger zu erfüllen« (Ministerium für Volksbildung 1985, S. 142).

Das Programm gab den Erzieherinnen für jedes Quartal detailliert didaktisch-methodische Hilfen, wie diese Ziele durch die systematisch aufgebauten Beschäftigungen zu erreichen sind. Dabei sollten den Kindern »*die Aufgaben interessant und in enger Verbindung mit ihrem Leben*« gestellt werden (ebd.). Dieser methodische Ansatz soll durch die folgenden Beispiele verdeutlicht werden:

»*Die Erzieherin läßt die Kinder aus mehreren Gegenständen alle die auswählen und zusammenfassen, die ein vorgegebenes Merkmal aufweisen, das Ergebnis dieser Handlung mitteilen und die Zusammengehörigkeit der Gegenstände begründen, z. B.: Ich habe alles, was rot ist, herausgesucht und in den Korb getan. Alles andere habe ich nicht genommen, weil es nicht rot ist*« (Ministerium für Volksbildung 1985, S. 143).

Gegen Ende des ersten Quartals ist die Aufgabe schon komplexer: »*Die Kinder wählen aus einem Vorrat von Gegenständen diejenigen aus, die zwei gemeinsame Merkmale aufweisen. Sie werden z. B. aufgefordert, aus dem Baukasten die Bausteine herauszusuchen, die eckig und lang sind*« (Ministerium für Volksbildung 1985, S. 144). Am Ende des Jahres sollen die Kinder fähig sein, »*im praktischen Handeln Mengen von Gegenständen, die sich in ihrer Anzahl um ein bis vier Elemente unterscheiden, zu vergleichen und den Unterschied mit Zahlwörtern anzugeben*« (Ministerium für Volksbildung 1985, S. 147).

Für die ältere Gruppe wird der Zahlenraum bis 10 erweitert, es werden geometrische Formen (Legetäfelchen und Bausteine) eingesetzt. »*Das Vergleichen und Messen von Längen, Breiten und Höhen ist hauptsächlich in Verbindung mit solchen Tätigkeiten durchzuführen wie Bauen, Basteln, dekoratives Gestalten, Gartenarbeit und sportliche Wettbewerbe*« (Ministerium für Volksbildung 1985, S. 241).

In den Anleitungen für die Erzieherin wird besonders hervorgehoben, dass die Verbalisierung dessen, was die Kinder tun und erkannt haben, ein wichtiger Bestandteil bei der Vermittlung elementarer mathematischer Vorstellungen ist. Ein zweiter Hinweis beinhaltet, dass bei diesen Beschäftigungen eine Verknüpfung mit Alltagserfahrungen und dem Spiel erfolgen sollte.

Die Orientierung am »Fach« will Roswitha Haubenreißer überwinden und plädiert dafür, die elementaren mathematischen Inhalte mit anderen Inhalten zu verknüpfen. Wichtig, so meinen die Erzieherinnen Körner und Eulzer, sei der spielerische Umgang mit Zahlen.

»*Spielelemente stimulierten geistige Anstrengungen, auch wenn die Kinder z. B. herausfinden sollten, wie viele von 10 Steinchen in der linken Hand noch verborgen sind, wenn auf der rechten sechs zu sehen sind. Ebenso gern waren die Kinder selbst ›Akteure‹ und ›Aufgabenerfinder‹. Zum Beispiel ließen wir 10 Kinder in einer Reihe ›antreten‹. Dann stellten die Kinder solche Aufgaben: Der 7. in der Reihe klatscht schnell weniger als dreimal. – Das 2. Kind hüpft mehr als viermal u. a. Immer wieder fanden wir bestätigt: Eine bewußte zielgerichtete Aufgaben- und Fragestellung, die Schaffung von Spannungsmomenten, Knobelsituationen und Anwendungsmöglichkeiten im gesamten Tagesablauf erhöhen auch bei der mathematischen Bildung bei allen Kindern das Interesse am Wissenserwerb und die Qualität der Aneignung. Gleichzeitig konnten wir bei allen Kindern Fortschritte hinsichtlich der Lerneinstellung und der Freude am Mitdenken registrieren*« (Körner/Eulzer 1989, S. 264).

Auf die hier dargestellte Weise versuchten Erzieherinnen, über das stark fächerorientierte Curriculum des vorgegebenen Programms hinauszugehen und Lern- und Übungsmöglichkeiten im Spiel und im Alltag zu nutzen und elementare mathematische Vorstellungen handlungsorientiert zu vermitteln.

7.6 Kritik

Noch vor der Wiedervereinigung begann in der »Noch-DDR« eine Auseinandersetzung mit der Kindergartenerziehung. Das Forum für die kritische Diskussion des Programms war seit Anfang 1990 die Zeitschrift »Neue Erziehung im Kindergarten«. Die in Leserzuschriften und Beiträgen vorgetragene Kritik richtete sich in erster Linie gegen das Programm und hier insbesondere gegen den Bereich »Bekanntmachen mit dem gesellschaftlichen Leben«. So kritisierte Uwe Schaarschmidt, Professor an der Akademie der Pädagogischen Wissenschaften der DDR, dass die Pädagogik von einer Art »*Defizitmodell*« ausgegangen sei, »*bei dem das Kind im Sinne eines unvollkommenen Erwachsenen, das Kindsein als ein Durchgangsstadium zum eigentlichen Menschwerden und nicht Teil des menschlichen Lebens mit einem Wert für sich gesehen wird [...]. Autoritärer Erziehungsstil, Entmündigung und Gängelei mit all ihren frustrierenden Folgen für die kindliche Persönlichkeit sind so vorprogrammiert*« (Schaarschmidt 1990, S. 75).

Schaarschmidt schränkte seine scharfe Kritik allerdings mit dem folgenden Satz ein: »*Damit soll nicht gesagt sein, dass all das bisherige Leben in unseren Kindergärten nur Gängelei und Frust war [...]. Denn glücklicherweise hat sich in der Arbeit vieler Erzieherinnen ein natürliches und liebevolles Verhältnis zum Kind auch über wenig kindgemäße Konzepte hinweggesetzt*« (Schaarschmidt 1990, S. 75).

In dem gleichen Heft schrieb Elke Heller, wissenschaftliche Mitarbeiterin für Vorschulerziehung am Zentralinstitut für Weiterbildung: Wir waren »*eingebunden in ein administrativ geleitetes System, das auf die Erziehung und Bildung sozialistischer Staatsbürger vom jüngsten Alter an gerichtet war. Die Ziele und Inhalte der Arbeit im Kindergarten waren prinzipiell von Werten und Normen eines Gesellschaftskonzepts abgeleitet, das sich als nicht tragfähig – ja als Irrweg – für die Entwicklung der Menschen in unserem Land erwiesen hat. Vieles, was von diesen moralischen Wertorientierungen in das Erziehungskonzept des Kindergartens übernommen wurde, stellt sich heute als unrealistisch und einseitig, als überzogen und nicht altersgemäß für die Erziehung kleiner Kinder dar*« (Heller 1990, S. 74).

Im Nachhinein stellte sich zudem heraus, dass das Programm herausgegeben wurde, ohne dass die Anregungen aus der Praxis und wichtige Forschungsergebnisse berücksichtigt wurden. Irmgard Launer, die an der Entwicklung des Programms beteiligt war, schrieb hierzu:

»*So, wie das Programm jetzt vorliegt, ist es überpolitisiert, ein Dokument der Zeit, in der es entstand. Der erste Entwurf wurde im Dezember 1982 am Tisch des damaligen Ministers für Volksbildung (Margot Honecker, Anm. der Verf.) beraten und verworfen. Mit jeder neuen Vorlage gab es weitere Auflagen zur Verstärkung der politischen Erziehung im Kindergarten*« (Launer 1990, S. 29).

Bärbel Sültmann, Mitglied der Forschungsgruppe, deren Aufgabe es war, die vorgegebenen Ziele des Programmteils »Bekanntmachen mit dem gesellschaftlichen Leben« für die Praxis umzusetzen und methodische Handreichungen zu entwickeln, schrieb, dass die Forschungsergebnisse der Gruppe unterdrückt und nicht veröffentlicht wurden und dass das Programm ohne Rücksicht auf die aus der Praxis gewonnenen Erfahrungen rein ideologischen Zielsetzungen folgte. »*Die im Programm ausgewiesenen Ziele und Inhalte übersteigen in allen Bereichen (außer Verkehrserziehung) weit das in unseren Untersuchungen als zweckmäßig Erkannte. Ja, es wurden Ziele und Inhalte im Programm aufgenommen, die auch bei geschicktester didaktisch-methodischer Aufbereitung das Fassungsvermögen von Vorschulkindern übersteigen [...]. Es handelt sich um solch verhängnisvolle Forderungen wie ›von den Feinden, die unser friedliches Leben bedrohen und den Krieg wollen‹ oder ›von den Ausbeutern und Faschisten in der BRD‹«* (Sültmann 1990, S. 294).

7.7 Zur Rolle der Kindergärtnerin

Sowohl während der Ausbildung als auch im Berufsleben wurde vonseiten der pädagogischen Wissenschaft und der politischen Führung immer wieder die »Verantwortung« der Kindergärtnerin betont, die Erziehung im Kindergarten als einen politischen Auftrag zu begreifen. Schon auf ihrem bisherigen Lebensweg hatten die Kindergärtnerinnen ideologische Schulung und Kontrolle kennengelernt. Bereits in der allgemeinbildenden Schule nahm das Fach Marxismus-Leninismus (ML) breiten Raum ein, und auch an der Fachschule für Kindergärtnerinnen wurde dieses Fach gelehrt und geprüft. Damit der »Klassencharakter der Erziehung« im Bewusstsein jeder Mitarbeiterin verankert blieb, fanden regelmäßig marxistisch-leninistische Weiterbildungen statt, zu deren Besuch jede Kindergärtnerin verpflichtet war. »*Für Kindergärtnerinnen (auch alle anderen pädagogischen Berufe) bestand entsprechend ihrer Stellung, Beauftragte des Staates zu sein, die Forderung, auch bei Nichtangehörigkeit einer Partei, an diesen politischen Anleitungen teilzunehmen*« (Höltershinken 1997, S. 124). Die Wirksamkeit dieser Schulungsmaßnahmen wurde sowohl von der Leiterin des Kindergartens (z. T. in Zusammenarbeit mit dem örtlichen FDJ-Sekretär) wie auch der zuständigen Fachberaterin ständig überwacht.

Hierzu berichtete eine Erzieherin rückblickend: »*Ich habe damals, das weiß ich noch, so'n Beschäftigungskurs gemacht über ›Bekanntmachen‹, eben wie das auch so im Programm drinstand, eben über die NVA. Und da kam dann so 'ne Fachkommission und die haben dort eben auch hospitiert. Und das fand ich immer so, dieser Druck, der da immer so kam, von oben, was mich belastet hat*« (Aden-Grossmann 1992, S. 311).

Wie eng oder wie weit die Spielräume bei der inhaltlichen Gestaltung für einzelne Erzieherinnen waren, hing von der Leiterin des Kindergartens ab, wie das folgende Beispiel zeigt: »*Ich muss mal sagen, ich hab als Erzieherin nie dieses Armeespielzeug oder die Politik so groß aufgebaut. Es lag bestimmt auch viel an der Leiterin. Und wenn eine Leiterin verlangte, dass man das machen musste, dann war es wirklich manchmal sehr, sehr schwer, da jetzt einen Mittelweg zu finden*« (Aden-Grossmann 1992, S. 311).

Ob es möglich war, die pädagogische Arbeit weitgehend »unpolitisch« zu gestalten, hing sehr stark von der Persönlichkeit der Leiterin und auch der Fachberaterin ab. Aber schon dadurch, dass der Tagesablauf bis ins Einzelne geregelt war, was viele Erzieherinnen als einengend erlebten, konnte der disziplinierende Charakter der Erziehung nicht aufgehoben werden. Der straff geregelte Tagesablauf, der mit den Kindern schrittweise eingeübt werden sollte, förderte vornehmlich Disziplin und die Fähigkeit, sich in die Gruppe einzuordnen.

7.8 Die Wende

Mit der Vereinigung beider deutscher Staaten am 3. Oktober 1990 wurde die politische Teilung Deutschlands nach 41 Jahren überwunden. Vorausgegangen waren der politische und wirtschaftliche Zusammenbruch der DDR und der von den großen Bürgerbewegungen erzwungene Rücktritt der Regierung unter Erich Honecker. Mit der Wiedervereinigung wurde der Geltungsbereich des Grundgesetzes auf das Gebiet der ehemaligen DDR ausgedehnt und die Verfassung der DDR sowie deren Gesetze außer Kraft gesetzt.

Untergegangen war damit ein Staat, der den Anspruch gestellt hatte, eine sozialistische Gesellschaft aufzubauen, und dessen Gesellschafts- und Bildungssystem dem Marxismus-Leninismus verpflichtet war. Trotz vieler Mängel in der Versorgung der Bevölkerung mit Konsumgütern und einer totalitären und repressiven Machtstruktur von Partei und Staat gab es für den Einzelnen einen festen Rahmen für seine Lebensgestaltung. Dazu gehörten das in der Verfassung verankerte Recht auf Arbeit und der Anspruch auf eine kostenlose Kinderbetreuung in Kinderkrippe, Kindergarten und Hort, für die lediglich ein Essensbeitrag erhoben wurde.

Im Rahmen des Einigungsverfahrens wurde das Kinder- und Jugendhilfegesetz (KJHG) auf das Gebiet der ehemaligen DDR übertragen und trat dort bereits am 3. Oktober 1990 in Kraft, also ein Vierteljahr früher als in den alten Bundesländern. Nach diesem Gesetz ist der Kindergarten eine Angelegenheit der Länder und Gemeinden. Da es zum Zeitpunkt der Vereinigung auf dem Gebiet der DDR noch keine föderative Struktur gab, übernahm der Bund für eine Übergangszeit bis zum 30. Juni 1991 die Kosten für die Tageseinrichtungen, um deren Weiterführung zu gewährleisten.

Bis dahin mussten die Voraussetzungen für die strukturelle Umgestaltung geschaffen werden; d. h., die Länder mussten konstituiert sowie die Landesjugendämter und die Jugendämter in den Kreisen aufgebaut werden. Dann erst konnten die Städte und Gemeinden die Kindergärten als Träger übernehmen. Auch die freien Träger der Jugendhilfe mussten sich erst in den neuen Bundesländern konstituieren, ehe sie Träger von Einrichtungen werden konnten. Die Tatsache, dass durch die Übernahme des KJHG der Kindergarten dem Sozialministerium unterstellt wurde, also nicht mehr – wie in der ehemaligen DDR – dem Bildungsbereich zugeordnet war, erlebten viele Kindergärtnerinnen als eine Abwertung ihres Status und ihrer Arbeit.

Bereits in der ersten Phase nach der Wende schlossen viele Betriebe ihre Betriebskindergärten, weil sie sich rasch dieser unproduktiven Einrichtungen entledigen wollten. War zuvor der Besuch des Ganztagskindergartens in der DDR kostenlos – es musste lediglich ein kleiner Essensbeitrag entrichtet werden – so verteuerte er sich nach dem 30.6.1991 erheblich.

Gegenüber 1988 sank die Geburtenrate in den neuen Bundesländern von etwa 200.000 auf ca. 110.000 im Jahr 1991. Dieser dramatische Rückgang der Geburten, der sich in den folgenden Jahren fortsetzte, führte zu einer verringerten Nachfrage nach Plätzen in Kinderkrippen und Kindergärten und zu einer Überkapazität, die abgebaut werden musste, d. h., die Kommunen mussten in einem erheblichen Umfang Erzieherinnen entlassen und Plätze in Tageseinrichtungen abbauen. »*Von 162.000 Arbeitsplätzen im Jahr 1991 wurden bis ins Jahr 2002 rund 92.000 abgebaut*« (Gebauer, R. 2010).

Unmittelbar nach der Wende 1989 bildeten sich in der DDR »runde Tische«, d. h. Gesprächskreise, an denen sich vor allem Vertreter der Bürgerbewegungen und der Kirchen der DDR beteiligten. Hier wurden in erster Linie allgemeine Probleme der Demokratisierung der Gesellschaft diskutiert. Es gründete sich aber auch ein »runder Tisch«, der sich speziell mit pädagogischen Fragen auseinandersetzte und die inhaltliche Erneuerung aller pädagogischen Einrichtungen und Konzepte forderte.

In diesem Kreis wurden in den ersten Monaten nach der Wende Themen wie das »Menschenbild« und das »Bild vom Kind«, die der Pädagogik der DDR zugrunde gelegen hatten, diskutiert und die Ideologisierung und Kontrolle der pädagogischen Institutionen kritisiert. Aber schon nach wenigen Monaten verebbte in der Öffentlichkeit das Interesse an einer Aufarbeitung der pädagogischen Praxiserfahrungen und der Entwicklungen. In den Vordergrund traten die Sorge um den Erhalt der Arbeitsplätze in den Kinderkrippen, Kindergärten und Horten sowie das Bemühen um die Anerkennung der Berufsausbildungen der Krippenerzieherinnen, Kindergärtnerinnen und Hortnerinnen.

Bereits in den ersten Monaten nach dem Fall der Berliner Mauer und dem Zusammenbruch der DDR wurden zunächst die ideologischen Teile des »Programms zur Bildungs- und Erziehungsarbeit im Kindergarten« und kurz darauf das gesamte Programm außer Kraft gesetzt. Dies führte bei vielen Eltern und Erzieherinnen einerseits zu Verunsicherung, denn nun waren sie konfrontiert mit der Pluralität von Kindergartenkonzepten und neuen Strukturen. Andererseits eröffneten sich neue Möglichkeiten der Gestaltung.

Die politischen Ereignisse während der Wende veranlassten viele Erzieherinnen, über ihre Position und Rolle nachzudenken und ihre Erfahrungen zu verarbeiten. In einem 1991 geführten Gespräch wurde deutlich, wie eng der Zusammenhang zwischen dem Nachdenken – dem »Umdenken«, wie es eine Erzieherin ausdrückte – und der Entwicklung eines neuen pädagogischen Konzepts war.

»*Jede Erzieherin hat ihre Kinder beobachtet, und dabei haben wir festgestellt, dass die Konzentration der Kinder eben nicht gut entwickelt war. Die Ursachen können sehr unterschiedlich sein. Z.B. der Konsum von Fernsehen und Video, das ist nun alles auf die Kinder eingeströmt [...]. Und bei Maria Montessori haben wir eigentlich das gefunden, was uns interessiert [...]. Die reine Montessori-Pädagogik wollen wir nicht, aber den Teilbereich Konzentration. Das Material ist sehr teuer, das Geld dafür hatten wir nicht, aber wir haben ja gelernt, aus ganz wenigen Dingen was zu machen, weil das ja vor der Wende so war [...]. So waren wir eben erfinderisch und haben viele Dinge, die die Konzentrationsfähigkeit der Kinder entwickeln, selbst gemacht, immer mit dem Blick zu Maria Montessori*« (Grossmann 1992, S. 313).

Eine andere Erzieherin thematisierte ihre Rolle im Gesellschaftssystem der DDR und bezog auch die veränderten Lebensumstände der Kinder in ihre Überlegungen mit ein: »*Es war so ein Umdenkungsprozess. Jeder musste für sich selber nachdenken. Ich habe lange gebraucht, um mit mir selber ins Reine zu kommen. Auch die ganze Situation in der Familie, man ist in der Partei gewesen, das sind alles Dinge gewesen, über die man nachdenken musste. Ich habe ja früher auch gedacht, vielleicht ist es doch gut und richtig, was gemacht wird [...]. Wir haben lange gebraucht, dass jeder erst mal selber mit sich ins Reine kam und vor allen Dingen, wir haben uns in diesem einen Jahr auf unsere Kinder auch sehr stark konzentriert, herausgefunden, was interessiert eigentlich unsere Kinder, was wollen die [...]. Wir gehen eben vom Kind aus, so ist eigentlich unser neues Konzept entstanden*« (Grossmann 1992, S. 313).

Die letzten Zitate zeigen, dass die Abkehr von den zentralisierten Vorgaben und der ideologisierten Erziehung eine Errungenschaft der friedlichen Revolution von 1989 war, die den Weg frei machte für eine Reform des Kindergartens.

8.
Montessoris Konzeption einer Elementarerziehung

Die selbständige Erziehung des Kindes.
in dem Montessori-Kinderheim in Berlin-Lankwitz.

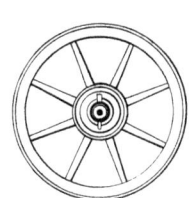

8. Montessoris Konzeption einer Elementarerziehung

Abb. 21: Maria Montessori (1870-1952)

Die pädagogischen Schriften der italienischen Ärztin Maria Montessori (1870-1952) haben in der ganzen Welt Verbreitung gefunden und zu Gründungen von Montessori-Schulen und Kinderhäusern geführt.

Allein in Deutschland bestehen etwa 600 Kinderhäuser, d. h. Kindergärten, die nach den pädagogischen Grundsätzen und Methoden von Maria Montessori arbeiten.

Maria Montessori kritisierte den Drill, die Reglementierung und die Unfreiheit der Erziehung in den Schulen ihrer Zeit. Im System von Belohnen und Strafen erkannte sie die Mittel, mit denen aus unterdrückten Kindern gehorsame und unterwürfige Bürger gemacht würden. Sie setzte dem ihre Forderung nach einer Erziehung ohne Zwang entgegen, durch die die Kräfte des Kindes sich entfalten können. Von diesen humanistischen Ideen ausgehend, entwickelte sie eine Erziehungslehre, die insbesondere durch ihre vielfach erprobten Methoden kognitiver Förderung eine große Verbreitung gefunden hat. Sie betont, dass die Pädagogik sich nicht auf philosophische Spekulationen verlassen dürfe, sondern sich bemühen müsse, ihre Erfahrungen und Experimente wissenschaftlich zu begründen.

In den folgenden Abschnitten werden wir uns mit dem sozialen Engagement Montessoris für die Erziehung und Förderung des soziokulturell benachteiligten Kindes beschäftigen, mit ihren pädagogischen Grundsätzen der Freiheit, Unabhängigkeit und Selbstständigkeit des Kindes sowie mit dem von ihr entwickelten didaktischen Material. Daran schließt sich die Diskussion der Kritik an, die von Vertretern der Pädagogik Fröbels an Montessori geübt wurde.

8.1 Die soziale Aufgabe der »casa dei bambini«

Aus Anlass des hundertjährigen Jubiläums des ersten 1907 gegründeten Kinderhauses wurde Montessoris Einweihungsrede nach der kritischen italienischen Neuausgabe von 2000 neu übersetzt. In der Erläuterung von Harald Ludwig heißt es: »*Das soziale Pathos der Frühzeit Maria Montessoris kommt in diesen Ausführungen noch besonders deutlich zum Ausdruck. Pädagogische Erneuerung versteht sie als Beitrag für eine umfassende soziale Reform der Gesellschaft mit dem Ziel der Schaffung menschenwürdiger Lebensbedingungen für alle*« (Ludwig 2009, S. 25).

Maria Montessori hat im Stadtteil San Lorenzo in Rom die »casa dei bambini« geschaffen, eine Einrichtung für Kinder zwischen drei und sechs Jahren, vergleichbar unseren heutigen Kindertagesstätten.

Die Kinderhäuser waren ein Teil des Sanierungsprogramms der »Römischen Gesellschaft für zweckmäßiges Bauen«. Diese Gesellschaft hatte in einem Stadtviertel Roms 58 Häuser mit insgesamt 1.600 Wohnungen erworben, die alle in den achtziger Jahren des 19. Jahrhunderts erbaut waren und keinerlei sanitäre Einrichtungen enthielten. Montessori beschreibt in ihrer Rede anlässlich der Eröffnung des zweiten Kinderhauses in San Lorenzo im Jahr 1907 anschaulich die sozialen Verhältnisse vor der Sanierung:

»Von Zeit zu Zeit verschaffen uns Zeitungsberichte Einblicke in dieses Leben: Eine mehrköpfige Familie schläft in einem einzigen Raum, mit Kindern beiden Geschlechts, während eine andere Zimmerecke von einer Fremden bewohnt wird, die nächtliche Herrenbesuche empfängt. Dies sehen die Mädchen und Jungen und es entbrennen unanständige Leidenschaften zwischen den Betten. Schließlich kommt es zu Blutvergießen, welches für einen flüchtigen Moment einen winzigen Bestandteil von so viel angehäufter Armut enthüllt« (Montessori 2009, S. 27).

Montessori beschrieb dieses Wohnviertel als *»den menschlichen Müllhaufen der Stadt«*. *»In diesem Viertel lebten Arbeiterfamilien gleich neben Verbrechern, Prostituierten und solchen, die in äußerstes Elend geraten waren«* (Montessori, zit. n. Böhm 1971, S. 9).

Durch das Sanierungsprogramm wurde die außerordentlich enge Bebauung durch Abriss von Gebäuden aufgelockert, sodass es in den verbleibenden Gebäuden genügend Luft und Licht gab. Ferner wurden die großen Wohnungen geteilt, sodass jede Familie eine eigene Wohnung erhielt, *»um somit radikal das quälende Problem der Untermiete zu bekämpfen samt seiner verheerenden Folgen, wie der engen Zusammenballung und der damit verbundenen Immoralität«* (Montessori 2009, S. 32). Nach der baulichen Sanierung von zunächst vier Häusern wurde den Mietern die Auflage erteilt, für die Pflege und Instandhaltung des Hauses selbst zu sorgen.

Geradezu euphorisch beschreibt Maria Montessori die positiven Entwicklungen: *»Die Menschen erwerben zusammen mit der Freude am eigenen Heim das Bewusstsein für Reinlichkeit, welches unabdingbar zum ästhetischen Bewusstsein dazugehören sollte. Dies wird unterstützt durch den natürlichen Schmuck in den Wohnungen, die vielen Pflanzen sowie die Bäume und Palmen in den Innenhöfen. Man sieht – einen neuen Stolz im Viertel aufkommen: den gemeinsamen Stolz darüber, ein besser gepflegtes Wohnhaus zu haben und somit eine höhere Stufe in der Gesellschaft erreicht zu haben«* (Montessori 2009, S. 33).

Da in der Regel beide Elternteile arbeiteten, blieben die Kinder im vorschulischen Alter sich selbst überlassen und wurden zu *»unverständigen kleinen Vandalen«* (Montessori 1930, S. 55). Um diesem Problem zu beggenen, wurden in jedem der vier Häuser die Kinder zwischen drei und sieben Jahren in einem großen Saal gesammelt und von einer Lehrerin unterrichtet. Maria Montessori übernahm 1907 die Leitung und nannte sie »casa dei bambini« (»Kinderhaus«).

Das Kinderhaus wurde indirekt von den Mietern finanziert. Da sie die Instandhaltung des Hauses selbst übernahmen, konnte die Gesellschaft das dafür vorgesehene Geld für die Kinderhäuser verwenden. Daher war der Besuch des Kinderhauses unentgeltlich. Den Müttern wurde allerdings die Verpflichtung auferlegt, die Kinder sauber in das Kinderhaus zu schicken und wenigstens einmal wöchentlich mit der Leiterin über ihre Kinder zu sprechen. Für eine intensive Verbindung von Kinderhaus und Familie wurde dadurch Sorge getragen, dass die Erzieherin im Hause wohnte. »*Dies ist eine Tatsache von sehr großer Bedeutung. Unter diesen nahezu wilden Leuten, in Häusern, wohin bei Nacht niemand unbewaffnet zu gehen wagte, lehrt nicht nur, sondern lebt das gleiche Leben wie die Bewohner, eine gebildete Frau, eine Lehrerin von Beruf, die ihre Zeit und ihr Leben dem Dienst ihrer Umgebung widmet*« (Montessori 1930, S. 56).

Die Schule ist also in das Haus verlegt und wird noch dazu zum Eigentum der Gemeinschaft. Das »*Kinderhaus ist nicht nur ein passiver Zufluchtsort für die Kinder, sondern eine richtige Schule, deren erzieherische Methoden von den Prinzipien der wissenschaftlichen Pädagogik inspiriert sind. Die physische Entwicklung der Kinder wird vom anthropologischen Gesichtspunkt aus verfolgt und Übungen, die die Sprache, die Sinne und das alltägliche Leben betreffen, bilden die Basis ihrer Unterrichtung*« (Montessori 2009, S. 35).

Bereits 1907 sagte Montessori, dass die wirtschaftlich-soziale Entwicklung die arbeitende Frau dazu aufrufe, ihren Platz im sozialen Leben einzunehmen. Durch die Einrichtung von Kinderhäusern werde also die Aufgabe der Mutter innerhalb des Hauses vergesellschaftet. Montessori schwebte vor, in den Häusern weitere Gemeinschaftseinrichtungen zu schaffen wie eine Krankenstation, eine Gemeinschaftsküche, Leseräume u. a. »*Die Umgestaltung des Hauses muss also die unmöglich gewordene ständige Anwesenheit der Frau, die arbeiten gehen muss, kompensieren*« (Montessori 2009, S. 39). Sie verstand das Kinderhaus als einen ersten Schritt zur Sozialisierung des Hauses.

Das Kinderhaus war also nicht eine von den Familien entfernte Bildungseinrichtung. Es gab – durch die unmittelbare Einbettung in die sozialen Beziehungen der Familie am Wohnort – die Möglichkeit, auf die Familien einzuwirken und das Interesse der Mütter an der Erziehung und Pflege der Kinder zu wecken. Die Mütter konnten das Kinderhaus jederzeit besuchen und das Leben ihrer Kinder dort beobachten. Dadurch sollten die Mütter angeleitet werden, die Erziehung ihrer Kinder weiterzuführen, wenn sie in die Schule kommen würden. Die Mütter waren z. T. Analphabeten, und als ihre Kinder im Kinderhaus lesen lernten, bemühten sie sich, es ebenfalls von ihren Kindern zu lernen.

Zu dem sozialen Programm gehörte auch die Kontrolle der körperlichen Entwicklung der Kinder. Die Lehrerin stellte regelmäßig Größe und Gewicht der Kinder fest und badete sie einmal wöchentlich, was bei einer Gruppe von 50 Kindern keine Kleinigkeit war. Die Untersuchungen durch den Schularzt bezogen sich auf den körperlichen Gesamtzustand (Neigung zu Rachitis, frühe Lähmungserscheinungen, Sehvermögen usw.). Sodann hatte der Arzt u. U. auch therapeutische Maßnahmen zu ergreifen und die Mütter in der Pflege und Ernährung der Kinder zu beraten.

8.2 Die pädagogischen Methoden im Kinderhaus

Als Grundlage der Pädagogik Montessoris ist ihr Ziel zu nennen, die Unabhängigkeit und Selbstständigkeit der Kinder in jeder Hinsicht zu fördern. Sie kritisierte die herkömmliche Erziehung, in der Kinder dadurch unselbstständig gehalten würden, dass die Erwachsenen sie tendenziell wie ein Objekt behandelten, nicht aber wie einen Menschen, den man achten sollte. »*Wir neigen dazu, die Kinder als Puppen anzusehen, und daher waschen wir sie und geben ihnen zu essen, als wären sie unsere Puppen […]. Die Mutter, die ihrem Kind zu essen gibt, ohne jedes Bestreben, es zu lehren, wie man den Löffel selbst hält und ihn zum Munde führt, oder ihm dies vorzumachen, ist keine gute Mutter. Sie versündigt sich an der angeborenen Würde ihres Kindes*« (Montessori 1930, S. 93). Die »Übungen des täglichen Lebens« dienten anfangs vor allem dem Ziel, über die Kinder auf die Eltern und deren Lebensweise einzuwirken. Erst später wurde es Montessori bewusst, dass mittels dieser Übungen auch die Koordination der Bewegungen geübt sowie die Konzentrationsfähigkeit und soziale Kompetenz gefördert wurde.

Montessori forderte, die Würde des Kindes zu achten; daher verboten sich Lohn und Strafe in der Erziehung. Ähnlich wie auch Fröbel stand sie auf dem Standpunkt, dass das Kind nach Freiheit und Kraft aus seinem Inneren strebe. Nun hatte sie es im Kinderhaus durchaus auch mit vernachlässigten Kindern zu tun, die teilweise auch Verhaltensstörungen zeigten. Wie verhielt sich die Erzieherin, wenn ein Kind störte?

Störende Kinder wurden von den anderen abgesondert, an einen Tisch in der Ecke des Zimmers gesetzt, von wo aus sie die anderen Kinder sehen konnten. Sie erhielten die Materialien, mit denen sie sich gern beschäftigten. Diese Maßnahme sollte keinesfalls den Charakter einer Strafe erhalten. Vielmehr nahm man an, dass das Kind innerlich nicht so geordnet sei, um sich sozial angepasst verhalten zu können. Die Ruhe, sich allein beschäftigen zu können, und die liebevolle Zuwendung der Erzieherin sollten dem Kind helfen, innerlich geordnet und zufrieden zu werden. Montessori, das sollte hier eingefügt werden, hatte sich keiner psychologischen Richtung angeschlossen. Sie hatte vielmehr aufgrund ihrer Erfahrungen als Ärztin und ihrer pädagogischen Modellversuche eigene psychologische Anschauungen entwickelt, in denen der Begriff des »innerlich geordneten Kindes« eine zentrale Rolle spielte. Über die Maßnahmen, die dem Kind helfen sollten, die Fähigkeiten zum gesellschaftlichen Zusammenleben zu entwickeln, schrieb sie: »*Das abgesonderte Kind wurde immer mit besonderer Sorgfalt behandelt, fast als ob es krank wäre. Und wenn ich selbst das Schulzimmer betrat, ging ich gleich auf ein solches Kind zu und war zärtlich zu ihm, als ob es ein ganz kleines Kind wäre […]. Ich weiß nicht, was in der Seele der Kinder vor sich ging, die wir einer besonderen Zucht unterwerfen mussten, jedenfalls war aber die Besserung immer vollständig und anhaltend*« (Montessori 1930, S. 98).

8.3 Raumgestaltung und die Beschäftigungsmittel

Die pädagogische Arbeit im Kinderhaus beginnt mit der Einrichtung der Räume. Wenn in ihnen Kinder zu Unabhängigkeit und Selbstständigkeit geführt werden sollen, müssen alle Einrichtungsgegenstände den kindlichen Proportionen entsprechen und auf seine Bedürfnisse abgestimmt sein. Damals waren in den meisten Kleinkindereinrichtungen festgeschraubte Bänke und Tische üblich. Man war der Meinung, dass alles besonders fest und stabil sein müsse, damit es durch Ungeschicklichkeit oder Mutwillen der Kinder nicht zerbrochen würde. Montessori hingegen möblierte die Kinderhäuser mit beweglichen kleinen Tischen und Stühlen, mit niedrigen Waschbänken, die es den Kindern erlaubten, alle häuslichen Verrichtungen selbst zu tun. Disziplin hieß nun nicht still sitzen und ruhig sein, sondern mit Geschicklichkeit und Rücksichtnahme tätig werden.

Auch bei ihrem didaktischen Material ging Montessori davon aus, dass es nur dann gut und gelungen war, wenn das Kind damit selbsttätig lernen konnte. Das Montessori-Material ist über den Kreis von Montessori-Schulen hinaus bekannt geworden und hat in viele Kindergärten, Schulkindergärten und Vorschulklassen Eingang gefunden, die sonst nicht nach der Montessori-Methode arbeiten. Fehler und Irrtümer des Kindes bei der Anwendung des Materials kann das Kind meist selbstständig erkennen und durch wiederholte Versuche korrigieren. Andernfalls helfen die Eingriffe der Erzieher, mit ihm die »richtige«, eindeutige Verwendung zu üben.

Abb. 22: Montessori-Material: Waage
Foto: Aden-Grossmann

Abb. 23: Montessori-Material: Glöckchen. Die Kinder haben die Aufgabe, zwei Glöckchen gleicher Tonhöhe zu finden.
Foto: Aden-Grossmann

Eine Gruppe von Materialien diente der Übung der Sinne (Tastübungen, Erziehung des Geschmacks- und Geruchssinns, Übungen der Wahrnehmung, Erziehung des Gehörsinns). Als erstes Beispiel wähle ich die Übungen mit den Einsatzfiguren. Zehn kleine Holzzylinder, deren Basis stufenweise um etwa 2 mm abnimmt, werden in entsprechende Öffnungen in einen Block gesetzt. Das »Spiel« besteht darin, dass die Zylinder herausgenommen, gemischt und wieder in die passenden Öffnungen eingesetzt werden müssen. Der Wert der Übung besteht im Unterscheiden des körperlichen Umfangs der einzelnen Zylinder. Ein Kind kann dabei selbst kontrollieren, ob es die Übung richtig macht. »*Die Selbstverbesserung leitet das*

Kind dazu an, seine Aufmerksamkeit auf die Unterschiede des Umfangs zu lenken und die verschiedenen Stücke miteinander zu vergleichen. Gerade in diesem Vergleich liegt die geistig-sinnliche Übung« (Montessori 1930, S. 161). Nach den Feststellungen Montessoris wiederholten die Kinder in der Regel die Übungen einige Male, bis sie sicher beherrscht wurden, dann hatten sie das Interesse verloren.

Viele Kinder sind durch ihre Umgebung einer akustischen Reizüberflutung ausgesetzt und daher erscheinen Übungen zur Sensibilisierung des Hörens besonders wichtig und aktuell. Materialien hierfür sind Geräuschdosen, Glocken und Geräuschkisten. Hierzu ein Beispiel aus jüngster Zeit:

Zwei Geräuschekisten sind mit identischen Gegenständen ausgestattet, mit denen verschiedene Geräusche erzeugt werden können, z. B. kleine Glöckchen, Schlüsselbund, Spitzer und Bleistift, Kugelschreiber, Holzwürfel, zwei Holzstäbe, Alufolie, Plastikfolie, Papier. Die im Folgenden beschriebene Übung ist ein Partnerspiel.

»Zunächst wird dem Kind der Inhalt der Kiste näher vorgestellt und die entsprechenden Geräusche werden gemeinsam ausprobiert. Danach setzen sich beide Rücken an Rücken, vor jedem steht eine Kiste. Einer beginnt, mit einem Material ein Geräusch zu erzeugen, der andere hört aufmerksam zu und nimmt aus seiner Kiste den entsprechenden Gegenstand und ahmt das gleiche Geräusch nach. Klingt es identisch, werden beide Gegenstände hoch gehoben und visuell verglichen« (Scherbel/Ulitzka 2009, S. 215).

Das Montessori-Material ist also kein Spielzeug, mit dem das Kind wieder und wieder spielt, sondern es ist Lehrmaterial, das so konzipiert ist, dass die Lehrerin nicht ständig eingreifen muss, sondern die Selbsttätigkeit des Kindes im Vordergrund steht.

Abb. 24: Gleichgewichtsübungen im Montessori-Kindergarten, Berlin um 1920

Auch in der »intellektuellen Erziehung« (Montessori) des Kindes soll mit größter Einfachheit vorgegangen werden. Hierbei geht es wie bei der Erziehung der Sinne darum, dass die Aufmerksamkeit des Kindes isoliert auf einen Gegenstand gelenkt wird. Der erste Schritt ist die »Namensgebung«. So berührt z. B. die Lehrerin die glatte und anschließend die raue Karte und sagt dazu: »Das ist glatt, das ist rau.«

In der nachfolgenden Probe soll die Lehrerin herausfinden, ob das Kind Namen und Sache assoziiert. Sie fragt also: »Welches ist glatt, welches ist rau?« Das Kind deutete auf den jeweiligen Gegenstand. Macht das Kind hierbei Fehler, so darf es nicht verbessert werden, sondern die Lehrerin unterbricht den Unterricht und nimmt ihn ein andermal wieder auf. Montessori lehnt die Verbesserung ab, weil hierin ein unausgesprochener Tadel liegt, der das Kind möglicherweise entmutigt.

Bereits vierjährige Kinder lernen nach den Methoden Montessoris lesen und schreiben. Mithilfe von Buchstaben aus Sandpapier können die Kinder tastend die Umrisse erfassen, Wörter zusammensetzen. Da Schreibübungen gleichzeitig vorgenommen werden, können die Kinder überraschend schnell lesen und schreiben. Die Kombination von Wahrnehmung und Tasten hatte Montessori durch ihre Arbeit mit lernbehinderten Kindern kennengelernt, für die Zwecke des Kinderhauses übernommen und dabei den Erfordernissen angepasst. Montessori baute ihre Methode so aus, dass sie nicht auf Kinder im vorschulischen Alter beschränkt blieb; aus den Kinderhäusern sind Montessori-Schulen entwickelt worden, in denen ähnliche Prinzipien gelten wie im Kinderhaus, auf die wir in diesem Zusammenhang aber nicht näher eingehen können.

Nach Montessoris Methode dürfen die Kinder das Material nur nach dem ihm innewohnenden Zweck gebrauchen. Verwenden sie es fantasiemäßig, dann werden die Kinder ermahnt, wie der folgende Bericht zeigt.

Hilde Hecker war eine deutsche Kindergärtnerin, die, aus der Erfahrung des Fröbelschen Kindergartens kommend, in Rom 1914 an einem Kursus teilnahm, der von Maria Montessori für die Einführung ihres Materials und ihrer Methode abgehalten wurde. Zu den Vorträgen und Diskussionen gehörten auch Hospitationen in Kinderhäusern. »*In den verschiedenen Häusern der Kinder in Rom hatte ich beim Hospitieren manchesmal gesehen, dass die Kinder dort auch das Material zum Spiel nahmen, und ihre Phantasie stark in spielende Tätigkeit trat. Ich sehe da z. B. einen kleinen Jungen vor mir, der die Blöcke mit den Einsatzzylindern ausgeleert hatte, alle Zylinder beiseite nahm und die beiden dicksten als Räder unter den Block legte, und diesen strahlend als Wagen auf dem Tisch hin und her rollte. Er bekam es von der Leiterin verboten*« (Hecker/Muchow 1931, S. 33).

Die gesamte Erziehung war auf die Realität ausgerichtet, wogegen das freie Spiel kaum Förderung erfuhr. Nelly Wolffheim (1928, S. 72ff.) sah die Geringschätzung des freien Spiels als einen bedeutsamen Irrtum Montessoris an. Auch Heiland stellte fest, dass im Vergleich zu Fröbel die Montessori-Materialien »*über die Sinne den Intellekt in seiner Konzentrationsleistung aktivieren (sollen). Die vorbereitete Umgebung wiederum wiederholt alltägliche Realität, isoliert einzelne Funktionen wie zum Beispiel die Schnür- und Knöpfübung. Die Phantasie spielt bei Montessori kaum eine Rolle*« (Heiland 1991, S. 87).

In den 1920er-Jahren gab es eine lebhafte Diskussion darüber, ob die Kleinkinderziehung nach den Grundsätzen Fröbels oder Montessoris auszurichten sei. Man versuchte in einem Kindergarten in München herauszufinden, mit welchem Material sich die Kinder lieber beschäftigten. In diesem Kindergarten wurde den Kindern die Möglichkeit gegeben, zwischen Fröbel- und Montessori-Material auszuwählen. Dabei stellte sich heraus, dass die Kinder sich ungefähr dreimal häufiger dem Fröbel-Material zuwandten. Über den allgemeinen Eindruck im Montessori-Zimmer hieß es:

»*Am häufigsten fanden sich jene Kinder ein, die durch ihre ganze Veranlagung zu intensiver, konzentrierter Arbeit neigen, ferner ruhebedürftige, nervöse Kinder, da die kleine Gruppe […] und die Stille im Raum ihnen zusagte […]. Die Schulreifen kamen, um sich mit den ›schweren Sachen‹ zu beschäftigen, wie sie sagten; sie meinten dabei die geometrischen Figurenkarten und Formen, die Farbschattierungen, die Glocken; die jüngeren kamen des Würfelturms und der Stangen wegen […]. Im allgemeinen konnte zur Zeit des größten Arbeitseifers große Ruhe unter den Kindern beobachtet werden. Lärm, laute Geräusche wurden als Störung empfunden, besonders von nervösen Kindern […]. Nach der konzentrierten Arbeit schienen die Kinder in Illusionsspielen nach Anregungen aus dem Fröbel-Zimmer Erholung zu suchen und zu finden*« (Lex 1932, S. 209).

Dieser Vergleich ergab, dass mit den verschiedenen Materialien unterschiedliche Bedürfnisse der Kinder befriedigt werden konnten. Das Montessori-Material förderte eher die intellektuelle Entwicklung der Kinder, nach der sie auch verlangten, wogegen ihre emotionalen Bedürfnisse eher mit dem Fröbel-Material befriedigt werden konnten. Trotz der hier aufgezeigten Unterschiede zwischen Fröbel und Montessori gibt es im Grundsätzlichen eine Gemeinsamkeit: Beide begreifen es als Aufgabe der Erziehung, das Kind in der Selbstkonstituierung seiner geistigen Entwicklung zu unterstützen.

8.4 »Hilf mir, es selbst zu tun«

Die Anwendung des Montessori-Materials und die Befolgung des Prinzips der Unabhängigkeit und Selbstständigkeit des Kindes erforderte eine konsequente Änderung des Verhältnisses zwischen Kind und Erwachsenem. Es verlangte von dem Erwachsenen die Achtung vor dem Kind und den Verzicht auf Zwang und Herrschaft in der Erziehung. Das bedeutete nun aber nicht den Rückzug der Erzieherin, wohl aber größte Zurückhaltung, um die Aktivität des Kindes zu ermutigen und nicht durch die Autorität von Erwachsenen zu lähmen.

»*Sie (Maria Montessori) wollte, dass wir Schatzsucher sind und das Gute in Kindern entdecken. Sie wollte, dass wir Kindern mit der Grundhaltung der Liebe, mit Achtung, Geduld und Respekt begegnen und nicht ihre zarten Seelen zerbrechen. Sie wollte, dass wir Kinder ermutigen, zu freien und selbstständigen Menschen heranzuwachsen […]. Sie wollte, dass wir uns zurückhalten und eine zweite Stelle einnehmen, damit das Kind aktiv sein und sich entfalten kann*« (Klein-Landeck 2009, S. 22).

Um die pädagogische Konzeption Montessoris in die Praxis umsetzen zu können, müssen die Mitarbeiterinnen in den Kinderhäusern zusätzlich zu ihrer Qualifikation als staatlich anerkannte Erzieherin oder Sozialpädagogin über das Montessori-Diplom verfügen, das durch eine umfassende berufsbegleitende Zusatzausbildung erworben wird. Die Kurse werden von der Deutschen Montessori Gesellschaft e. V., der Montessori-Vereinigung e. V. oder der Heilpädagogischen Vereinigung e. V. angeboten und nach gemeinsam vereinbarten Standards durchgeführt.

In der Montessori-Klasse gibt es kaum eine gemeinsame Unterweisung der Kinder. Der Unterricht – auch für die pädagogische Arbeit mit Kindern im vorschulischen Alter spricht Montessori von Unterricht – erfolgt meist individualisierend. Die Kinder wählen das Material, mit dem sie arbeiten wollen, und die Lehrerin greift nur ein, wenn die Kinder Hilfe benötigen. Über die Arbeitsweise gibt am besten folgende Schilderung Auskunft:

»Da sehen wir vierzig kleine Wesen, im Alter von drei bis sieben, ein jedes emsig mit seiner Arbeit beschäftigt; das eine ist an einer der Übungen für die Sinne; ein anderes nimmt eine arithmetische Übung vor; wieder ein anderes hantiert mit den Buchstaben; hier wird gezeichnet, dort werden Stoffe auf die kleinen hölzernen Rahmen befestigt, oder von ihnen abgenommen, dort wird abgestaubt. Manche sitzen an den Tischen, andere auf Matten auf dem Boden […]. Die Lehrerin geht ruhig umher und zu jedem Kind hin, das ihr ruft« (Montessori 1930, S. 322).

Nicht Tadel oder Ermahnungen hatten diese »Zucht« (Montessori) bei den Kindern hervorgebracht, sondern die Arbeit mit dem Material. Die Lehrerin soll im Hintergrund bleiben, soll eigentlich passiv sein und dennoch mit größter Aufmerksamkeit die Kinder beobachten. Sie soll nur dann eingreifen, wenn Kinder das Material nicht in der vorgesehen Weise handhaben. So gilt das Motto: Hilf mir, es selbst zu tun.

8.5 Zur Bedeutung Montessoris

Obwohl sich die Montessori-Bewegung in der ganzen Welt ausgebreitet hat – weltweit gibt es 22.000 Montessori-Einrichtungen –, gibt es in Deutschland nur etwa 600 Kinderhäuser. Allerdings hat das Montessori-Material in viele Kindergärten und Vorschulklassen Eingang gefunden, ohne dass zugleich ihre pädagogischen Methoden und Haltungen übernommen wurden. Eine Kritik an der Montessori-Pädagogik bezieht sich vor allem darauf, dass durch die Betonung der intellektuellen Stimulierung das freie Spiel sowie die Förderung der Kreativität entschieden zu kurz komme. In Montessoris Konzeption fehlen ebenfalls weitgehend Spiele, in denen durch die Interaktion in der Gruppe soziales Lernen ermöglicht wird.

Die Pädagogik Montessoris, die einen sehr entschiedenen Schwerpunkt in der Förderung benachteiligter Kinder hatte, wird in Deutschland nur in z. T. recht teuren privaten Einrichtungen gepflegt und ist damit in der Regel nur Kindern aus der gehobenen Mittelschicht zugänglich.

9.
Der Waldorfkindergarten

9. Der Waldorfkindergarten

9.1 Die Anziehungskraft der Waldorfpädagogik

Freie Waldorfschulen und -Kindergärten erfreuen sich etwa seit Mitte der siebziger Jahre einer wachsenden Nachfrage, die zu zahlreichen Neugründungen geführt hat. Von 1974 bis 1981 hat sich die Zahl der Schulen nahezu verdoppelt, die Zahl der Schüler stieg von 11.500 auf ca. 32.000 und es gab 130 Waldorfkindergärten (Ullrich 1986, S. 238). 1986 waren es bereits 100 Schulen mit rund 43.500 Schülern sowie 238 Kindergärten (Berichtsheft des Bundes freier Waldorfschulen 1986, S. 22). Bis 2011 stieg die Zahl der Waldorfkindergärten auf 546.

Suchen wir nach den Gründen, warum sich zunehmend mehr Eltern für die Waldorfpädagogik interessieren, so treffen wir vor allem auf eine veränderte Einstellung gegenüber der staatlichen Schule. Barz (1984) interpretiert den großen Zulauf als »*eine Flucht vieler Eltern vor der staatlichen Schule und ihrem beinahe schon sprichwörtlichen ›Schulstress‹*« (Barz 1984, S. 157). Auch Ullrich (1986) sieht einen Zusammenhang zwischen der Bildungsreform, die stark auf eine strukturelle und curriculare Reform ausgerichtet war, in erster Linie eine Verwissenschaftlichung des Unterrichts anstrebte, und der parallel dazu steigenden Nachfrage nach Waldorfkindergärten und -schulen. Viele Eltern wenden sich von der »verkopften«, leistungs- und wettbewerbsorientierten öffentlichen Schule ab und suchen in alternativen Einrichtungen nach einer ganzheitlichen Pädagogik, in der – wie es die Reformpädagogik ausdrückte – »Kopf, Herz und Hand« gleichermaßen gebildet werden.

»*Waldorfpädagogik kennt kein anderes Lehrziel als die Hilfe zur Entfaltung der eigenen menschlichen Anlagen. Von außen oktroyierte Lehrziele, wie stufenweise vorgeschrieben der beste Staatsbürger, der beste Christ oder Wirtschaftstreibende entstehe, verhindern gerade dieses charakterliche Lernergebnis. Vom Kind ausgehen, sogar individuell in jeder Klasse und nicht auf abstrakte Programme Erwachsener hin ausrichten, ist allein menschengerecht, praxis- und lebensnah. Daraus folgt, dass Waldorfpädagogik auf die volle Entfaltung der Persönlichkeit und nicht auf die bloße Wissensvermittlung ausgerichtet ist*« (Rössel-Majdan 1984, S. 22f.). Mit dieser pädagogischen Zielsetzung und der darin enthaltenen Wertorientierung ist die Waldorfpädagogik insbesondere auch für jene Eltern attraktiv, die den neuen sozialen Bewegungen nahe stehen.

Barz (1984) vergleicht die Waldorfpädagogik mit der Reformpädagogik und kommt zu dem Ergebnis, dass sich in den folgenden zentralen Bereichen Übereinstimmungen ergeben, die es gerechtfertigt erscheinen lassen, Rudolf Steiner »*in die reformpädagogische Bewegung einzuordnen*« (Barz 1984, S. 34), auch wenn dies von anthroposophischer Seite nicht so gesehen wird:

»*Das pädagogische Programm wurzelt in einer umfassenden Kulturkritik.*
- → Die Erziehung orientiert sich an einer neuen Sicht des Kindes, eine Pädagogik ›vom Kinde aus‹ wird angestrebt.

- → Die Bedeutung der Kunst als Erziehungsmittel wird ganz groß geschrieben. Die Tätigkeit des Erziehens wird zum künstlerischen Problem.
- → *Erziehung soll den ganzen Menschen erfassen. Ganzheitliche Menschenbildung lautet das Paradigma*« (Barz 1984, S. 21).

Rudolf Steiner, Gründer der anthroposophischen Bewegung, hat schon in seinen Vorträgen und Schriften vor dem Ersten Weltkrieg die theoretischen Grundlagen seiner Pädagogik formuliert. Eine Gelegenheit zur praktischen Umsetzung ergab sich aber erst 1919, als er die Leitung der von Emil Molt, Inhaber der Waldorf-Astoria-Zigarettenfabrik, gegründeten Waldorfschule übernahm. Die Schule begann mit 253 Schülern, davon 150 Kinder der in der Waldorf-Astoria-Zigarettenfabrik beschäftigten Arbeiter (Deuchert 1986, S. 79). In der neuen Schule sollten eine »*neue Unterrichtsmethode, Unterrichtsbehandlung, eine neue Erziehungsmethode und Erziehungsbehandlung*« entwickelt werden. Als Privatschule sollte sie unabhängig von staatlichem Einfluss sein. Bis heute orientiert sich die Waldorfschule an dem von Steiner entwickelten Modell:

- → Waldorfschulen sind äußerlich nicht differenzierte Einheits-/Gesamtschulen.
- → Als Privatschulen mit besonderer pädagogischer Prägung haben sie eigene Lehrpläne und Unterrichtsmethoden entwickelt, in denen sie sich an dem anthroposophischen Menschenbild und seinen Entwicklungsvorstellungen orientieren.
- → Die Schülerpersönlichkeit soll ganzheitlich gefördert werden; d. h. theoretische, künstlerisch-musische und handwerklich-praktische Fächer stehen gleichberechtigt nebeneinander.
- → Es gibt in der zwölfjährigen Waldorfschule keine Zensuren und keine Versetzungen im herkömmlichen Sinne.
- → In einer eigenen Ausbildungsstätte werden Lehrer und Erzieher für die Arbeit in Waldorfschulen und -kindergärten ausgebildet. Die Ausbildung orientiert sich an der Lehre Rudolf Steiners.

Die erste Waldorfschule hatte noch keinen Kindergarten, was vorwiegend finanzielle Gründe hatte und von Rudolf Steiner außerordentlich bedauert wurde. »*Es ist mir daher ein immer ganz besonderer Schmerz gewesen, daß wir für die Stuttgarter Waldorfschule erst Kinder bekommen können, die schon das in Mitteleuropa als schulpflichtig bezeichnete Alter erreicht haben. Es wäre mir eine tiefe Befriedigung, wenn auch schon das jüngere Kind in die Freie Waldorfschule hereingenommen werden könne*« (Steiner 1985, S. 120).

Erst 1926 gründete Elisabeth M. Grunelius, die zuvor als Lehrerin an der Waldorfschule gearbeitet hatte, den ersten Waldorfkindergarten in Stuttgart. Sie gilt daher als die »Urmutter« des Waldorfkindergartens.

Aus erziehungswissenschaftlicher Sicht befassten sich Barz (1984) und Ullrich (1986) kritisch mit der anthroposophischen Pädagogik. Hermann Ullrich (1986) setzt sich »*kritisch mit dem philosophischen und wissenschaftlichen Geltungsanspruch der Erziehungslehre Steiners*« auseinander und kommt dabei zu dem Ergebnis, »*daß der Glaube, man verdanke Steiner eine theoretisch gültige Grundlegung der Ziele, Inhalte und Methoden der Erziehung, fallengelassen werden muß. Ungeachtet dieser theoretischen Schwächen wird aber der Praxis der Waldorfpädagogik eine eigene pädagogische Dignität zugestanden*« (Ullrich 1986, S. 7).

Zu einer vergleichbaren Einschätzung gelangt auch Barz, wenn er in seiner Darstellung des Waldorfkindergartens abschließend feststellt, daß »*die praktischen Erziehungsvorstellungen der Waldorfpädagogik trotz ihrer spekulativen Grundlagen einer wissenschaftlichen Überprüfung über weite Strecken standhalten*« können (Barz 1984, S. 137). In Konsequenz dieser Einschätzung liegt die Frage nahe, »*ob es berechtigt ist, die Praxis der Waldorfpädagogik von ihrem ideologischen Überbau abzukoppeln und als nützliche, praktisch brauchbare Erziehungstechnologie zu interpretieren*« (ebd.). Barz meint, daß sich die Praxis auch unabhängig von der Anthroposophie verstehen und begründen lasse, dass aber die »*Anthroposophie als kontinuitätsstiftende Glaubensgemeinschaft*« eine wichtige Rolle spiele, denn ohne sie »*wären Entfaltung, Überwintern (während der Zeit des nationalsozialistischen Verbots) und Ausbau der Waldorfpädagogik nicht möglich gewesen*« (ebd., S. 139).

Sicherlich liegt eine wichtige Funktion der anthroposophischen Bewegung darin, Orientierung und Kontinuität zu schaffen. Wesentlich scheint mir aber auch zu sein, dass das von der Anthroposophie entworfene Menschenbild die pädagogische Haltung des Erziehers begründet, sodass die Praxis von der Theorie nicht abgekoppelt werden kann.

9.2 Die anthroposophische »Menschenkunde« und »Entwicklungslehre«

In seiner kritischen Auseinandersetzung mit der Anthroposophie Rudolf Steiners schreibt Ullrich: »*Die Anthroposophie Rudolf Steiners stellt kein einheitlich systematisiertes, widerspruchsfreies Gedankengebäude dar, obwohl dies von Steiner und seiner Schülerschaft immer wieder behauptet worden ist. Bei gleichbleibender Problemstellung unterliegen die Auffassungen Steiners beträchtlichen Wandlungen, sind Brüche und Neuansätze nicht zu übersehen*« (Ullrich 1986, S. 76).

Ullrich unterscheidet grob drei Perioden in Steiners Denken: eine vortheosophisch-monistische (bis etwa 1900), eine theosophisch-antievolutionistische und ab ca. 1917 eine Wiederanlehnung des Theosophen Steiner an Gedanken der romantisch-idealistischen Philosophie.

Steiner beschreibt die Anthroposophie als einen Erkenntnisweg, der »*das Geistige im Menschenwerden zum Geistigen im Weltall führen möchte, (denn) […] es schlum-*

mern in jedem Menschen Fähigkeiten, durch die er sich Erkenntnisse über höhere Welten erwerben kann« (Steiner, zit. nach Wehr 1977, S. 13). Da die Anthroposophie den Menschen als Teil einer übersinnlichen Welt begreift, will sie auch alles dasjenige erfassen, »was an übersinnlichem Wesen innerhalb dieses Lebens zwischen Geburt und Tod sich auslebt als Zeuge davon, daß der Mensch einer übersinnlichen Welt angehört« (Steiner 1977, S. 11). Hierzu gehört auch die Vorstellung von der Reinkarnation des Menschen.

In einem Vortrag vor Theologen sagte Steiner, dass das »wiederholte Erdenleben« des Menschen nicht etwa ein »Vorurteilsdogma«, sondern gesicherte Erkenntnis der anthroposophischen Geisteswissenschaft sei. »*Im Sinne dieser Erkenntnis leben wir z. B. jetzt in diesem Leben zwischen der Geburt und dem Tode so, daß wir auf der einen Seite in uns haben die Impulse der physischen Vererbung [...]. Aber wir haben außerdem in uns die Impulse, welche den früheren Lebensläufen angehören und dem Leben zwischen dem Tod und einer neuen Geburt. Die Welt, in der wir leben zwischen dem Tod und einer neuen Geburt, schließt nun Fakten ein, die nicht unter dem Gesetz von der Erhaltung des Stoffes und der Erhaltung der Kraft sind*« (Steiner 1921, S. 11).

Diese Bereiche könnten mit naturwissenschaftlichen Methoden nicht erforscht und erkannt werden. Die anthroposophische Geisteswissenschaft respektiert die Erkenntnisse der modernen Naturwissenschaft, akzeptiert aber nicht die durch sie gesetzten methodologischen Erkenntnisgrenzen. Für die »Menschenerkenntnis«, die die wesentliche Voraussetzung jeder Erziehung sei, gilt das naturwissenschaftliche Denken als unzulänglich, weil es das »spirituelle Leben« nicht erkennen könne. »*Diese Naturwissenschaft, sie kann uns Aufschluß geben über das Körperliche des Menschen, sie kann uns Aufschluß geben über den Verlauf der körperlichen, physiologischen Funktionen während des physischen Lebens des Menschen. Aber diese naturwissenschaftliche Erkenntnis, so wie wir sie treiben, indem wir mit äußeren Werkzeugen experimentieren, indem wir mit äußeren Sinnen beobachten, sie hat gerade in der Zeit, in der sie so groß geworden ist, nicht vermocht, in das eigentliche spirituelle Leben des Menschen tiefer hineinzudringen. Das ist kein Tadel, den ich damit aussprechen will; das war die große Aufgabe der Naturwissenschaft*« (Steiner 1956, S. 11).

Intuitives Denken und eine bildhafte Auffassung von der Wirklichkeit gehören zu den Grundzügen der anthroposophischen Geisteswissenschaft, wobei Steiner das Leiblich-Materielle des Mikrokosmos als einen Ausdruck des Übersinnlichen interpretiert.

Durch systematische und konzentrierte Meditationsübungen soll der Mensch zu einer höheren Erkenntnis des Weltganzen gelangen. Dabei versteht Steiner die Meditation als eine »innerliche Forschungsmethode«, die ebenso ausgebildet werden könne wie »*die äußerliche chemische oder astronomische Versuchsmethode*« (Steiner 1985, S. 75). Imagination, Inspiration und Intuition sind dabei aufeinander aufbauende Stufen der »übersinnlichen Erkenntnis« (Steiner 1985, S. 73). Steiner lehnt logisches, naturwissenschaftliches Denken nicht ab, »*aber aufgebaut werden soll auf dieser Intellektualität, auf diesem scharfen Denken, dasjenige, was dann in die spirituelle Welt hineinführt*« (Steiner 1985, S. 42). Die anthroposophische Geisteswissenschaft will die

Kluft zwischen Leben und Erkennen, zwischen Wissenschaft und Kunst, Technik und Ethik überwinden. *»Grundsätzliche Grenzen der Erkenntnis gibt es für den Anthroposophen schon deshalb nicht, weil der Mensch mit seiner Fähigkeit zur Geist-Erkenntnis selbst zum Reich des Geistigen gehört«* (Ullrich 1986, S. 79).

Steiners »Menschenkunde«, die bis heute die Grundlage für die Waldorfpädagogik darstellt, liegt ein dreigliedriges Menschenbild zugrunde: Leib, Seele und Geist. *»So ist der Mensch Bürger dreier Welten. Durch seinen Leib gehört er der Welt an, die er auch mit seinem Leibe wahrnimmt; durch seine Seele baut er sich seine eigne Welt auf; durch seinen Geist offenbart sich ihm eine Welt, die über die beiden andern erhaben ist«* (Steiner 1955, S. 29).

Die Entwicklung des Menschen vollziehe sich in drei mal drei Siebenjahresstufen, in denen ein Schwerpunkt der Entwicklung auf der Entfaltung der leiblichen, seelischen und geistigen Anlage des Menschen liege. *»Die leibliche Entwicklung, das Erziehungsalter, umfaßt die drei Jahrsiebente mit den Übergängen Schulreife (Zahnwechsel), Erdenreife (Pubertät), Lebens- und Schicksalsreife (Mündigkeit). Die seelische Reife wird mit der Entfaltung der Empfindungsseele, der Verstandes- und Gemütskräfte und der Bewußtseinskraft im Jahrsiebt der Lebensmitte beschrieben. Und die mögliche Entwicklung der geistigen Kräfte wird wiederum bis in das Pensionsalter in drei Stufen untergliedert. Die Bedeutung des ersten Jahrsiebents liegt für den Erzieher darin, daß alle über die Sinne vermittelten Eindrücke ›einverleibt‹ werden durch das nachahmende, im Spiel tätig werdende Lernen, weil der Leib als Instrument der Seele und des Geistes gesund heranwachsen soll. Seele und Geist sind vorhanden, aber entfalten sich über die Selbstfindung in der Kindheit und Jugend erst nach und nach. Was in der frühen Kindheit erfahren wird, hat seine Bedeutung für den ganzen Lebenslauf«* (v. Kügelgen in einem Brief an die Verfasserin vom 19.12.1986).

Von Kügelgen war maßgeblich an der Gründung des Verlages »Freies Geistesleben« beteiligt und wurde Schriftleiter der Zeitschrift »Erziehungskunst«. Ferner engagierte er sich zusammen mit Klara Hattermann, einer »Ur-Kindergärtnerin« aus Hannover für die Gründung der Internationalen Vereinigung der Waldorfkindergärten, die 1969 erfolgte (Flinspach 2009, S. 86).

Ähnlich wie das psychoanalytische Persönlichkeitsmodell davon ausgeht, dass frühkindliche Erfahrungen von Bedeutung noch für den Erwachsenen sind, geht auch die Anthroposophie von einer »geschichteten Struktur der menschlichen Seele« aus, wobei auch im Erwachsenen die früheren Stufen der Entwicklung weiter bestehen. *»Der Mensch trägt als erwachsener Mensch durch sein ganzes Leben hindurch die drei Metamorphosen der Seelenkräfte in sich. Auch wenn er glaubt, allein auf der letzter Metamorphose weiterzubauen, bleiben doch auch die früheren Stufen weiter bestehen«* (Lievegoed 1946, S. 84). Deshalb wird auch der ersten Periode bis zum 7. Lebensjahr eine große Bedeutung beigemessen. Von besonderer Bedeutung für die Entwicklung des Kindes zwischen dem 3. und 6. Jahr ist das bildnerische Gestalten. Weil das Kind in dieser Stufe seiner Entwicklung damit beschäftigt ist, sein Weltbild aufzubauen, verspüre es den Drang, dies auch nach außen darzustellen.

Die erste Lebensperiode wird charakterisiert durch eine »*große Offenheit gegenüber der Welt […]. Mit unbegrenztem Vertrauen tritt es der Welt entgegen*« (Lievegoed 1946, S. 12). Im Unterschied dazu erschafft sich das Kind in der mittleren Kindheit eine eigene Welt, »*die Außenwelt dringt höchstens bruchstückweise herein und die Elemente der Außenwelt werden in die eigene Welt aufgenommen und darin umgeformt, bis sie in diese hineinpassen*« (ebd.). Erst in der dritten Periode sucht das Kind die Wirklichkeit, die es erobern will. Lievegoed stellt diese Entwicklungsprozesse in der folgenden Grafik (Abb. 25) dar.

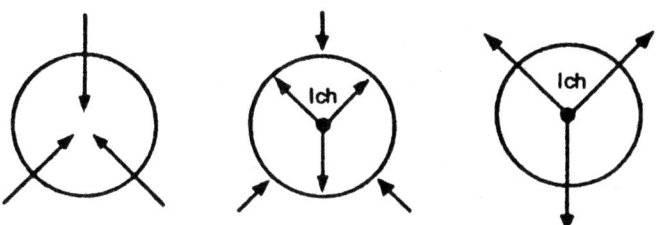

Abb. 25: Entwicklungsprozesse des Kindes (Lievegoed 1946, S. 12)

Mit dieser Grafik will er das Verhältnis des Kindes zur Außenwelt in den verschiedenen Lebensabschnitten verdeutlichen. In der ersten Periode dringen Eindrücke von außen in das Kind ein. In der zweiten Periode ist das Kind eine geschlossene Einheit. Vom Ich-Mittelpunkt aus wirken die Kräfte »*bis an die Peripherie der eigenen kleinen Welt*«. Äußere Eindrücke werden nur aufgenommen, »*nachdem sie einen ›Verdauungsprozeß‹ durchgemacht*« haben. In der dritten Periode ist die Hauptrichtung von innen nach außen. »*Die Außenwelt will erobert und umgeformt werden*« (Lievegoed 1946 S. 13).

9.3 Das Spiel als Entfaltung schöpferischer Fantasie

In diesem Abschnitt wird uns die Frage beschäftigen, wie die theoretischen Grundlagen der Anthroposophie im Kindergarten in pädagogisches Handeln umgesetzt werden sollen. Das folgende Zitat nennt die wichtigsten Elemente der Waldorfpädagogik. Es ist die pädagogische Grundhaltung des Erziehers und enthält eine ganzheitliche Auffassung vom Lernen und vom Spiel, in dem das Kind seine schöpferische Kraft entfalten kann. »*Den Erzieher im Waldorfkindergarten bestimmt die Ehrfurcht vor dem werdenden Menschen, mit dem man nicht experimentieren darf, dessen Lernen im Erleben mit allen Sinnen besteht, dessen Hingabe an das Spiel den Ernst und das Engagement vorbildet, mit dem er später im Beruf und in seinen persönlichen Verantwortungen stehen wird*« (v. Kügelgen 1979, S. 6).

Das Spiel ist die dem Kind eigene Art, sich mit der Umwelt auseinanderzusetzen und Erfahrungen zu verarbeiten. Dem Spiel misst Steiner für die Entwicklung der Intelligenz und des Gefühls große Bedeutung bei, und deshalb ist die Spielförderung eines der wichtigsten Anliegen der Waldorfpädagogik. Mit dem gleichen Ernst, mit dem das Kind in seinen Spielen lebt, kann es sich später als Erwachsener mit seiner Arbeit verbinden. Im Unterschied zur Arbeit des Erwachsenen, die sich in die äußere Zweckmäßigkeit der Welt einfügen müsse, beruhe die Betätigung des Kindes »*auf Impulsen, die aus seinem Innern, seiner Phantasie heraus aufsteigen, ohne daß dabei zweckvolles Handeln anderen Menschen oder der Sprache gegenüber verantwortet werden müßte*« (Jaffke 1983, S. 46).

Im Spiel ahmt das Kind vielfach Erlebnisse und Erfahrungen seiner Umwelt nach, »*und nachahmend ergreift es die Arbeitstätigkeit des Erwachsenen und gestaltet daraus ein zweckfreies Spiel*« (ebd.). Die Waldorfpädagogik betrachtet das Spiel als »*Nachahmung täglicher Erlebnisse, und zwar in ständig sich wandelnder, Neues entdeckender Weise und ohne von einem Zweck bestimmt zu sein*« (Jaffke 1983, S. 50).

Elisabeth M. Grunelius misst dem freien Spiel außerordentliche Bedeutung bei: »*Im Spielen des Kindes lebt eine der wichtigsten Eigenschaften, die schöpferische Phantasie. Sie sollte man hegen und pflegen. Sie bringt Wärme und Innigkeit in das Tun des Kindes und ist seiner Sinnestätigkeit noch eng verbunden und verwandt. In ihrer Sphäre kann das innere Wesen des Kindes walten, da bleibt seine noch leicht träumerische Lebenshaltung bewahrt [...]. Die Handhabung des freien Spiels wird im Kindergarten so ausgeführt, daß je nach Wetter und Jahreszeit den Kindern entweder im Freien oder in den Kindergartenräumen die verschiedenen Spielsachen und Materialien: Sandhaufen, Schaukel und Schaukelpferde, einfache, mit Schafwolle gestopfte Stoffpuppen, Bilderbücher, Buntstifte, leichte Holzgestelle, die sie behängen können, um Spielecken zu bauen, farbige Tücher, Stoffe, Schleier zum Behängen wie auch zum Verkleiden im dramatischen Spiel und so weiter, offen zur Verfügung stehen*« (Grunelius 1980, S. 37).

Die Waldorfpädagogik geht davon aus, dass Kinder einen Nachahmungstrieb haben, wobei sie nicht nur die Handlungen nachahmen, sondern auch die Stimmungen, Gefühle und Einstellungen des Erwachsenen übernehmen. Folglich soll der Erwachsene dem Kind Vorbild sein, und deshalb stellt Kranich fest: »*Nur ein freundlicher, heiterer, interessierter, tatkräftiger und aufrichtiger Mensch wirkt positiv auf die Kinder*« (Kranich 1979, S. 14). Förderung der kindlichen Persönlichkeit ist gleichbedeutend mit der Förderung der Nachahmung; »*d. h. die spontane, von innen sich entfaltende willentliche Aktivität. Das ist völlig unautoritär, Nachahmung kann man nicht befehlen. So hat man denn auch festgestellt, daß Kinder gerade aufgrund des unautoritären nachahmenden Lernens im Gegensatz zu einem autoritär aufgedrängten Verhalten eine besondere innere Selbständigkeit und Persönlichkeitskraft entwickeln*« (Kranich 1979, S. 13).

Sprachförderung durch Nachahmung

Die Waldorfpädagogik lehnt spezielle Sprachförderprogramme ab, denn auch der Sprachentwicklung liegt das Prinzip des nachahmenden Lernens zugrunde. Die Voraussetzung hierfür ist, dass die Erzieher selbst eine reiche und grammatisch differenzierte Sprache sprechen. Erzählen gilt als wirksamer als Vorlesen. Abgelehnt werden Radio und Schallplatte. »*Denn bei diesen technischen Medien befindet sich das Kind in einer abstrakten unnatürlichen Situation, weil ihm die Sprache primär menschliche Äußerung ist und die Wahrnehmung der Sprache zugleich Wahrnehmung bestimmter menschlicher Qualitäten bedeutet*« (Kranich 1979, S. 15). Hingegen fördert das darstellende Spiel die Sprachkompetenz.

Das Kind soll Sinnvolles erleben

Im Sinne einer ganzheitlichen Auffassung des Lernens spielt der Erlebnisbereich eine wesentliche Rolle in der Waldorfpädagogik – ein Gedanke, der auch schon in der Reformpädagogik lebendig war und sich in den Konzepten der Gemeinschafts- und Erlebnisschulen ausdrückte. Sinnvolles Erleben ist dann gegeben, wenn das Kind Handlungen beobachtet, »*bei denen für das Kind der zweckmäßig-sinnvolle Zusammenhang zwischen den einzelnen Teilprozessen einsichtig werden kann. Überschaubaren Handlungen in einer Welt, die mehr und mehr dieses durch Maschinen ersetzt, kommt in der vorschulischen Erziehung besondere Bedeutung zu: Waschen, Backen, auch handwerkliche Tätigkeiten, Nähen, Brotbereiten vom Dreschen über das Mahlen des Kornes bis zum Backen. Es geht hier nicht um eine romantische Handwerksideologie oder ähnliches, sondern um Anschauungen, an denen das Kind im Erfassen des Zusammenhangs in seinem Denken und in seiner Intelligenz angeregt wird*« (Kranich 1979, S. 16). »*Das wird ergänzt durch Besuche bei Handwerkern, Bauern usw. Wenn die Kinder nun das, was sie so erleben und verstehen, nachahmend im Spiel ausgestalten, so ist das kindliche Tun von Sinn und Intelligenz geordnet und durchdrungen. Die Intelligenz lebt da nicht, wie bei verschiedenen anderen Vorhaben zur kognitiven Förderung, losgelöst im Kopf des Kindes, sondern in der willentlichen Tätigkeit und im Erleben, d. h. mit der Persönlichkeit des Kindes verbunden*« (Kranich 1979, S. 16).

Vom Leben lernen

Möglichst viele Tätigkeiten soll das Kind im Lebenszusammenhang beobachten und daran teilnehmen können. Folglich sollen, soweit möglich, die notwendigen Arbeiten in den Kindergartenplan aufgenommen werden. Zum Beispiel: »*Häusliche Arbeiten, wie Kochen, Backen, Spülen, Waschen, Bügeln, Fegen, Wischen, Blumenpflege. Spielzeugherstellung und -pflege: Dazu gehören unter anderem Sägen, Raspeln, Schnitzen, Leimen, Reparaturen jeder Art, Nähen, Stopfen. Gartenarbeit: Graben, Säen, Pflanzen, Gießen, Jäten, Mähen, Ernten. Hinzu kommen Erlebnisse auf Spaziergängen, z. B. Müllautos, Straßenbauer, Holzfäller, Kaminfeger, die Frau in der Heißmangelstube, die Arbeiter in der benachbarten Gärtnerei*« (Jaffke 1979, S. 34).

»*Entsprechend der Auffassung, daß in der ersten Lebensphase die Außenwelt auf das Kind einwirkt und das Kind prägt – die Anthroposophen sprechen von der ›Einverlei-*

bung aller frühen Erlebnisse« – wird der Gestaltung der äußeren Gegebenheiten große Bedeutung beigemessen. Die Umgebung des Kindes soll gesundend, harmonisierend, förderlich gestaltet sein. Besondere Bedeutung habe alles, was durch das Ohr an das Kind herantritt. Was da die Stimme der Mutter, ihr Sprechen oder Singen, der zarte Klang eines Saiteninstruments wie der Leier bewirken können, ist leicht einzusehen. Man braucht sich nur energisch genug in einen Vergleich mit den Geräuschen technischer Übermittlungsgeräte (Radio, Schallplatten) einzufühlen, um zu verstehen, wodurch ein fein nuanciertes Hören gefördert oder verdorben werden kann« (Jaffke 1983, S. 52).

Bis etwa zum 7. Lebensjahr lernt nach Auffassung der Waldorfpädagogik das Kind durch Nachahmung. »Jeder Appell an intellektuelles Lernen erscheint demgegenüber als unsachgemäß verfrüht, ja sogar störend« (Jaffke 1983, S. 47). Im Spiel erwirbt das Kind Grundhaltungen, die später nur unter großen Mühen erlernt werden könnten: »Ordnung, Sorgfalt, Hingabe, Geduld, gute Gewohnheiten, Moralität und Phantasie« (Jaffke 1983, S. 47).

Die Spielstufen

Entwicklungsprozesse des Kindes während des ersten »Jahrsiebts« vollziehen sich in klar aufeinander aufbauenden Entwicklungsstufen: den drei Spielstufen. Auf der ersten Spielstufe bis zum 3. Lebensjahr ahmt das Kind die Handlungen der Mutter nach, ohne deren Sinnhaftigkeit schon zu verstehen. Auf der zweiten Spielstufe vom 3. bis zum 5. Lebensjahr (Fantasiealter) ist die Nachahmung des Erwachsenen ebenfalls der Ausgangspunkt des kindlichen Spiels, das aber nun stärker von der Fantasie des Kindes bestimmt wird. Zur Förderung des Spiels ist es notwendig, dass Kinder in ihrer Umgebung etwas »Sinnvolles erleben«. »*Ein wesentliches Mittel für die Entfaltung des produktiven Denkens und der Intelligenz ist beim Spielen unter der Bedingung gegeben, daß die Kinder aus ihren bisherigen Erlebnissen reichliche Anregungen haben und daß das Material, das ihnen zur Verfügung steht, ihre Tätigkeit nicht einschränkt*« (Kranich 1979, S. 16). Denken und Intelligenz sollen nicht aus ihrer inneren Verbindung zum Erleben gelöst werden. Deshalb lehnt die Waldorfpädagogik z. B. die Arbeit mit den sogenannten logischen Blöcken ab, weil hier einseitig das Denken gefördert wird. Auf der dritten Spielstufe (5. bis 7. Jahr) ist das Spiel noch immer an der Tätigkeit des Erwachsenen orientiert, aber hinzu tritt »*im Kind ein Bild, eine Vorstellung von dem, was es tun möchte*« (Jaffke 1983, S. 50).

Spielzeug

Bei der Herstellung des Spielzeugs für den Waldorfkindergarten wird größter Wert auf die Qualität des Materials gelegt, das auf jeden Fall aus organischen Stoffen gefertigt werden soll. Gegenstände aus dem organischen Bereich bleiben naturbelassen oder wenig geformt.

Erwünscht sind »funktionsfreie« Materialien. »*Funktionsfrei in dieser Welt ist die Natur; insofern sind Naturmaterialien die Gegenstände, die im Sinne der Waldorfpädagogik dem Aktionswillen des Kindes am besten entsprechen. Hierzu gehören z. B. abgesägte und an den Rändern glatt geschliffene Aststücke, Tannenzapfen, Muscheln, Steine, Nüsse, Obstkerne, Kastanien, Eicheln*« (Saßmannshausen 2010, S. 57).

Plastikspielzeug wird grundsätzlich abgelehnt, denn dadurch werde »*der Tastsinn belogen und finde keine Anregung; die Phantasie darbt an der neutralisierten Perfektion des Kunststoffes und prallt an ihr zurück*« (Barz 1984, S. 53).

Abb. 26: Rohmaterial Wolle für die »gestaltende Fantasie« im Waldorfkindergarten Reutlingen

Als wichtig wird angesehen, dass das Material die Tätigkeit nicht einschränkt. »*Wenn dann ein Kind nicht aus Würfeln oder anderen geometrisch geformten Klötzen, die schon durch ihre Gleichförmigkeit ziemlich langweilig und in ihrer Verwendung vorgeprägt sind, sondern aus unregelmäßigen Hölzern und Klötzen, wie man sie bekommt, wenn man dicke Äste oder kleine Baumstämme zersägt, einen Turm oder ein anderes Gebäude baut, so muß das Kind immer wieder neue Probleme lösen. Es befindet sich da in einer interessanten Situation, weil nichts vorgegeben ist. Wenn ein Kind mit solchen zum Teil recht unregelmäßigen Klötzen zu bauen anfängt, kommt es immer wieder zu neuen Situationen, indem etwas abgestützt werden muß, indem etwas ausgesucht werden muß. Wenn das Kind ein Gebäude aus solchen Dingen aufbaut, muß es oft von Situation zu Situation neue Probleme produktiv lösen, ohne dafür Anleitung zu haben*« (Kranich 1979, S. 16).

Vorgefertigtes Spielzeug ist nicht erwünscht, weil es das produktive, problemlösende Lernen nicht genügend fördert. »*Es ist eindrucksvoll, was Kinder leisten können, wenn sie nicht zu sehr vorgefertigte Materialien haben; wenn sie kein Puppentheater haben, sondern ihr Puppentheater selber herrichten, wenn kein Haus da ist, sondern aus einfachstem Material gebaut wird. Gerade dadurch, daß nichts mechanisch verläuft wie z. B. bei dem Zusammenstecken der LEGO-Bausteine, kann das Kind auf seiner Stufe eine geistige Lebendigkeit entwickeln, die durch keines der vorhandenen Programme möglich wird*« (Kranich 1979, S. 16f.).

Wichtigstes Ziel der Waldorfpädagogik ist die Anregung der Vorstellungskraft, der Fantasie des Kindes. Deshalb sollen die Gegenstände nur andeutungsweise realistisch und naturgetreu gestaltet werden. Dies gilt insbesondere für die Puppen. Kranich verdeutlicht dieses Prinzip mit folgendem Beispiel: »*Da wird eine denkbar einfache Puppe durch das Vorstellen, durch die Phantasie zu einem Kinde, dann zu einem König.*

Abb. 27: Interessante Dachgestaltung des Waldorfkindergartens in Essen

Abb. 28: Spielende Kinder vor dem Waldorfkindergarten Stuttgart-Sillenbuch

Gerade dadurch, daß der Gegenstand nicht die naturalistische Wiedergabe eines Kindes oder Königs ist, kann das Kind ganz im inneren Prozeß seine Vorstellungskraft entwickeln. Da fixiert sich das Vorstellen gerade nicht in einer äußeren Endform«, sondern es wird die ›Beweglichkeit des Vorstellens‹ als Voraussetzung der Intelligenzentwicklung gefördert« (Kranich 1979, S. 17).

Die Puppe gilt nicht als ein Spielzeug nur für Mädchen, sondern »*ist für beide Geschlechter notwendig [...]. Die Puppe ist das Bild des Menschen und damit für jedes sich entwickelnde Menschenwesen dasjenige, das am meisten sein eigenes Gestaltwerden in der Phantasie herausfordert und belebt«* (Jaffke 1983, S. 55). Auch hier gilt, dass die einfachste, nur angedeutete Form die die Fantasie am meisten anregende ist und dass folglich die erste Puppe des Kindes eine einfache, nur aus einem Tuch geknotete Puppe sein sollte, denn *»je weniger ein Kind an perfektionierten Dingen bekommt, desto mehr muss es mit eigener Kraft leisten«* (Jaffke 1983, S. 57).

Die Waldorfpädagogik geht von den Entwicklungsbedürfnissen des Kindes aus und versteht sich als eine pädagogische Alternative zu einer von ihr kritisierten Tendenz, die durch die Diskussion um PISA sich abzeichnet – um Standardisierung, Zentralisierung, Prüfbarkeit und Verwertbarkeit von Bildung, wobei die Bedürfnisse der Kinder mehr und mehr aus dem Blick geraten. *»Von den Entwicklungsbedürfnissen der Kinder auszugehen, ist daher nicht nur eine pädagogisch notwendige Alternative, sondern zugleich eine politische Position«* (Eichholz 2009, S. 7).

Wie es für viele »Bewegungen« charakteristisch ist, hat sich auch die anthroposophische Bewegung gegenüber von außen kommenden Einflüssen abgeschirmt, indem sie zu ihrer Selbstverständigung eigene Publikationsorgane schuf, in denen Theorie und Praxis der anthroposophischen Pädagogik diskutiert werden. Das mag einer der Gründe dafür sein, weshalb in pädagogischen Handbüchern und Lexika die Waldorfpädagogik gar nicht oder höchstens am Rande behandelt wird.

Selbstkritisch merkt Schieren an, dass sich die Waldorfpädagogik *»als pädagogische Praxis weitgehend auf wissenschaftlich kaum bearbeitete Vorträge und Schriften Rudolf Steiners und auf die breite Erfahrung einer langen pädagogischen Tradition, nicht aber auf wissenschaftlich vertretbare Forschungen bezieht«* (Schieren 2009, S. 55). Hier bahnt sich nun eine neue Entwicklung an, denn an der Alanus Hochschule, einer staatlich anerkannten privaten Kunsthochschule in Alften bei Bonn, wurde 2010 ein Bachelor-Studiengang für »Elementar- und Handlungspädagogik« eingeführt, der Grundlagen der Waldorfpädagogik »in einer wissenschaftlich fundierten Reflexion« vermittelt. *»Das Kernanliegen der pädagogischen Arbeit besteht darin, den Dialog zwischen Waldorfpädagogik und Erziehungswissenschaft durch die institutionelle Arbeit in Lehre und Forschung zu intensivieren«* (Schieren 2009, S. 55). So könne sich die Waldorfpädagogik aus einer gewissen hermetischen Abgeschlossenheit befreien.

10.
Von den antiautoritären Kinderläden zu den Elterninitiativ-Kitas

10. Von den antiautoritären Kinderläden zu den Elterninitiativ-Kitas

10.1 Die antiautoritäre Erziehungsbewegung

Von den USA ausgehend breitete sich in der zweiten Hälfte der 1960er-Jahre die Studentenbewegung an den Universitäten der Bundesrepublik Deutschland schnell aus. Die Vorbereitung der Notstandsgesetze, die wachsende Aggression im Vietnamkrieg und die gewaltsame Einmischung der USA in Angelegenheiten der Dritten Welt führten zu einem radikalen Protest, in dessen Sog nicht nur die sozialistische Studentenschaft geriet, sondern von dem auch bislang unpolitische oder liberale Studenten erfasst wurden. Das Ausmaß und die Formen des Protestes gingen weit über vergleichbare Protestbewegungen hinaus.

Im Anschluss an die These Marcuses (1967), dass in der Überflussgesellschaft des späten Kapitalismus Triebverzicht und Unterdrückung der Bedürfnisse über das gesellschaftlich notwendige Maß hinaus aufgrund tradierter Forderungen nach gesellschaftlicher Anpassung erzwungen würden, verstand sich die antiautoritäre Bewegung als Negation und Kampfansage an die autoritäre Gesellschaft. Die kritische Gesellschaftstheorie von Adorno und Horkheimer war der Rahmen, in dem die gesellschaftlichen Strukturen analysiert wurden. Demnach waren die Familie und die bestehenden Erziehungssysteme (Kindergarten, Schule, Hochschule und die Formen der betrieblichen Ausbildung) die wichtigsten Träger eines Sozialisationsprozesses, in dem autoritäre Charakterstrukturen erzeugt würden. Die antiautoritäre Bewegung war insbesondere in ihren Anfängen als der kollektive Versuch zu verstehen, sich selbst von den Zwängen erstarrter Institutionen sowie von den durch die Erziehung verinnerlichten Normen und Hemmungen autoritärer Charakterstrukturen zu befreien.

Sichtbarer Ausdruck dieses Versuchs waren die zahlreichen Gründungen von Gegeninstitutionen, in denen – wie in einer vorweggenommenen Utopie – Formen und Möglichkeiten menschlichen Zusammenlebens in einer befreiten, sozialistischen Gesellschaft zumindest ansatzweise sichtbar gemacht werden sollten. Den etablierten Parteien wurde die von allen bekannten Organisationsformen abweichende lockere Formierung der APO (außerparlamentarische Opposition) entgegengesetzt. Die neu entstandenen Kommunen und Wohnkollektive verstanden sich als Alternative zur Familie. Gegen die »Ordinarienuniversität« sollte die »kritische Universität« neue Möglichkeiten des Lernens ohne Zwang aufweisen. Den traditionellen Kindergärten, deren autoritäre Erziehung angeprangert wurde, stellte man das Modell des »antiautoritären Kinderladens« gegenüber.

Die Historikerin Dagmar Herzog schrieb: »*Kinderläden und vergleichbare Experimente zählten zu den größten konkreten Errungenschaften von APO und Studentenbewegung, und obwohl die Zahl der begeistert theoretisierenden radikalen Aktivisten klein blieb, regten die mit der antiautoritären Kindererziehung zusammenhängenden Grundvorstellungen die Fantasie weiter Kreise der Achtundsechzigergeneration sowie viele Liberale aus der älteren Generation an. Die Bewegung veränderte nicht nur die in Kindergärten, sondern auch die in Grundschulen geübte Praxis in der Bundesrepublik und beeinflusste in zahllosen Familien das Eltern-Kind-Verhältnis«* (Herzog 2005, S. 200).

Die Gründung der antiautoritären Kinderläden

Den bundesweit ersten »repressionsfreien Kindergarten« gründete Monika Seifert im Sommer 1967 in Frankfurt und nannte die neue Einrichtung für Kinder im vorschulischen Alter »Kinderschule«. Mit dieser neuen Einrichtung wollte sie in erster Linie eine alternative Erziehung entwickeln und experimentell erproben, deren theoretische Grundlage in der Kritischen Theorie und der psychoanalytischen Pädagogik lag. Sie war die älteste Tochter des Psychoanalytikers Alexander Mitscherlich und seiner ersten Frau Melitta, die ebenfalls eine namhafte Psychoanalytikerin war.

Abb. 29: Monika Seifert, Frankfurt am Main 1976 (Foto: bpk/Abisag Tüllmann)

Als Diplomsoziologin und Absolventin des Instituts für Sozialforschung an der Frankfurter Universität stand Monika Seifert in der Tradition der kritischen Theorie, wie sie von Max Horkheimer, Theodor W. Adorno und Erich Fromm entfaltet wurde. Sie hat sich mit den Forschungen zur Entstehung autoritärer Charakterstrukturen und mit den »Theoretischen Entwürfen über Autorität und Familie« von Max Horkheimer, Theodor W. Adorno und Erich Fromm (1936) befasst. Ferner hat sie sich in einem Zweitstudium mit der psychoanalytischen Theorie und Pädagogik beschäftigt. Sie studierte die Schriften von Wilhelm Reich, dessen Theorie sich von der Triebtheorie Freuds insbesondere dadurch unterschied, dass er annahm, dass Frustrationen die Auslöser für Aggressionen seien, wogegen Freud von der Existenz eines Aggressions- bzw. Todestriebes ausging.

Sprach man anfangs von einer repressionsfreien Erziehung, so bürgerte sich schnell der neu geprägte Begriff der »antiautoritären Erziehung« ein, wobei die Herkunft des Begriffs »antiautoritär« bisher nicht eindeutig geklärt ist. Die Vermutung von Micha Brumlik, dass der Begriff der »antiautoritären Erziehung« auf Monika Seifert zurückgehe, erscheint mir zutreffend (Brumlik 2008, S. 197), wobei sie ihrerseits auf Horkheimer zurückgriff, der den Begriff »antiautoritär« in der Studie zu »Autorität und Familie« bereits 1936 verwandte.

Horkheimer sieht die Familie zum einen »*als Produzentin von bestimmten autoritären Charaktertypen*«, zugleich aber ist die Familie auch ein Ort, wo im Gegensatz zum öffentlichen Leben »*die Beziehungen nicht durch den Markt vermittelt sind und sich die Einzelnen nicht als Konkurrenten gegenüberstehen*« (Horkheimer 1936, S. 63). Die Familie ist aufgrund der durch die Frau bestimmten menschlichen Beziehungen ein »*Reservoir von Widerstandskräften gegen die völlige Entseelung der Welt*« und enthält somit in sich »*ein antiautoritäres Moment*« (Horkheimer 1936, S. 67).

Monika Seifert gab auch den Anstoß dafür, dass sich die antiautoritäre Erziehungsbewegung mit den durch den Nationalsozialismus verbotenen und zur Emigration gezwungenen Pädagogen der 1920er- und 30er-Jahren beschäftigte wie z. B. Anna Freud, Siegfried Bernfeld und Nelly Wolffheim. Um deren Schriften, die nach dem Krieg nicht wieder aufgelegt worden waren, verfügbar zu machen, wurden sie in Raubdrucken publiziert. Seifert-Mitscherlich nannte die folgenden Schriften als besonders wichtige Grundlagen der antiautoritären Erziehung:

- Wilhelm Reich: »Die sexuelle Revolution«, erstmals erschienen 1927
- Paul and Jean Ritter: Free Family, London 1959
- Alexander S. Neill: Erziehung in Summerhill. Das revolutionäre Beispiel einer freien Schule. München 1965

Ein Bestseller war Neills Buch zunächst nicht; dies wurde es erst, als es fünf Jahre später mit dem Titel »Theorie und Praxis der antiautoritären Erziehung« als rororo Sachbuch erschien, wobei nur noch im Untertitel auf Summerhill hingewiesen wurde.

Vorbild für die pädagogische Konzeption und Praxis der »Kinderschule« war außerdem die Kirkdale-School, eine alternative Schule für Drei- bis Zwölfjährige in London, die Seifert während eines Studienaufenthaltes in London kennengelernt hatte. Dort hospitierten auch die ersten Bezugspersonen der »Kinderschule«, wogegen sie die auf dem Land gelegene Internatsschule Summerhill nicht besuchten und folglich Alexander S. Neill nicht begegneten.

Wie auch der Kirkdale-School lag der pädagogischen Konzeption der Frankfurter »Kinderschule« die Theorie der Selbstregulierung von Wilhelm Reich und Alexander S. Neill zugrunde. »*Unser Erziehungsprogramm beruht auf dem Prinzip der Selbstregulierung der kindlichen Bedürfnisse, d. h. das Kind soll in jedem Alter und auf allen Lebensgebieten (wie Essen, Schlafen, Sexualität, Sozialverhalten, Spielen, Lernen u.s.w.) seine Bedürfnisse frei äußern und selbst regulieren können*« (Busche 1970, S. 191). Die Erziehung soll von den Bedürfnissen der Kinder ausgehen und es ihnen ermöglichen, frei von Zwängen heranzuwachsen. Eine freie Erziehung sollte den Kindern Freude am Dasein und eine glückliche Kindheit sichern.

Monika Seifert, die von Oskar Negt die »Mutter der Kinderläden« genannt wurde, fasste ihre pädagogische Konzeption unter den folgenden drei Punkten zusammen:

- »*Das Kind muß sein Bedürfnis frei äußern und selbst regulieren können.*
- *Die Kinder müssen ohne Schuldgefühle – also frei von dem, was wir heute Moral nennen – in funktional begründeter Rücksichtnahme aufwachsen können.*

> *Das Lernen muß primär von den Fragen des Kindes ausgehen und nicht auf einem für das Kind notwendig abstrakt erscheinenden Programm beruhen*« (Seifert 1977, S. 13).

1968, also ein Jahr später als in Frankfurt, wurden auf Initiative des »Aktionsrates zur Befreiung der Frau«, einer Frauengruppe im Sozialistischen Deutschen Studentenbund (SDS), in Berlin ebenfalls alternative Kindergärten gegründet. Die Motivation lag hier primär in dem Emanzipationsstreben der politisch engagierten Mütter, denn nur eine gemeinschaftliche Erziehung ihrer Kinder konnte sie – zumindest teilweise – von ihren Mutter- und Hausfrauenpflichten freisetzen und ihnen die Teilnahme an politischen Aktionen sowie ein Studium bzw. eine Berufstätigkeit ermöglichen.

Für diese neuen Kindergärten mieteten sie leer stehende sogenannte »Tante-Emma-Läden«, weil deren Mieten niedrig waren. Dem neuen Zweck entsprechend nannten die Gründerinnen die neuen Kindertageseinrichtungen »Kinderläden«, und zur Abgrenzung von den herkömmlichen Kindergärten in öffentlicher oder freier Träger erfand man die geschlechtsneutrale Bezeichnung Bezugsperson. Im Unterschied zu den traditionellen Kindergärten arbeiteten in den Kinderläden nicht nur Frauen, sondern auch Männer. Häufig waren es Studenten von den Fachhochschulen für Sozialarbeit oder Sozialpädagogik, die in den Kinderläden ihre Praktika absolvierten.

In den Kinderläden sollten die Kinder antiautoritär für eine freie, sozialistische und demokratische Gesellschaft erzogen werden, denn mit der alternativen Erziehung verband sich der politische Anspruch der Eltern, durch die Erziehung des Kindes einen Beitrag zur Veränderung der Gesellschaft zu leisten. Durch eine freie, triebfreundliche Erziehung sollte das Ich gestärkt werden, damit es flexibel auf die Anforderungen der Realität, des Gewissens (des Über-Ichs in der psychoanalytischen Terminologie) sowie der Partialtriebe, der Abkömmlinge des Es, reagierte. Das Kind sollte befähigt werden, Konflikte zu verarbeiten, anstatt mit traumatischen Frustrationen zu reagieren. Als Ich-Pädagogik wollte die antiautoritäre Erziehung die Voraussetzungen dafür schaffen, dass Menschen die Fähigkeit entwickeln, Widersprüche der Gesellschaft zu erkennen, sich nicht in blinder Anpassung ihren Anforderungen zu unterwerfen, sondern autonom zu handeln.

In der pädagogischen Praxis hat sich aus den Wechselbeziehungen zwischen den artikulierten Bedürfnissen der Kinder und den bereitwillig auf sie eingehenden Bezugspersonen ein bestimmtes Repertoire pädagogischer Angebote entwickelt, wie z. B. Rollenspiele, Feuermachen, Kochen und Backen, Besichtigung von Arbeitsstätten, Malen, Basteln und Werken.

Monika Seifert führt aus, dass Kinder neugierig seien und ihre Lernkapazität größer als bislang angenommen. Sie plädiert dafür, den Kindern möglichst viele Reize und Angebote zu bieten, um das Fragen der Kinder zu fördern. Wer Kinder von Dingen fernhalte, um eine »*fiktive Kinderwelt zu erhalten*« (Seifert 1969b) behindere den Lernprozess.

Ein frühes Dokument zu Konzeptionen und Praxis der Kinderläden ist der vom NDR produzierte Film von Gerhard Bott »Erziehung zum Ungehorsam. Bericht über antiautoritäre Kindergärten«, der im Dezember 1969 in der ARD im Abendprogramm ausgestrahlt wurde. Im Film werden die Unterschiede zu den traditionellen Kindergärten deutlich gezeigt. Die Einrichtung der Räume ist z. B. in der Frankfurter Kinderschule nach den Funktionen unterschieden. So gab es einen Raum zum Toben und für »laute« Spiele sowie einen Raum für stille Beschäftigungen wie z. B. Malen oder Basteln.

In einer Szene in der Frankfurter Kinderschule sieht man, dass Kinder ein Klavier besteigen und über die Tasten laufen, was bei einem großen Teil der Zuschauer heftige Ablehnung hervorrief, wogegen diese Bilder für andere »*zur Ikone der Kinderladenbewegung (wurden). Sie stehen für die Missachtung eines Symbols der Kultur des Bürgertums und seiner Erziehung*« (Baader 2008, S. 26). Was weder im Film noch im Buch berichtet wurde, war die Tatsache, dass das Klavier als Instrument nicht mehr spielbar war und als irreparabel der Kinderschule geschenkt worden war. Töne konnte man ihm kaum noch entlocken, es sei denn, man lief über die Tasten.

Zu den veränderten Erziehungskulturen gehörte auch, dass die Kinder hinsichtlich ihrer emotionalen Äußerungen nicht eingeschränkt werden sollten. Dies galt sowohl für aggressive Äußerungen der Kinder untereinander wie auch für Doktor- und Sexualitätsspiele der Kinder untereinander.

Sexualerziehung

Die Studentenbewegung setzte sich intensiv mit dem Thema Sexualität auseinander und kritisierte die Unterdrückung der Sexualität in der Gesellschaft. Insbesondere die damals neu entstandene zweite Frauenbewegung befasste sich mit der Frage, ob sich die Geschlechtsrolle allein auf den biologischen Tatbestand des »Frauseins« bzw. »Mannseins« reduzieren lasse, ob die Kategorie Geschlecht nicht vielmehr soziologisch zu begreifen sei.

Das Verhältnis von Mann und Frau, die Emanzipation der Frau in der Gesellschaft und die Kritik an der sog. bürgerlichen Sexualmoral waren Ende der sechziger Jahre also zentrale Themen, die auch auf den Elternabenden der Kinderläden heiß diskutiert wurden. Denn im Anschluss an die psychoanalytische Theorie erkannte man die Tatsache an, dass das Kind nicht asexuell ist, sondern dass es eine infantile Sexualität gibt, aus der sich die Sexualität des Erwachsenen in einer langjährigen psychosexuellen Entwicklung herausbildet.

Für eine repressionsfreie Sexualerziehung im Kindergarten gab es keine Erfahrungen oder Vorbilder. Die Folge war, dass Eltern und Bezugspersonen gerade in Fragen der Sexualerziehung sehr unsicher waren, »*denn es ist eine Tatsache, daß keiner der Erwachsenen in unserer grundsätzlich sexual- und lustfeindlichen Gesellschaft ein ungestörtes Verhältnis zur Sexualität entwickeln konnte*« (Kinderschule Frankfurt 1970, S. 54). Daraus resultierte die Forderung, dass die Erwachsenen versuchen müssten »*ihre sexuellen Schwierigkeiten in der ganzen auto-biographischen und gesamt-gesellschaftlichen Komplexität aufzudecken und zu analysieren*«. Ferner sollten sie »*ihre Be-

ziehungen zu den Kindern relativieren, d. h. ihre Fixierungen an das Kind abbauen, um damit die autoritäre Fixierung der Kinder an die Erwachsenen und die Übertragung ihrer sexuellen Problematik auf die Kinder von vornherein zu verhindern [...]. Gerade um jene ungewollten Übertragungen der Erwachsenen auf die Kinder, unbewußte Verschleierungen und Manipulation zu vermeiden, müssen die Erzieher gezielt und bewußt [...] Einfluß nehmen auf die Entwicklung der kindlichen sexuellen Bedürfnisse:
a) *(indem) Fixierungen einzelner Kinder auf einzelne Erwachsene und umgekehrt vermieden werden; (und)*
b) *Gruppenprozesse gefördert werden [...]. Das heißt, daß auch die sexuellen Bedürfnisse und Äußerungsformen der Kinder [...] als Ausdrucksform zwischenmenschlicher Kommunikation eingeübt werden [...]. Wir sind der Ansicht, daß Duldung der sexuellen Aktivitäten nicht ausreicht, um dem Kind [...] zu einer stabilen positiven Entwicklung seiner Sexualität zu verhelfen. Das Kind braucht hier noch mehr als bei allen anderen Aktivitäten (Spiel, Lernen, Essen usw.) die Bestätigung durch den Erwachsenen, die ihm ein Gefühl der Sicherheit gibt«* (Kinderschule Frankfurt 1970, S. 55 f.).

Man versuchte also, nicht wegzusehen, sondern die Verhaltensweisen der Kinder zu beobachten und zu beschreiben. Aus einem Kinderladen in Stuttgart stammt der folgende Bericht:
»*Wir haben Tiere im Kinderladen. Der wiederkehrende Vorgang der Zeugung und vor allem der Geburt (z. B. bei Meerschweinchen) hat heftige Diskussionen unter den Kindern ausgelöst. Woher die Kinder kommen, daß sie im Bauch der Mutter wachsen und der Vater bei der Zeugung beteiligt ist«* (Stuttgarter Kinderladen 1970, S. 33).

Für Erzieherinnen liegt ein besonderes Problem der Sexualerziehung darin, dass sie sich an ihre eigenen Gefühle und Erlebnisse in der frühen Kindheit nicht erinnern können. Daher fällt es Eltern und Erzieherinnen schwer, die Sexuallust der Kinder zu akzeptieren, da für viele Sexuallust mit Schuldgefühlen verknüpft ist. Eine richtig verstandene Sexualerziehung darf sich nicht darauf beschränken, Sexualwissen zu vermitteln, also »aufzuklären«, sondern sie muss sie in die Erziehung insgesamt einbetten.

»*Die kindliche Sexualität kann prinzipiell nicht isoliert von den gesamten anderen Lebensäußerungen des Kindes gesehen werden. Die sexuellen Bedürfnisse und Äußerungsformen des Kindes, die nach psychoanalytischem Terminus als prägenital (d. h. als Vorstufe der Triebentwicklung im Verhältnis zur genitalen Sexualität des Erwachsenen) bezeichnet werden, haben innerhalb der diffusen – nach dem Lustprinzip ausgerichteten – Triebstruktur des Kindes keine bestimmten Ziele; sie spielen im Zusammenhang der kindlichen Gesamtentwicklung keine von anderen Erfahrungs- und Umweltbewältigungsprozessen gesonderte und losgelöste Rolle«* (Kinderschule Frankfurt 1970, S. 53).

Christin Sager stellte fest, dass die Umsetzung der »*psychoanalytischen Theorien zur kindlichen Sexualität in eine pädagogische Praxis den ersten groß angelegten Versuch in diese Richtung*« darstellte. Die Filmszenen, die dies zeigten, riefen eine massenhafte Empörung hervor, denn »*derartige Liberalisierungstendenzen sollten nach wie vor nur für Erwachsene gelten – nicht für unschuldige Kinder. Die Zeit, das Tabu der kindlichen Sexualität zu Fall zu bringen, war noch nicht gekommen. Zwar führte 1968 die Kultusministerkonferenz den Sexualkundeunterricht in den Schulen verpflichtend ein, aber in den Kindergarten gehörten weder ›Nackedeis‹ noch solch ›freudvolle und schmutzige Spiele‹, wie sie dem entsetzten Fernsehpublikum in der Kinderladen-Dokumentation – dargeboten wurden«* (Sager 2008, S. 62).

Dennoch führte die freie Sexualerziehung in den Elterninitiativen in den siebziger Jahren auch in den öffentlichen Einrichtungen zu einer Liberalisierung, wenn auch in den traditionellen Kindergärten und Kindertagesstätten die Sexualität des Kindes nur begrenzt akzeptiert und in vielen Einrichtungen z. B. Nacktheit von Kindern nicht geduldet wird. Obgleich eine repressionsfreie Sexualerziehung nur in den wenigen antiautoritären Kinderläden versucht wurde, misst Christin Sager diesen Ansätzen auch rückblickend eine besondere Bedeutung zu: »*Im historischen Verlauf betrachtet, müssen diese Bemühungen der 68er als Zäsur in der Geschichte der Sexualaufklärung in der Bundesrepublik aufgefasst werden. Bis Mitte der 60er Jahre wurde das Thema Sexualaufklärung sehr repressiv angegangen. Zwar tauchen vereinzelt Hinweise auf die psychosexuellen Entwicklungsstadien auf, aber das Höchstmaß an Verständnis war durch Ignorieren dieser Aktivitäten erreicht*« (Sager 2008, S. 67).

Seit in den 1980er-Jahren die Gefährdung durch Aids ins Bewusstsein trat, erfuhr die Grenze der befreiten Sexualität eine neue Bewertung. Nun trat der Gesichtspunkt, dass das Kind vor den negativen Auswirkungen der Sexualität geschützt werden müsse, hinzu. Stärker noch wirkte sich gegen eine repressionsfreie Sexualerziehung die Debatte um den Kindesmissbrauch aus, wie sie erstmals zum Ende der 1980er-Jahre aufflammte. Insbesondere der seit 2009 bekannt gewordene, sich über Jahre erstreckende sexuelle Missbrauch in kirchlichen Einrichtungen und in der Odenwaldschule, engte die Diskussion zur Sexualerziehung auf den Schutz vor sexuellem Missbrauch ein.

Als während der 68er–Bewegung, ausgehend von der Kommune 2, vereinzelt auch die intergenerative sexuelle Beziehung, also die Beziehung zwischen Erwachsenen und Minderjährigen, als Ausdruck einer befreiten Sexualität propagiert wurde, wurde diese Position auf den Elternabenden der Frankfurter Kinderschule diskutiert, jedoch als unzulässige Grenzüberschreitung von Eltern und Bezugspersonen einhellig und entschieden abgelehnt, weil hierdurch der Erwachsene Macht über das Kind ausübe und die Wahrung der Generationenschranke für eine freie Entwicklung des Kindes eine notwendige Voraussetzung sei.

Heute ist statt der Idee des Auslebens sexueller Bedürfnisse die Aufklärung getreten, die in erster Linie dem Schutz des Kindes dienen soll. »*Die Bemühungen der 68er, die kindliche Lustfähigkeit zu fördern, kann also als historischer Sonderweg betrachtet werden. Mit der Reinszenierung der kindlichen Unschuld ist das Prinzip der sexuellen Lust des Kindes der Abschreckung vor der dunklen Seite der Sexualität gewichen. Kinder sollen nicht primär befähigt werden, ihre Wünsche zu äußern, sondern sich zunächst einmal vor sexuellen Übergriffen zu schützen, indem sie einstweilen nicht lernen, ›JA‹ zu sagen, sondern ›NEIN‹*« (Sager 2008, S. 68).

Umgang mit kindlichen Aggressionen

Von Anfang an bereitete der Umgang mit aggressiven Verhaltensweisen mehr Schwierigkeiten als die Tolerierung kindlicher Sexualität. Als grundsätzliche Orientierung galt auch für den Umgang mit den Äußerungen kindlicher Aggressionen, dass sich Erwachsene nicht einmischen sollten, denn nur so würde es der Gruppe möglich sein, eigene Formen des Zusammenlebens zu entwickeln. Das Prinzip der Selbstregulierung sollte also auch auf den Umgang mit kindlichen Aggressionen angewandt werden.

In einer vergröbernden und oft missverstandenen Rezeption der psychoanalytischen Theorie meinte man, dass das Ausleben der aggressiven Impulse Teil einer gesunden Persönlichkeitsentwicklung sei, wogegen die Unterdrückung der Aggression zu Schuldgefühlen und neurotischen Fehlentwicklungen führe. Welche Konsequenzen diese Prämissen für die pädagogische Praxis hatten, beschreibt Frank Mehler in einer kritischen Auseinandersetzung mit der Praxis der Kinderläden: *»Was also tun, wenn ein Kind ein anderes – oder mehrere ein anderes – schlagen, treten, beißen, Haarbüschel ausreißen? Zu beobachten und zu hören ist immer wieder, daß viele Erwachsene gar nichts machen, sie schauen nur zu. Da können Kinder weinen und schreien, Eltern und Erzieher stehen beobachtend dabei«* (Mehler 1986, S. 29).

Die Folge dieser Erfahrung ist, dass Kinder Angst haben, in den Kinderladen zu gehen, und die Eltern dann versuchen, *»ihre Kinder mit allen möglichen Tricks zum Besuch des Kinderladens zu überreden«* (Mehler 1986, S. 29). Mehler kritisiert die Strategie der Nichteinmischung, da sie den Kindern signalisiere: *»Ich kann euch nicht helfen – schlagt nur weiter. Der Stärkere wird gewinnen«*. In seinem Bericht fügt Mehler noch eine weitere Beobachtung hinzu: Eltern reagierten bestürzt, wenn Kinder im Spiel Aggressionen (z. B. Cowboy und Indianer) darstellten. Der symbolische Umgang mit Gewalt werde anscheinend als bedrohlicher erlebt als der Anblick aufeinander einschlagender Kinder. Dabei gebe der symbolische Umgang mit Gewalt den Kindern Gelegenheit, den Umgang mit aggressiven Fantasien und Ängsten zu erproben, wobei sie auch zwischen symbolischer und realer Welt zu unterscheiden lernten. Zusammenfassend schreibt er: *»Um es auch hier wieder deutlich zu sagen, nicht jeder aggressive Konflikt unter Kindern erfordert die Einmischung durch Erwachsene. Falsch ist aber die Einstellung, daß aggressive Konflikte unter Kindern selbst gelöst werden können. Wenn Erziehung nur Beobachtung und Neutralität bedeutet, sollte man aufhören, von Erziehung zu reden«* (Mehler 1986, S. 29).

Sozialistische Kinderläden

Von Berlin aus breitete sich die Kinderladenbewegung vor allem in den Universitätsstädten Westdeutschlands aus. Träger der antiautoritären Erziehungsbewegung waren mehrheitlich Eltern aus der akademisch gebildeten Mittelschicht sowie Studentinnen und Studenten. Das provozierte 1969 Kritik seitens einiger sozialistischer und kommunistischer Gruppen am Konzept der antiautoritären Erziehung, der sie vorwarfen, dass sie letztendlich nur eine bürgerliche Pädagogik sei.

Gegen die antiautoritäre, sich auf die Psychoanalyse stützende Erziehung erhoben Studenten sozialistischer Gruppen den Vorwurf, dass hierdurch eine weitere Privilegierung von Mittelschichtkindern erfolge. Außerdem werde die Bedürfnisbefriedigung im Kinderladen zur Folge haben, dass »*diese Kinder überhaupt nicht mehr dazu imstande sein können, sich mit der Realität auseinanderzusetzen. Das bedeutet politisch, daß so diese Menschen dann nicht gelernt haben, zu Triebaufschub fähig zu sein, was für langfristig gezielten Widerstand notwendig ist*« (Knirsch et al. 1969), so lautet der Vorwurf auf dem hier zitierten Flugblatt. Die antiautoritäre Erziehung sei somit untauglich für die Erziehung der Arbeiterkinder. Letztlich, so meinten Vertreter dieser Gruppen, sei die Emanzipation des Arbeiterkindes die wichtigste Voraussetzung für eine zu entwickelnde sozialistische Gesellschaft.

Dieser kleinere Teil der Studentenbewegung hatte sich in marxistisch-leninistischen Gruppen zusammengeschlossen, in denen man Erziehungskonzepte für Arbeiterkinder entwickeln wollte. Einen großen Stellenwert in der Diskussion erhielt die Rezeption des kommunistischen Pädagogen Edwin Hoernle (1883-1952). Hoernle, ein ehemaliger Theologe, hatte sich in den zwanziger Jahren in zahlreichen Aufsätzen mit Fragen der sozialistischen Erziehung auseinandergesetzt. Er begriff die Erziehung als eine Funktion der Gesellschaft, und in der Klassengesellschaft sei sie also eine Funktion der herrschenden Klasse.

Die Wechselwirkung zwischen politischen Auseinandersetzungen und Erziehung sollte nicht allein ein theoretisch analysierbares Verhältnis bleiben, sondern in der täglichen Praxis der erzieherischen Arbeit sollte dieser Bezug für die Erzieher und zu Erziehenden hergestellt werden. Konsequenterweise lehnte Hoernle Erziehungsexperimente ab, die nicht mit politischer Praxis – und das hieß für ihn mit einer proletarischen Bewegung – verbunden waren. Hoernle vertrat die Auffassung, dass die gesamte erzieherische Arbeit in den Händen der Kommunistischen Partei liegen sollte.

Diese dogmatische Forderung, die sich die K-Gruppen, also ein sehr kleiner Teil der Studentenbewegung, zu eigen machte, dass neben der KP keine autonomen Erziehungsorganisationen bestehen dürften, ist bereits in den zwanziger Jahren von Wilhelm Reich kritisiert worden. Dieser vertrat die Auffassung, dass die Bindung von Erziehungsorganisationen an eine Partei im Grunde die autoritäre Erziehung fortsetze.

In der Analyse zur Situation des proletarischen Kindes berief sich Hoernle zwar auf Otto Felix Kanitz (1925), aber im Gegensatz zu Kanitz, der das proletarische Kind auch als ein von seinen proletarischen Eltern unterdrücktes Kind beschrieb, behauptete Hoernle, dass es zwischen den Interessen des Proletarierkindes und denen des Proletariats keinen Gegensatz gebe. Hoernle vernachlässigte die psychologische Dimension der Eltern-Kind-Beziehung sowie das Machtverhältnis zwischen dem Erwachsenen und dem Kind vollständig.

Über die Umorientierung eines Teiles der antiautoritären Bewegung zum Marxismus-Leninismus und über die Konsequenzen für die Erziehungsbewegung schrieb Lutz von Werder: »*Nicht mehr die klassenunspezifische Revolte assoziierter Einzelner und ihre erzieherische Stützung konnte nun das Ziel der revolutionären Erziehung sein. Revolutionäre Erziehung mußte als Teil der Wiederaufnahme des Klassenkampfes begriffen werden«* (v. Werder 1972, S. 14).

»Politische Sozialisation«

Als organisatorische Konsequenz erfolgte die Gründung proletarischer Kinder- und Schülerläden in einigen Berliner Arbeiterbezirken, deren pädagogisches Konzept an die Erfahrungen der Kinderfreunde-Bewegung (Löwenstein) und der kommunistischen Pädagogik (Rühle, Hörnle) anknüpfte. In einem Thesenpapier wurde der Umzug eines Kinderladens von einem bürgerlichen Wohnviertel in Berlin-Schöneberg in einen Arbeiterbezirk wie folgt begründet:

»*Einige sozialistische Gruppen haben aber inzwischen erkannt, daß die Arbeit in Kinder- und Schülerläden […] politisch erst relevant werden kann, wenn es gelingt, große Zahlen von Arbeiterkindern zu mobilisieren und zu organisieren. Sozialistische Projekte im Erziehungssektor und im Sozialbereich können sich darum nicht auf Erziehungsexperimente unter Laborbedingungen beschränken. Sie müssen im Wohn- und Lebensbereich der Arbeiterfamilien selbst entwickelt werden*« (Sozialistischer Kinderladen Berlin Kreuzberg 1970, S. 64).

In der Forschung über politische Sozialisation unterscheidet man zwischen manifester und latenter politischer Sozialisation: »*Unter latenter politischer Sozialisation versteht man all die Sozialisationsprozesse, die nicht unmittelbar, aber mittelbar die Entstehung bestimmter politischer Einstellungen und Verhaltensweisen beeinflussen könnten, also im Grunde alle Einflüsse, die während der Kindheit auf das Kind einwirken. Demgegenüber versteht man unter manifester politischer Sozialisation die Beeinflussung des Kindes durch unmittelbar politische Einflußfaktoren wie etwa politische Symbole (Fahne des Landes, Freiheitsstatue etc.), Einstellungen der Eltern und Lehrer zu politischen Parteien oder unmittelbaren Gegenständen*« (Nyssen 1971, S. 37).

Für die latente politische Sozialisation war die psychoanalytische Erziehung im Kinderladen eine notwendige Voraussetzung, insofern sie Angstfreiheit und kritisches Urteilsvermögen anstrebte. Jedoch muss sich die latente politische Sozialisation mit manifester politischer Sozialisation verbinden, um sich langfristig auf die politischen Einstellungen von Kindern und Eltern auszuwirken.

Gegen die politische Sozialisation im Kinderladen ist zu Recht der Vorwurf der »Indoktrination« erhoben worden. Hierzu schreibt Bott: »*Es gibt vereinzelt Kinderläden, in denen Vierjährige ehrfürchtig Mao-Sprüche auswendig lernen müssen, wie Kinder in katholischen Kindergärten Bibelsprüche lernen und zum Beten angehalten werden. In beiden Fällen wird indoktriniert, d. h., Kinder werden gezwungen, unkritisch die Ideologie der Erzieher zu übernehmen*« (Bott 1970, S. 11).

Indoktrination ist strikt abzulehnen, jedoch will ich betonen, dass eine Erziehung ohne die Vermittlung von Werturteilen undenkbar ist. Kein Erzieher sollte sich wertneutral verhalten; es geht dabei vor allem darum, dass eigene Werturteile transparent gemacht werden. Erst wenn der Erzieher mitteilt, was er für gut und wahr bzw. für schlecht und unwahr hält, ermöglicht er den Kindern, sich mit seinen Werturteilen auseinanderzusetzen.

Lernen, also auch politisches Lernen, sollte von den Erfahrungen der Kinder ausgehen. Da aber Kinder kaum von sich aus einen Bezug zwischen ihren Erfahrungen und dem Gesellschaftssystem herstellen können, sind der politischen Erziehung enge Grenzen gesetzt. So rät denn Nyssen, »*lieber auf manifeste politische Sozialisation zu verzichten, als in reinen Politik-Unterricht abzugleiten*« (Nyssen 1971, S. 38).

Ein entscheidender Unterschied zwischen den antiautoritären und den proletarischen Kinderläden bestand darin, dass die antiautoritären Kinderläden Selbsthilfeprojekte waren, wogegen die proletarischen Kinderläden von Studenten für Arbeiterkinder gegründet wurden. Es gelang in diesen Projekten nicht in ausreichendem Maß, die Eltern für die Initiative zu aktivieren und zu organisieren. Schon die Notwendigkeit, einen Verein zu gründen, eine Geschäftsordnung zu verabschieden und bei verschiedenen Ämtern um eine Betriebserlaubnis nachzusuchen, erfordere, wie Heinz Grossmann (1971) ausführte, von den Eltern gewisse »*bürokratische Erfahrung*« und war geeignet, »*Arbeiter ohne die berufliche Formalbildung*« fernzuhalten.

Finanzierung

Lange bevor eine Staffelung der Kindergartengebühren nach den Einkünften der Eltern eingeführt wurde, war dies in den Kinderläden üblich. So erhob der Berliner Kinderladen Suarezstraße einen Beitrag von fünf Prozent des elterlichen Einkommens, mindestens aber 50,00 DM. Zur Finanzierung reichten die Elternbeiträge jedoch keinesfalls, sodass durch Elterndienste (Kochen, Putzen, Betreuung der Kinder) Kosten eingespart werden mussten.

Anfangs haben die Jugendämter keine finanzielle Unterstützung gewährt. Hierzu ein Beispiel: Zur finanziellen Unterstützung wandte sich Reinhart Wolff als Vertreter des Sozialistischen Kinderladens an das Bezirks-Jugendamt, das riet, einen Antrag auf Erteilung einer Pflegeerlaubnis für eine Tagespflegestelle zu stellen. Daraufhin wurde vom Kinderladen ein ausführlich begründeter Antrag gestellt, der mit Zustimmung des Jugendwohlfahrtsausschusses am 3. Juli 1970 mit folgender Begründung abgelehnt wurde:

»*Eine Betreuung von Kindern durch ihre Eltern in eigens dafür angemieteten Räumen bedarf in Ihrem Fall keiner Pflegeerlaubnis. Diese Rechtsauffassung wird auch durch den Senator für Jugend und Sport [...] vertreten, wonach derartige Einrichtungen auch nicht der Heimaufsicht nach § 79 JWG unterliegen [...]. Ein Rechtsanspruch auf finanzielle Unterstützung Ihrer Eltern-Kind-Gruppe besteht nicht. Uns stehen für diesen Zweck keine Mittel zur Verfügung. Wir haben daher bisher auch keine Eltern-Kind-Gruppen Ihrer Art unterstützen können. Derartige Leistungen sieht das JWG nicht vor*« (Bezirksamt Berlin-Kreuzberg, den 10.7.1970, zit. n. Bott 1970, S. 81). Damit stand der Kinderladen vor dem Aus.

Zusammenfassung

Die Kinderladenbewegung hat den öffentlichen Einrichtungen des Elementarbereiches ein Modell entgegengesetzt hat, das zum Nachdenken und zu Veränderungen zwang. Von den pädagogischen Ansätzen der Kinderläden und der Eltern-Initiativgruppen sind viele Anregungen ausgegangen, die von den Kindergärten aufgegriffen worden sind.

Grundsätzlich neu wurde das Verhältnis des Erwachsenen zum Kind definiert, das als eigenständige Persönlichkeit respektiert wurde. Auch wenn bereits die Reformpädagogik die Selbstbildungsprozesse des Kindes erkannt hat, so hat erst die antiautoritäre Erziehungsbewegung diese in den Fokus öffentlicher Wahrnehmung gerückt. Der Einfluss der antiautoritären Kinderläden bezieht sich auch auf den Bereich des sozialen Lernens, die Einbeziehung der Umwelt in die Pädagogik des Kindergartens, eine flexiblere Handhabung der Zeitstruktur und z. T. auch der Sexualerziehung.

Obgleich die Elterninitiativen mit finanziellen Schwierigkeiten zu kämpfen hatten, weil sie anfangs nur in geringem Umfang durch öffentliche Mittel gefördert wurden, haben sich viele Kinderläden auch nach dem Zerfall der antiautoritären Bewegung stabilisieren können. Jedoch hat der Elan der Anfangsjahre deutlich nachgelassen. In einem sehr kritischen Beitrag von Paul Walter heißt es: »*Der diskursive Erfolg der antiautoritären Kinderladenbewegung hat im Laufe der Jahre bei den Kinderladen-Eltern und -Erziehern eine Haltung begünstigt, sich auf den Lorbeeren der Vergangenheit auszuruhen. Die resignative Normalität des eigenen Tuns wird mit dem grandiosen Bewußtsein kaschiert, sich auf den richtigen, progressiven Pfaden zu bewegen, ohne dafür noch etwas Besonderes leisten zu müssen. Auf diese Weise verkümmert die theoretische und argumentative Potenz, die einst die Kinderladenbewegung zum ernstgenommenen Widerpart der etablierten Pädagogik gemacht hat*« (Walter 1986, S. 25).

Es währte eine längere Zeit, bis sich die Politik entschloss, die von Elterninitiativen getragenen Kindertageseinrichtungen finanziell ebenso zu fördern wie die der Kirchen, Kommunen oder Wohlfahrtsverbänden. Das hat sicherlich entscheidend dazu beigetragen, dass Elterninitiativ-Kitas sich im ganzen Bundesgebiet ausbreiteten.

10.2 Elterninitiativ-Kitas

Elterninitiativ-Kitas (auch Ei-Kitas genannt) sind Tageseinrichtungen für Kinder, die sich in der Trägerschaft eines gemeinnützigen Elternvereins befinden, in dem die Eltern der Kinder, die die Einrichtung besuchen, Mitglieder sind. Manche bestehen schon seit Anfang der 1970er-Jahre. Bis in die Gegenwart hinein werden neue Elterninitiativ-Kitas gegründet.

Statistiken, aus denen die Anzahl der Elterninitiativ-Kitas und der von ihnen angebotenen Plätze bundesweit ersichtlich sind, existieren nicht. Die verfügbaren Angaben fassen die sogenannten kleinen Träger zusammen, d. h. neben den Elterninitiativ-Kitas enthalten sie auch die von Erzieherinnen, anderen Personen oder Betrieben gegründeten Einrichtungen. Dass Elterninitiativ-Kitas in bemerkenswertem Umfang Betreuungsplätze anbieten, lässt sich jedoch an der Anzahl der Elterninitiativen abschätzen, die in den Dachverbänden Mitglieder sind: Für das Jahr 2009 gaben die folgenden Dachverbände an, wie viele Elterninitiativen bei ihnen Mitglied sind.

- Dem Paritätischen Wohlfahrtsverband gehören über 1.120 Tageseinrichtungen für Kinder, getragen von Elterninitiativen und anderen Trägern selbst organisierter sozialer Arbeit, mit fast 43.000 Plätzen für Kinder von 3 Monaten bis 14 Jahren an.
- Der Bundesarbeitsgemeinschaft Elterninitiativen e. V. gehören sogar 8.500 Elterninitiativen an. Deren Einrichtungen bieten ca. 150.000 Betreuungsplätze an.
- Im Bundesverband der Natur- und Waldkindergärten e. V. sind mehr als 300 Waldkindergärten von Elterninitiativen mit schätzungsweise 6.000 Betreuungsplätzen Mitglied.

Der Vereinsvorstand

Im Unterschied zu den großen Verbänden, die hauptamtliches und gut ausgebildetes Personal beschäftigen, verfügen die ehrenamtlich tätigen Vorstände der Elternvereine in der Regel nicht über eine fachliche Ausbildung. Der Vereinsvorstand wird von Eltern gebildet, die ehrenamtlich die gesamte Organisationsarbeit leisten. Sie sind verantwortlich für allgemeine Aufgaben der Vereinsführung, der Finanzverwaltung und -abwicklung, der Öffentlichkeitsarbeit und für die Reinigung und Instandhaltung der Gruppenräume. Der Verein ist Arbeitgeber aller Beschäftigten und entscheidet bei Einstellungen bzw. Entlassungen. In der Regel hat eine Elterninitiativ-Kita nur eine Einrichtung mit ein oder zwei Gruppen, wobei die Erzieher-Kind-Relation meist günstiger ist als in herkömmlichen Kindertagesstätten. Das macht es erforderlich, dass über die öffentliche Förderung und die Elternbeiträge hinaus Mittel hierfür beschafft werden. Dafür wird meist der Vereinsbeitrag eingesetzt oder es werden durch Elterndienste Kosten eingespart. Auch diese zusätzlichen Leistungen der Eltern helfen, den Qualitätsstandard einer guten Erzieher-Kind-Relation zu sichern.

Eine Besonderheit der Elternvereine als Träger besteht darin, dass im Turnus von nur wenigen Jahren sich die Zusammensetzung des Vereins und des Vorstands komplett ändert, wodurch auch die Kenntnisse und das Wissen des alten Vorstandes verloren gehen und jeder neue Vorstand sich erst einarbeiten muss. Als Glücksfall gilt, wenn noch ein Geschwisterkind die Tageseinrichtung besucht, und der/die Vorsitzende ihr Amt länger als drei Jahre ausübt. Durch den häufigen Wechsel in der Elternschaft und im Vorstand muss die Elterninitiative eine hohe Bereitschaft haben, die jeweils neuen Eltern zu integrieren. Nach den Erfahrungen des Paritätischen Wohlfahrtsverbandes arbeiten Eltern im Vorstand von Elterninitiativen im Durchschnitt fünf bis zehn Stunden jede Woche ehrenamtlich für »ihre« Einrichtung, oft auch mehr.

Freiling hebt in seiner arbeitswissenschaftlichen Dissertation (Freiling 2003) hervor, dass sich Eltern über ihre ehrenamtliche Tätigkeit allgemein, besonders aber durch ihre Vorstandstätigkeit auf dem Gebiet der Pädagogik, der Organisation und in der Auseinandersetzung mit Ämtern, Behörden und Verbänden wertvolle Kenntnisse aneignen. Aber auch unter volkswirtschaftlichen Gesichtspunkten müsse der ökonomische Wert der geleisteten ehrenamtlichen Arbeit betrachtet werden.

Durch neu hinzukommende Eltern werden auch neue Ideen in den Verein und seine Kita eingebracht, was vielleicht eine Erklärung dafür sein könnte, dass Innovationen in der frühkindlichen Erziehung oft von den Elterninitiativen ausgingen und dort zuerst erprobt wurden. Ein Beispiel hierzu ist m. E. die Integration behinderter Kinder, die, lange bevor dies in Regeleinrichtungen möglich war, von einer Reihe von Elterninitiativ-Kitas aufgenommen wurde.

Die fachlich notwendige Unterstützung und Beratung erhalten die Vereine und damit auch ihre Einrichtungen durch die Mitgliedschaft in einem Dachverband. Der Paritätische Wohlfahrtsverband unterstützt seine Mitgliedsorganisationen durch Gründungs- und Organisationshilfen, Fachberatung, Fort- und Weiterbildung sowie kommunale und landesweite Interessenvertretung. 39 regionale Facharbeitskreise fördern die fachliche Zusammenarbeit. Auch die Bundesarbeitsgemeinschaft für Elterninitiativen e. V. bietet fachliche Beratung, Fortbildung und Rechtsberatung für ihre Mitglieder.

Intentionen der Eltern

Die Wurzeln der Elterninitiativ-Kitas liegen zwar in der antiautoritären Erziehungsbewegung, aber die ursprünglichen Konzepte wurden im Laufe der Jahrzehnte weiter entwickelt und verändert. Nach wie vor jedoch gehört die Mehrheit der Eltern, die sich einer Elterninitiative anschließen oder selbst eine gründen, der Mittelschicht an und verfügt über einen höheren Bildungsabschluss als der Durchschnitt der Bevölkerung, wie Freiling (2003) feststellte.

Bei der Frage, warum sich Eltern für eine Elterninitiativ-Kita entscheiden, nennt Freiling (2003) folgende Gründe: Eltern erwarten:
- Unterstützung bei der Kinderbetreuung durch eine Gemeinschaft und Erfahrungsaustausch mit gleichgesinnten anderen Eltern und den Bezugspersonen
- Förderung des Kindes durch bessere Betreuungsbedingungen (kleine Gruppen, besserer Personalschlüssel, altersübergreifende Gruppen)
- an der Entwicklung des pädagogischen Konzepts und der Gestaltung des Alltags in der Kindertagesstätte mitzuwirken.

Im Unterschied zu den 1960er- und 1970er-Jahren, in denen die Eltern intensive pädagogische Diskussionen führten und gemeinsam pädagogische, gesellschaftskritische und psychoanalytische Texte lasen, besteht nunmehr seit etlichen Jahren die Tendenz, dass die Elterninitiativ-Kitas sich als »Dienstleistungsunternehmen« betrachten, die versuchen, sich auf dem Markt für Vorschulerziehung durch besondere pädagogische Qualität von ihren Mitbewerbern abzuheben.

Jochen Helling, Pädagogischer Leiter der Freien Kinderschule in Frankfurt, beschrieb hierzu seine Erfahrungen: *»Da in unserer Gesellschaft die Entwicklung immer mehr in Richtung Leistung, wirtschaftlicher Absicherung und Single-Dasein geht, ist die Idee vom Kinderkollektiv nicht mehr aktuell. Schwerpunkt der Elternwünsche ist eher die individuelle Förderung der Kinder [...]. Dahinter steht auch die Vorstellung, wer individuell gefördert (gefordert?) wird, der kann mehr leisten. Dies zieht natürlich Veränderungen für die Kinderschule nach sich«* (Verein Sozialpädagogische Praxis e. V. 1999, S. 33).

In ihrer qualitativen Untersuchung einer Münchner Elterninitiativ-Kita erforschte Karen Silvester (2009), wie sich über vier Jahrzehnte hinweg die Erwartungen und Motivationen der Eltern gewandelt haben, und kommt dabei zu den gleichen Erkenntnissen. Die heutige Elterngeneration nennt sie in ihrem Generationenvergleich die »Alltagspragmatiker«.

»Die vierte Eltern-Generation erwartet nicht mehr, dass Eltern-Kind-Initiativen gesellschaftliche Impulse geben oder gar zur Keimzelle gesellschaftlicher Umbrüche würden. Die hochgesteckten und radikalen politischen Erwartungen der Gründergeneration haben sich im Laufe der Jahre so gut wie verflüchtigt. Die Eltern der Generation ›Alltagspragmatiker‹ erwarten lediglich, dass ihre Initiative den Kindern ein demokratisches Grundverständnis vermittelt und einen gemeinschaftlichen Freiheitsgedanken kultiviert« (Silvester 2009, S. 140).

In den vergangenen Jahren hat sich gezeigt, dass Elterninitiativen flexibel auf gesellschaftliche Veränderungen reagieren. Insbesondere das Fehlen von Plätzen für Kinder unter drei Jahren veranlasste Eltern, sich zu Elterninitiativen zusammenzuschließen und Krabbelgruppen zu gründen oder bestehende Einrichtungen für Kinder unter drei Jahren zu öffnen.

11.
Reformen in den 1970er-Jahren

11. Reformen in den 1970er-Jahren

11.1 Der Kindergarten in der bildungspolitischen Diskussion

In den 1950er-Jahren entdeckten Bildungsforscher den Zusammenhang von wirtschaftlichem Wachstum einerseits und dem Bildungswesen andererseits. Internationale Vergleichsuntersuchungen zeigten, dass die »reichen« Länder mehr als die »armen« im Bildungsbereich investierten, und im Umkehrschluss nahm man an, dass ein Land um so reicher sein werde, je mehr es in das Bildungswesen investiere. Europäische Vergleichsuntersuchungen ergaben, dass die Bundesrepublik einen relativ geringen Anteil ihres Bruttosozialprodukts für das Bildungswesen aufwendete. Ein weiteres Ergebnis des Vergleichs war, dass nur ein kleiner Anteil eines Altersjahrgangs höherwertige Schulabschlüsse erreichte, und man befürchtete, dass künftig nicht genügend qualifizierte Arbeitskräfte herangebildet würden.

Die Diskussion über die Reform des Bildungswesens erlangte 1958 eine kaum vorstellbare Popularität, als es der Sowjetunion gelang, vor den USA einen Flugkörper (»Sputnik«) in eine Umlaufbahn um die Erde zu schießen. Dieser Erfolg der Russen provozierte bei vielen US-Amerikanern die Frage, ob ihr Bildungssystem weniger leistungsfähig sei, und sie befürchteten, im Wettlauf der beiden Supermächte um die Vorherrschaft auf technischem und wissenschaftlichem Gebiet endgültig ins Hintertreffen zu geraten, wenn sie nicht auf dem Gebiet der Bildung enorme Anstrengungen unternehmen würden.

Im gleichen Zeitraum wurden neue Ergebnisse der Sozialisationsforschung bekannt, wonach die intellektuelle Leistungsfähigkeit eines Menschen nicht allein das Ergebnis ererbter Begabung ist, sondern vielmehr die Höhe der Intelligenz durch Erziehungs- und Bildungsmaßnahmen beeinflussbar ist. Insbesondere solche Maßnahmen, die bereits im frühen Kindesalter einsetzten, versprächen größeren Erfolg als eine erst im Schulalter beginnende Förderung. In der Folge dieser Diskussion wurde in den USA ein nationales Programm zur Frühförderung sozial benachteiligter Kinder in Gang gesetzt. In dem weltweit bekannt gewordenen Headstart-Program (Headstart = Vorsprung) wurden von 1964 bis 1968 ca. 2 Millionen soziokulturell benachteiligte Kinder im Alter von 4 bis 5 Jahren jeweils ein Jahr lang gefördert. Durch dieses spezielle Programm sollte ihre defizitäre Sozialisation kompensiert werden. Man erhoffte sich, dass dadurch mehr Chancengleichheit bei Schuleintritt hergestellt werde. Dieser in der Geschichte des amerikanischen Bildungswesens größte Versuch, durch kompensatorische Erziehungsprogramme Bildungsrückstände sozial benachteiligter Kinder zu beheben, erfüllte nicht die in ihn gesetzten Hoffnungen. Bei der Auswertung der Forschungsergebnisse zeigte sich, dass kurzfristige Kompensationsstrategien nicht den gewünschten Erfolg brachten, da sozialpolitisch bedingte Mängellagen durch pädagogische Programme allein nicht ausgeglichen werden können.

Im Verlauf der 1960er-Jahre wurde in der Bundesrepublik Deutschland die Forderung nach einer Vermehrung der Kindergartenplätze unüberhörbar. Die Sozialisationsforscher hatten einen Zusammenhang zwischen vorschulischer Förderung und einem späteren Schulerfolg festgestellt, sodass nunmehr der Kindergartenbesuch eine neue Bewertung erfuhr. Er galt nicht mehr primär als eine *soziale* Einrichtung für Kinder, deren Mütter berufstätig sein mussten, sondern als eine familienergänzende *Bildung*seinrichtung, von deren Besuch auch Kinder aus der gebildeten Mittelschicht profitieren konnten. Unter der sozialliberalen Bundesregierung wurde die seit Langem diskutierte Reform des Bildungswesens in Angriff genommen. Für den Kindergarten bedeuteten die vom Deutschen Bildungsrat formulierten Bildungspläne eine Wende, bezogen sie doch erstmals die vorschulische Erziehung in die Bildungsplanung mit ein.

Nach den Vorstellungen des 1970 vorgelegten Bildungsberichtes der Bundesregierung wurde dem Ausbau des Elementarbereiches Priorität eingeräumt. Folgende Ziele sollten erreicht werden:

1. Die Zahl der Plätze in Vorschuleinrichtungen sollte innerhalb von zehn Jahren verdoppelt werden.
2. Die durchschnittliche Gruppenstärke sollte auf ein pädagogisch vertretbares Maß gesenkt werden.
3. Neue Curricula sollten entwickelt werden, die vor allem auf die Förderung der kognitiven Fähigkeiten des Kindes zielen.
4. Die Ausstattung der Kindergärten mit Material sollte verbessert werden.
5. Der Übergang vom Kindergarten in die Grundschule sollte so gestaltet werden, dass die Kontinuität der Erziehungs- und Bildungsprozesse gewahrt bleibt. Zur Diskussion stand, ob die 5-Jährigen die Eingangsstufe der Schule oder weiterhin den Kindergarten besuchen sollten.

Mittels eines großzügig ausgestatteten Modellversuchs sollten die Entwicklungen im Elementarbereich gefördert sowie Lösungen entwickelt und erprobt werden, die dann auf die Regeleinrichtungen übertragen werden sollten.

Am Beispiel des Frankfurter Modellversuchs »Kita 3000« sollen die mit dem raschen Ausbau und der Reform verbundenen Probleme im Folgenden dargestellt werden. Im Unterschied zu den bereits bestehenden kommunalen Kindertagesstätten, die mit »KT« abgekürzt wurden, nannte man die neu errichteten Kindertagesstätten »Kitas«. Zu Recht weist Pia Schmidt darauf hin, dass dieses Projekt in die *»pädagogische Genealogie von 1968 (gehört). Hier wurden an städtischen Kindertagesstätten, also Regeleinrichtungen, Elemente antiautoritärer Erziehung übernommen«* (Schmidt 2008, S. 36).

11.2 Der Modellversuch »Kita 3000« in Frankfurt am Main

Das Modell »Kita 3000« zeichnete sich dadurch aus, dass nicht nur eine Erhöhung der Anzahl der Plätze und eine inhaltliche Neubestimmung der Erziehung im vorschulischen Alter vorgenommen werden sollten, sondern es sollten auch neue Arbeits- und Organisationsformen erprobt werden. Diese weit gesteckten Reformziele führten dazu, dass das Projekt von Anfang an im Zentrum kommunalpolitischer Auseinandersetzungen stand, die entscheidend zu dem konfliktreichen Verlauf des Modells beitrugen.

Verlauf des Modells »Kita 3000«

1971 beschloss die Stadtverordnetenversammlung in Frankfurt, in der die Fraktion der SPD über die Mehrheit verfügte, 28 Kindertagesstätten innerhalb von zwei Jahren zu errichten. Die Besetzung der neuen Stellen war außerordentlich schwierig, denn es herrschte allgemein ein Mangel an ausgebildeten Erzieherinnen, mit der Folge, dass bundesweit nur etwa die Hälfte der in den Kindergärten beschäftigten Mitarbeiterinnen eine fachliche Ausbildung absolviert hatten. Auch in Frankfurts Kindertagesstätten fehlten Erzieherinnen, und etwa 100 Stellen konnten nicht besetzt werden.

1972 wird deshalb eine Werbeagentur beauftragt, durch eine groß angelegte Werbekampagne Mitarbeiter für die neuen Kindertagesstätten zu werben. Mit der Zusicherung verbesserter Arbeitsbedingungen sollten Arbeitskräfte angeworben werden, die sich unter »Normalbedingungen« wohl kaum entschließen würden, in einer Kindertagesstätte zu arbeiten:

- → *voll bezahlte sechswöchige Vorbereitungskurse*
- → *Möglichkeit der Teilzeitarbeit, was damals neu war*
- → *kollegiale Leitung*
- → *Fort- und Weiterbildungsmöglichkeiten*
- → *überdurchschnittliche Bezahlung*

Gesucht wurden: »Kindergärtnerinnen und Kinderpflegerinnen, Jugendleiterinnen, Jugendpflegerinnen, Erzieherinnen, Hortnerinnen, Sozialarbeiterinnen und Sozialarbeiter. Außerdem suchen wir Mitarbeiterinnen und Mitarbeiter, die ihr Spezialwissen in Musik, Werken, Sport, Handarbeit, Kunsterziehung oder Grafik für die Betreuung von Kindern zur Verfügung stellen wollen« (Anzeigentext der Werbeagentur »wir« vom 19.11.71).

> In den neuen Kitas sollen nach den Vorstellungen der führenden Frankfurter Sozialdemokraten folgende Ziele realisiert werden: »Erziehung zu sozialem Verhalten, Selbstbestimmung und Selbststeuerung, Abbau sozial bedingter Ungleichheiten« (Anzeige des Stadtschulamtes im Stern vom 16.8.72).
>
> Im Einvernehmen mit dem Stadtschulamt und dem Kultusministerium stellte die Volkshochschule Dozenten ein, die die eingehenden Bewerbungen sichteten und beurteilen, die Vorbereitungskurse für die künftigen Mitarbeiter durchführten und in maßgeblicher Weise für die inhaltlichen Planungen und die Entwicklung einer neuen Organisationsstruktur verantwortlich waren. Die Dozenten kamen z. T. aus der Kinderladenbewegung und dem Arbeitskreis Kritische Sozialarbeit, wodurch, wie noch zu zeigen sein wird, Einflüsse von diesen Bewegungen auf Inhalte und Organisationsstruktur der Kitas ausgingen.
>
> 1972-74 werden 27 neue Gebäude für Kindertagesstätten fertiggestellt. 9 davon werden als Ersatz für unzulänglich untergebrachte Kindertagesstätten zur Verfügung gestellt. 18 neue Kindertagesstätten werden eröffnet und arbeiten nach dem neuen Modell als »Kitas«.

In der Vorbereitungs- und Aufbauphase konstituierte sich eine provisorische Selbstorganisation des Projektes: An die Stelle der üblichen Leitungsstruktur tritt das Kita-Team, dem alle pädagogischen und sonstigen Mitarbeiter angehören, und das alle Angelegenheiten der Kita in Selbstverwaltung regeln soll. Des Weiteren delegierte jede Kita einen Mitarbeiter in den Kita-Rat der Stadt Frankfurt, der wöchentlich zusammentreten und als ein Verbindungsorgan zur Verwaltung und zur Projektleitung fungieren sollte.

Der Kita-Rat verhandelt zäh mit der Stadt, um die Selbstorganisation und die Teamarbeit der Kitas

Abb. 30: In Frankfurt wurden von 1972 bis 1974 27 neue Kindertagesstätten in Fertigbauweise errichtet.
Foto: Klaus Meier-Uhde 1975

durch entsprechende Arbeitsverträge abzusichern. Über zwei Jahre haben sich die Verhandlungen zwischen Mitarbeitern der Kitas und der Stadt hingezogen, bis die

Stadtverordnetenversammlung die »Sondergeschäftsanweisung« verabschiedete, in der die Ziele und Organisationsformen der Kitas geregelt waren. Sie lässt erkennen, dass die SPD weitgehende Zugeständnisse an die Forderungen der Mitarbeiter gemacht hat. Leitungsteams sind in Kindertagesstätten inzwischen durchaus üblich, waren aber damals eine Neuerung, durch die die gewohnten hierarchischen Strukturen infrage gestellt wurden. Nur wenn man sich dies vor Augen führt, kann man die heftigen, emotional geführten Auseinandersetzungen verstehen, die deswegen geführt wurden.

Durch die kurze Geschichte des Kita-Projektes ziehen sich Konflikte, die immer wieder zu Schlagzeilen in der Presse und zu heftigen Debatten der Stadtverordneten führen. Es sind dies vor allem Konflikte mit der Verwaltung, in denen es um Probleme von Sauberkeit und Ordnung geht und um die Vorwürfe von Erziehern und Eltern, dass die rasch hochgezogenen Gebäude zahlreiche Baumängel aufweisen und dass räumliche Konzeption und Ausstattung der angestrebten »komplementären und emanzipatorischen Erziehung« nicht angemessen seien.

Bei den Kommunalwahlen 1977 erreichte die CDU die Mehrheit und kündigte, ihrem Wahlversprechen folgend, die Beendigung des Kita-Projektes an. Im Stadtschulamt wird eine Arbeitsgruppe gegründet, die mit der Umwandlung der Kitas in herkömmliche Kindertagesstätten beauftragt wird. Dies bedeutet das Ende der Teamarbeit in den Kitas und die Besetzung der Leiterinnenstellen.

Einflüsse der Kinderladenbewegung und des Arbeitskreises Kritische Sozialarbeit

Von außerordentlicher Bedeutung für die Entwicklung der Kitas war die an der VHS angesiedelte Arbeitsgruppe, deren Mitglieder die verschiedenen Richtungen der Kinderladenbewegung in Frankfurt repräsentierten oder dem Arbeitskreis Kritische Sozialarbeit (AKS) angehörten. Dieses Team hatte weitgehende Entscheidungsbefugnisse: Ihm oblag die Einführung der neuen Mitarbeiter und Mitarbeiterinnen in sechswöchigen Kursen, und es entwickelte die pädagogischen Ziele und Vorstellungen zur Organisationsstruktur. Über das sogenannte VHS-Team gelangten die Ideen aus den sozialpädagogischen Bewegungen in die Kitas. Es wurde hier der Versuch unternommen, die in Gegeninstitutionen gewonnenen Erfahrungen auf öffentliche Erziehungseinrichtungen zu übertragen.

Bei der Frage, wie nun die Erfahrungen aus der antiautoritären Erziehung auf öffentliche Kindertagesstätten zu übertragen sind, gab es seitens des VHS-Teams eine deutliche Abgrenzung von der antiautoritären Erziehung. Insbesondere die Einbeziehung der Eltern in die pädagogische Arbeit konnte nicht in der gleichen Weise erfolgen wie in den Kinderläden. In der wissenschaftlichen Begleituntersuchung heißt es hierzu: »Angesichts der zu erwartenden mit der sozialen Realität im Projekt unmittelbar zusammenhängenden Probleme war diese Abgrenzung – obwohl als Vorbereitung der Erzieher von beschränkter praktischer Effektivität – an sich absolut erforderlich.

Denn so aufklärerisch die kritische, antiautoritäre Theorie auf das Erzieherbewusstsein gegenüber den herkömmlichen Erziehungsmethoden in Familie und Kindergarten gewirkt hat, die praktizierte antiautoritäre Erziehung war für eine Elternarbeit mit breiten Bevölkerungsschichten völlig ungeeignet« (Flaake u. a. 1978, S. 322).

Die Unterschiede in den pädagogischen Auffassungen zwischen dem Stadtschulamt und dem VHS-Team machten sich an den Begriffen »kompensatorische Erziehung« und »komplementäre Erziehung« fest. Kita-Mitarbeiter kritisierten den Begriff der kompensatorischen Erziehung, weil er von der Annahme eines Defizits bei den Kindern ausgehe, das es zu beheben gelte. Kompensatorische Erziehung führe zu einer Anpassung von Arbeiterkindern an die Mittelschichtnormen, und dies lehnten die Kita-Mitarbeiter ab. Sie forderten eine komplementäre und emanzipatorische Erziehung, die den Kindern neue Erfahrungen vermittle und das soziale Lernen fördere. Diese Vorstellungen schlagen sich auch in der Sondergeschäftsanweisung nieder. Dort heißt es in den pädagogischen Grundsätzen:

»Kindererziehung muss heute bedeuten: komplementäre Erziehung und emanzipatorische Erziehung. Komplementäre Erziehung geht unmittelbar von der sozialen Erfahrung schichtspezifisch benachteiligter Kinder aus, mit dem Ziel, Voraussetzungen zur Emanzipation des Kindes von Abhängigkeit und Bevormundung zu schaffen. Emanzipatorische Erziehung will Selbstbestimmung über das eigene und Mitbestimmung über das gemeinsame Leben ermöglichen, um zu politischem Handeln zu befähigen. Erziehungsmethoden müssen entwickelt werden, die den Kindern die sozialen Zusammenhänge, in denen sie leben, erfahrbar machen. Dazu müssen Kinder die Gelegenheit erhalten, miteinander soziale Erfahrungen zu machen, die sie befähigen, Probleme an ihren Interessen orientiert rational zu lösen.

Über die Verarbeitung von sozialen Erfahrungen macht sich die emanzipatorische Erziehung die Entwicklung von Kontaktfähigkeit, sozialer Sensibilität, kooperativen Gruppenverhaltens und solidarischen Handelns zur Aufgabe« (Stadt Frankfurt a.M. 1978).

Die Realisierung dieser pädagogischen Ziele erforderte nach Auffassung des VHS-Teams und der Mitarbeiter auch eine neue Organisationsstruktur, durch die die Mitbestimmung und Selbstorganisation gesichert ist. Diese Forderungen kamen vorwiegend von den im AKS organisierten Erziehern und Sozialarbeitern. Im Zusammenhang mit den organisatorischen Vorstellungen griff der AKS auf rätedemokratische Ideen zurück, die zuvor schon die Studentenbewegung wieder entdeckt hatte. Durch eine Delegierung von Führungsaufgaben und ein Rotationsprinzip sollte verhindert werden, dass sich in den Kitas Hierarchien ausbildeten. Flaake u. a. berichten, dass sich schon 1971 in einem internen Papier des AKS der erste »*Vorschlag für eine kollektive Leitung der Kindertagesstätten*« findet. Die Autorinnen und Autoren wollten »*den Erzieherrat, das Kindertagesstättenkollektiv, das die Erzieherinnen, Vertreter der Kindergruppen, der Eltern, das Wirtschaftspersonal und einen Vertreter des Trägers umfassen sollte, und die Tagesstättenvollversammlung, die das Tagesstättenkollektiv und alle Eltern einbezieht*«.

Zum Erzieherrat wird ausgeführt, dass dieser alle bisherigen Aufgaben der Leiterin übernehmen soll. »*Der Erzieherrat berät und entscheidet gemeinsam alle organisatori-*

schen Angelegenheiten, wobei einzelne gewählte Erzieher mit der Durchführung bestimmter Aufgaben beauftragt werden können, z. B. die Abrechnung, Vertretung gegenüber Institutionen, Verhandlungsbeauftragter.

Das Erzieherkollektiv erarbeitet Vorschläge für folgende Bereiche, die im Kindertagesstättenkollektiv zur Diskussion gestellt werden:

- *allgemeine Erziehungskonzeption;*
- *Diensttagesplan, Tageslauf;*
- *Gruppenverteilung und Aufteilung;*
- *Aufnahme und Entlassung von Kindern;*
- *Aufnahme und Entlassung von Fachkräften;*
- *Beurteilungen, Zeugnisse;*
- *laufende Materialbeschaffung;*
- *Spielzeugbestellung, Kindertagesstätten-Einrichtung«*

(AKS Papier, zit. nach Flaake u. a. 1978, S. 67).

Das sind im Wesentlichen auch jene Forderungen, um deren Durchsetzung die Kita-Mitarbeiter mit der Verwaltung und dem Stadtparlament zäh gerungen hatten. In der Sondergeschäftsanweisung ist die Teamarbeit in den Kitas festgelegt worden, womit eine der wesentlichen Forderungen der Mitarbeiter erfüllt wurde. Die Mitarbeiter hatten darüber hinaus noch die Bildung des Kita-Rates und seine Absicherung in ihren Arbeitsverträgen gefordert. Aufgabe des Kita-Rates sollte es sein, sowohl bei Konflikten innerhalb einzelner Teams als auch zwischen Team und Verwaltung zu vermitteln; des Weiteren sollte er Mitbestimmungsrechte bei der Einstellung von Mitarbeitern, bei allen pädagogischen Fragen und bei der Fortbildung von Mitarbeitern erhalten. Diese Forderungen der Mitarbeiter konnten nicht durchgesetzt werden, und der Kita-Rat, der zunächst von den Mitarbeitern gebildet worden war, musste 1974 aufgelöst werden. Die im AKS entwickelten Vorstellungen zur Selbstorganisation der Kitas konnten also nur teilweise realisiert werden. Im Grunde legte die Sondergeschäftsanweisung nur fest, dass die Funktionen, die in einer herkömmlichen Kindertagesstätte die Leiterin wahrnimmt, auf das Team der Mitarbeiter verteilt wurden, wobei ein für ein Jahr gewählter Sprecher für die Außenkontakte zum Stadtschulamt und zur Verwaltung zuständig war. Weitergehende Mitbestimmungsrechte ließ die Sondergeschäftsanweisung nicht zu.

Für viele Mitarbeiter war die Zusage, dass sie in einem Team ohne direkten Vorgesetzten arbeiten können, ein wesentliches Motiv, sich überhaupt für die Arbeit in einer Kita zu interessieren. An das Team war der Anspruch gestellt, alle anstehenden Aufgaben der Organisation, der Verwaltung und der pädagogischen Planung kooperativ und kollegial zu bewältigen. Da niemand von den Mitarbeitern und Mitarbeiterinnen zuvor schon Erfahrungen in einer Teamarbeit hatte sammeln können, mussten die Fähigkeiten hierzu im Projekt selbst erworben werden. Zugleich standen die Mitarbeiter unter großem »Erfolgszwang«, denn gerade die Organisationsform war zwischen Mitarbeitern und Stadt ein strittiger Punkt. So verwundert es nicht, dass es in einzelnen Teams zu enormen Spannungen kam, und da in den ersten zwei Jahren keine Supervision stattfand, fühlten sich die Mitarbeiter überfordert und mit ihren Problemen allein gelassen.

Vorausgesetzt wurde bei dem Anspruch auf Teamarbeit auch die Bereitschaft und Fähigkeit, zusätzliche Arbeit zu übernehmen und sich über das übliche Maß hinaus zu engagieren. In der Analyse der Teamkonflikte heißt es: »*Vorausgesetzt wurde eine weitgehende Bereitschaft aller Teammitglieder zu dieser Form kollektiver Arbeit, die notwendig auch erforderlich macht: Bereitschaft zur unbezahlten Mehrarbeit, Bereitschaft zur Offenheit und zur Veränderung, die Fähigkeit, Kritik zu üben und zu ertragen. Zu gering eingeschätzt wurden die Hindernisse und Erschwernisse, die in folgenden Momenten lagen:*

Lernfähigkeit und Lernbereitschaft auf emotionalem und intellektuellem Gebiet […] und die Möglichkeit zu alternativem Handeln sind sozial strukturell, biographisch und situativ unterschiedlich ausgeprägt und voneinander abhängig« (Flaake u. a. 1978, S. 148). Belastend und frustrierend waren auch die ständigen politischen Auseinandersetzungen um das Projekt, wodurch die anfänglich hohe Motivation der Mitarbeiter allmählich zerstört wurde.

Soziales Lernen in der Kita

Bei der Gründung des Projektes Kita 3000 spielten organisatorische und strukturelle Probleme eine große Rolle, wohingegen diese in der allgemeinen erziehungswissenschaftlichen und sozialpädagogischen Diskussion zur Reform der Elementarerziehung in der ersten Phase bis etwa 1975 unberücksichtigt blieben. Hier befasste man sich vor allem mit der curricularen Entwicklung für den Vorschulbereich.

Beherrscht wurde die Diskussion zur Reform des Elementarbereichs zunächst vom funktionsorientierten Curriculumansatz. Unter diesen Begriff fallen alle jene Versuche, die durch Trainingsprogramme und Übungsmaterialien eine Verbesserung des kindlichen Leistungs- und Entwicklungsstandes in der Denkfähigkeit, der Differenzierung der Wahrnehmung und der Sprachfähigkeit versprachen. Correl, ein maßgeblicher Vertreter dieses Ansatzes, vertrat die Auffassung, dass schon im vorschulischen Alter mit dem systematischen Lernen begonnen werden sollte, um das Kind gezielt auf die Anforderungen der Schule vorzubereiten. Mittels programmierter Instruktionen sollten Fertigkeiten wie das Lesen frühzeitig trainiert werden.

Entgegen diesem Trend in der Vorschulerziehung haben das VHS-Team und die Kita-Mitarbeiter einen pädagogischen Ansatz entwickelt, der, von den Erfahrungen der Kinder ausgehend, soziales Lernen ermöglichen sollte. In der Praxis zeigte sich jedoch die Diskrepanz zwischen der weit fortgeschrittenen theoretischen Diskussion und Reflexion und der Problematik der Umsetzung in die Praxis. Diese Schwierigkeiten konnten erst ab 1975 systematisch bearbeitet werden, als die Kitas in das Erprobungsprogramm des Deutschen Jugendinstituts in München einbezogen wurden. In einem umfassenden und breit angelegten Programm haben dort sogenannte Moderatoren versucht, zwischen den Wissenschaftlern, die das Curriculum zum sozialen

Lernen, das später zum Situationsansatz erweitert wurde, entwickelt haben, und den Praktikern, die es in ihren Einrichtungen umsetzen sollten, zu vermitteln. Die Stadt verband mit dieser Maßnahme die Hoffnung, den Kitas hierdurch zu einem tragfähigen pädagogischen Konzept zu verhelfen und die Konflikte in und um die Kitas zu verringern. Heidi Fischer (1978), eine der beteiligten Moderatorinnen, schreibt, dass diese Maßnahme bei den Mitarbeitern jedoch den Verdacht aufkommen ließ, dass alle Konflikte auf eine ungenügende Qualifikation der Mitarbeiter und auf Defizite in der Planung und Gestaltung der pädagogischen Arbeit zurückgeführt werden sollten. Dies bewirkte bei den Mitarbeitern eine kritische Distanz zu den Wissenschaftlern, die große Schwierigkeiten hatten, die Kitas in das überregionale Erprobungsprogramm einzubinden.

Beendigung des Modellversuchs »Kita 3000«

Angesichts der heftigen ideologischen und politischen Auseinandersetzung um das Projekt »Kita 3000« wurden die alltäglichen pädagogischen Probleme in den Hintergrund gedrängt. Von 1975 an erhielten die Kitas wissenschaftliche Beratung und Unterstützung: Die Supervision sollte helfen, Teamkonflikte zu bearbeiten, die Moderatoren sollten die Umsetzung der pädagogischen Zielvorstellungen verbessern, und die wissenschaftliche Begleitforschung schließlich sollte den gesamten Verlauf des Modellversuchs dokumentieren. Mit diesen Maßnahmen verband sich die Hoffnung, die unübersehbaren Schwierigkeiten und Konflikte zu beheben und damit das Ende des Projektes aufzuhalten. Dies konnte nicht gelingen, weil vor allem die Supervision zu spät eingesetzt hatte, denn die Konflikte waren inzwischen eskaliert.

Innerhalb einiger Teams hat es unterschiedlich motivierte Mitarbeiter gegeben; solche, die vor allem die politischen Forderungen durchsetzen wollten und sich hierbei stark nach außen betätigten, und andere, die sich voll auf die pädagogische Arbeit konzentrierten und den »Politischen« vorwarfen, dass sie über ihr politisches Engagement die pädagogische Arbeit mit den Kindern vernachlässigten. Die ständigen Auseinandersetzungen mit der Verwaltung zermürbten die Teams. Seitens der Verwaltung wurde in erster Linie das äußere Erscheinungsbild der Kitas kritisiert, wogegen die Kita-Mitarbeiter über unzweckmäßige Raumaufteilung und schlampige Bauausführung klagten.

Äußerst negativ hat sich ausgewirkt, dass das Projekt zu einem kommunalpolitischen Zankapfel geworden war, sodass schließlich die CDU im Wahlkampf 1976 die Auflösung der Kitas für den Fall ihres Sieges ankündigte. Als sie im Frühjahr 1977 die Kommunalwahl in Frankfurt gewann, löste sie ihr Wahlversprechen ein: Die Sondergeschäftsanweisung wurde außer Kraft gesetzt, die Mitarbeiter erhielten Änderungskündigungen, in denen ihnen normale Arbeitsverträge angeboten werden, die Stellen für Kindertagesstätten-Leiterinnen wurden ausgeschrieben und trotz des erheblichen Widerstandes der Kita-Mitarbeiter auch besetzt, die Kita-Teams wurden aufgelöst und die Mitarbeiter auf die insgesamt 96 Kindertagesstätten verteilt.

Vergeblich haben sich viele Kita-Mitarbeiter und Kita-Eltern gegen die Auflösung der Kitas gewehrt. In der Auflösungsphase erscheinen fast täglich Berichte über Aktionen und Streiks in den Zeitungen. In dieser Situation machte sich negativ bemerkbar, dass es zwischen den herkömmlichen Kindertagesstätten und den Kitas keine Solidarität gab. Der Status der Kitas als Modell hat dazu geführt, dass diese als »Reforminseln« angesehen wurden und dass sich die Mitarbeiterinnen in den anderen Kindertagesstätten erst sehr spät und zögernd mit den Forderungen der Kitas solidarisierten.

Lehren aus dem Modell »Kita 3000«

Auf der negativen Seite der Bilanz ist festzuhalten, dass alle Versuche, Hierarchien in den Kindertagesstätten abzubauen und an ihre Stelle neue Arbeitsformen mit Selbstorganisation der Mitarbeiter zu setzen, zurückgenommen wurden. Die Phase der Selbstorganisation aller 18 Kitas durch den Kita-Rat hat nur bis 1974 gedauert, denn unter dem Druck der Verwaltung hat sich der Kita-Rat auflösen müssen, als ihm durch die Verabschiedung der Sondergeschäftsanweisung eine rechtliche Absicherung seiner Arbeit nicht zugestanden wurde. Mit der Beendigung des Kita-Projektes wurden jedoch auch die Kita-Teams abgeschafft und die alte Struktur wiederhergestellt. Zurückgenommen wurde auch die reduzierte Gruppenstärke (Kita 1:10; KT 1:16). Damit wurden die Arbeitsbedingungen entscheidend verschlechtert. Da ein erweitertes Mitbestimmungsrecht im öffentlichen Dienst nicht durchgesetzt werden konnte, kündigte ein Teil der Mitarbeiterinnen und Mitarbeiter. Insbesondere der Anteil der Männer, der zeitweilig 17% betrug, ging wieder zurück.

In der Bewertung dieser Entwicklung möchte ich Albert Siepe zustimmen, der feststellte, dass die zeitliche Nähe der Protestbewegung mit der Reformdiskussion zur Folge hatte, dass sich die sozial-

Abb. 31: Plakat von Gerald Ahrens, 1980. Nach der Beendigung des Modellversuchs »Kita 3000« haben enttäuschte Erzieher und Eltern ein selbstverwaltetes »Kinderhaus – Kita im Exil« gegründet, in dem sie die in der Kita entwickelten Ansätze fortsetzen.

pädagogische Bewegung in einem Klima politischer Liberalisierung und reformerischer Tendenzen zunächst repressionsfrei entfalten konnte, dass aber andererseits *»ihre revolutionären Forderungen und radikalen Effekte durch administrative, rechtliche und sozialpolitische Reformmaßnahmen unterlaufen und – um ihre weitergehenden politischen Forderungen verkürzt – integriert«* wurden (Siepe 1985, S. 68).

Auf der positiven Seite der Bilanz steht, dass den Forderungen der Bildungsreform mit dem quantitativen Ausbau entsprochen wurde. Des Weiteren hat sich das Qualifikationsniveau der in den Kindertagesstätten Beschäftigten wesentlich verbessert. War Ende der sechziger Jahre nur die Hälfte der Mitarbeiterinnen als Erzieherinnen ausgebildet, so finden wir in den achtziger Jahren kaum noch Mitarbeiter ohne fachliche Qualifikation. Das Ziel einer Angleichung des Qualifikationsniveaus an das des Grundschullehrers ist jedoch nicht erreicht worden.

Das Curriculum »Soziales Lernen« ist weiterhin ein wichtiger und nicht mehr wegzudenkender pädagogischer Ansatz in den meisten Kindertagesstätten, wenn auch zu beobachten war, dass mit dem Fortfall der wissenschaftlichen Begleitung und Unterstützung die Weiterentwicklung in den Kindertagesstätten Frankfurts stagnierte. Erhalten und fortgeführt wurde die intensive Elternarbeit in den Kitas.

Die Tendenz vieler Erzieherinnen, Sozialpädagogen und Sozialarbeiter zur Resignation, ihr Rückzug ins Private oder in Therapiegruppen wird von ihnen selbst häufig damit begründet, dass sich die in der Reformphase geweckten Hoffnungen und Erwartungen, mittels Erziehung Gesellschaftsveränderungen herbeizuführen, nicht erfüllt hätten. Die verkrusteten Strukturen pädagogischer Institutionen widerständen hartnäckiger als angenommen allen reformerischen Bemühungen, und insbesondere die reformerisch Engagierten hätten sich hierbei aufgerieben. Finanzielle Restriktionen und restaurative Tendenzen in Politik und Gesellschaft hätten nicht nur eine Stagnation bewirkt, sondern darüber hinaus auch das durch die Reform zeitweilig Erreichte wieder rückgängig gemacht. So finden wir in der Bewertung der Reformen der siebziger Jahre überwiegend die Einschätzung, dass die Reform gescheitert sei.

Die wissenschaftliche Begleitung des Modellprojektes Kita 3000 durch das Institut für Sozialforschung untersuchte den Verlauf in erster Linie unter politischen und soziologischen, nicht aber unter pädagogischen Fragestellungen. Damit wurden wesentliche Aspekte in dem Bericht nicht behandelt. Hierzu schreibt Pia Schmidt, die von 1974 bis 1976 in einer Kita gearbeitet hat: *»Es ist aber noch etwas anderes, das diese Art von Berichten so schwer zu lesen macht, und zwar, dass die Erzieherinnen und Erzieher, die Väter und Mütter, die Mädchen und Jungen als Beteiligte und Akteure zum Verschwinden gebracht werden. … Um abschließend noch einmal auf das Gespräch unter uns ehemaligen Kita-Erzieherinnen zu kommen: Vor allem sind es die Kinder, an die wir bei ›Kita‹ denken, Kinder, mit denen wir spielten, nicht die Politik, darüber herrschte Einigkeit. Immer wieder tauchte aber auch Bedauern auf, letztlich doch die Chancen dieses Reformprojektes vergeben zu haben; andererseits war aber auch Konsens, nicht ohne einen gewissen Stolz, an den Kitas mit einer neuen, freieren Erziehung angefangen zu haben, in der es um Chancengleichheit und Integration von Benachteiligten gegangen war […]. Kita 3000, das bleibt ein pädagogischer Versuch im Kontext oder eher*

Nachgang der 68er Bewegung, der Beachtung verdient und der nach mehr als drei Jahrzehnten erziehungshistorisch aufgearbeitet werden sollte« (Schmidt 2008, S. 54f.).

11.3 Der quantitative Ausbau

Nach den Vorstellungen des Deutschen Bildungsrates (1970) sollte die Anzahl der Kindergartenplätze bis 1980 drastisch erhöht werden. Bis dahin sollten für 75% aller Drei- und Vierjährigen und für alle Fünfjährigen Plätze in Vorschuleinrichtungen zur Verfügung stehen. Um dieses Ziel zu erreichen, mussten neue Gebäude errichtet und mehr Personal eingestellt werden. Da für die Einrichtung und Unterhaltung von Kindergärten und Kindertagesstätten die Kommunen zuständig sind, diese jedoch aus eigenen Mitteln die Erhöhung der Anzahl der Kindergartenplätze nicht erreichen konnten, wurden sie von den Ländern und vom Bund finanziell unterstützt. Aufgrund dieser Anstrengungen stieg die Anzahl der Kindergartenplätze von 32,8% im Jahr 1960 auf 78,8% aller Kinder zwischen drei und sechs Jahren im Jahr 1980.

Abb. 32: In Abkehr von der nüchternen Fertigbauweise der 1970er-Jahre (vgl. Abb. 36) wurden in Frankfurt a.M. Anfang der 1990er-Jahre zehn sehr unterschiedliche Kitas nach den Entwürfen namhafter Architekten gebaut. Hier ein Kindergarten des österreichischen Malers und Architekten Friedensreich Hundertwasser in Form einer Arche mit begeh- und bepflanzbarem Dach. Foto: Luigi Ungarisch

Mit dem Sinken der Geburtenrate entstand jedoch in den achtziger Jahren ein neues Problem: die sogenannte Bedarfsüberdeckung. So waren z. B. von den in Hessen zur Verfügung stehenden 151.000 Kindergartenplätzen 1982 ca. 127.000 belegt. Das

Angebot an Kindergartenplätzen überstieg also die Nachfrage. Dies hat dazu geführt, dass Kindergartengruppen geschlossen und damit Einrichtungen verkleinert wurden. Obwohl also rein rechnerisch genügend Kindergartenplätze verfügbar waren, entstanden regionale Engpässe in der Versorgung (s. Bildungskommission des Deutschen Bildungsrates 1970, Anhang, Tabelle 6).

Da noch immer eine Gruppenstärke von 25 Kindern vorgeschrieben war, konnte eine Gruppe nur dann bestehen bleiben, wenn diese Zahl erreicht, mindestens aber 20 Kinder angemeldet waren. Sank die Zahl der angemeldeten Kinder unter diesen Richtwert, dann konnte keine Gruppe gebildet werden, und das hieß, dass die bereits angemeldeten Kinder abgewiesen werden mussten. Paradoxerweise haben also die steigenden wie auch die sinkenden Geburtenraten zu Engpässen in der Versorgung geführt, wenn auch die Situation bei sich verringernder Nachfrage nicht so dramatisch war wie bei der steigenden Nachfrage in den sechziger Jahren.

11.4 Der »Vorschulstreit« – oder: Wohin mit den Fünfjährigen?

Bei der Reform der vorschulischen Erziehung spielte die Frage, wie und wo die Fünf- bis Sechsjährigen am besten auf den Schulbesuch vorbereitet werden können, eine wichtige Rolle. Zu dieser Frage heißt es im Bildungsgesamtplan: »*Das pädagogische Angebot für die Fünfjährigen soll so gestaltet werden, dass sich in Verbindung mit darauf aufbauenden veränderten Curricula des Primarbereiches ein gleitender Übergang in das schulische Lernen ergibt. Die Frage der organisatorischen Verknüpfung der Einrichtungen für Fünfjährige mit dem Elementarbereich oder dem Primarbereich (Eingangsstufe) wird auf der Grundlage der Entwicklung und Erprobung besonderer Curricula und Organisationsformen (Modellversuche) zu klären und dann zu entscheiden sein*« (Bund-Länder-Kommission für Bildungsplanung 1973, S. 10).

Gefördert durch die Modellversuchspolitik des Bundes und der Länder wurden unterschiedliche pädagogische Konzepte der Frühförderung entwickelt und erprobt. In wissenschaftlich abgesicherten Vergleichsuntersuchungen sollte festgestellt werden, ob die an den Grundschulen eingerichteten Vorschulklassen die fünf- bis sechsjährigen Kinder besser auf die Schule vorbereiten als die Kindergärten. Damit wurde indirekt erstmals der Versuch unternommen, das Schuleintrittsalter herabzusetzen, wenn auch zunächst nur für relativ wenige Kinder in den Versuchsklassen. Hierbei gab es zwei unterschiedliche Modelle, nämlich die »Vorschulklassen« und die zweijährige »Eingangsstufe«.

An einer Reihe von Grundschulen wurden Vorschulklassen eingerichtet, die fünfjährige Kinder aufnahmen, um sie ein Jahr lang auf die Einschulung vorzubereiten.

Die Eingangsklassen hingegen waren auf zwei Jahre angelegt. Sie nahmen ebenfalls Fünfjährige auf und fassten das »0.« und das 1. Schuljahr zu einer Einheit zusammen. Die Eingangsklasse wurde in der Regel von einer Sozialpädagogin oder Erzieherin und einem (einer) Lehrer(in) gemeinsam geführt. Durch diese Kooperation sollte sichergestellt werden, dass, ausgehend von sozialpädagogischen Arbeitsprinzipien, die Kinder allmählich an schulische Lernformen herangeführt werden.

Bei diesen Versuchen ging es auch um die Frage, ob das Einschulungsalter generell für alle Kinder herabgesetzt werden sollte. Um Grundlagen für diese Entscheidung zu erhalten, hatte die Landesregierung von Nordrhein-Westfalen eine Vergleichsuntersuchung von 50 Vorschulklassen mit 50 Modellkindergärten in Auftrag gegeben. Die Modellkindergärten unterschieden sich von den Vorschulklassen konzeptionell vor allem dadurch, dass sie weniger spezielle schulvorbereitende Fähigkeiten trainierten als vielmehr für ein breites pädagogisches Angebot sorgten.

Bei der curricularen Entwicklung für den Kindergarten ging es nicht um die Festsetzung bestimmter zu lernender Inhalte im Sinne eines schulischen Lehrplanes, sondern um die optimale Organisation von Lernprozessen. Schulisches, d. h., systematisches Lernen wurde von Vertretern der Kindergartenpädagogik abgelehnt. Im Gegensatz zu manchen Vorschulklassen und Eingangsstufen soll weder das frühe Lesenlernen noch die Frühmathematik zum verpflichtenden Teil des Curriculums gemacht werden. Im Kindergarten sollen die Kinder gemäß ihren individuellen Voraussetzungen gefördert werden. Defizite in der Entwicklung müssen zwar registriert werden, damit sie durch entsprechende pädagogische Angebote aufgearbeitet werden können. Keinesfalls aber sollte wie in der Schule eine Beurteilung und Benotung erfolgen. Bei der Anerkennung der Tatsache, dass Planungen im Rahmen der Kindergartenarbeit notwendig sind, soll jedoch genügend Raum für Improvisation bleiben, um spontane Bedürfnisse und Initiativen der Kinder aufgreifen zu können. Im Zentrum der Kindergartenarbeit sollte daher weiterhin die Pflege des Spiels stehen. Es wurde akzeptiert, dass der Kindergarten auch die Aufgabe hat, die Mütter zeitweilig von der Erziehung und Beaufsichtigung der Kinder zu entlasten. Nach wie vor wurde eine wichtige Aufgabe darin gesehen, den Kindern ein unbeschwertes Zusammenleben zu ermöglichen und eine freie Entfaltung ihrer Aktivität und Spontaneität zu gewährleisten. Neu kam das Bemühen hinzu, Begabungen zu erkennen und systematisch zu fördern und bewusst sozial bedingte Defizite zu kompensieren.

Für die Curriculum-Entwicklung in Vorklassen und Eingangsstufen nannte der Strukturplan für das Bildungswesen (Bildungskommission des Deutschen Bildungsrates 1970) nur globale Ziele und dabei insbesondere drei Fähigkeitsbereiche, die gefördert werden sollen:
- → Orientierungs- und Konzentrationsfähigkeiten,
- → Wahrnehmungs- und motorische Fähigkeiten,
- → begriffliche und sprachliche Fähigkeiten.

Dabei ging man von der Vorstellung aus, dass das vorschulische Lernen als der Beginn eines Kontinuums geplanter Lernprozesse konzipiert werden sollte.

Für den Kindergarten stellte die gesamte Diskussion eine ungeheure Herausforderung dar und bewirkte einen Schub von innovatorischen Maßnahmen, die in zwei Richtungen wiesen. Die einen wollten die Mängel der Kindergartenpädagogik beheben, indem sie den Kindern ein gezieltes Funktionstraining anboten, die anderen wollten im Sinne einer ganzheitlichen Pädagogik eine Didaktik des Kindergartens entwickeln (Situationsansatz).

Lückert, Schüttler-Janikulla und Correll waren die wichtigsten Vertreter eines auf der Lerntheorie basierenden Funktionstrainings. Sie entwickelten Programme zum frühen Lesenlernen, zum Sprachtraining und zur Frühmathematik und förderten damit die Tendenzen zur Verschulung des Kindergartens. Auch viele unsicher gewordene Eltern drängten die Erzieherinnen, in dieser Richtung zu arbeiten. Zwar ist heute deutlich geworden, dass ein spezifisches Funktionstraining im frühen Kindesalter nicht angemessen ist, aber dennoch wirkte sich die Erwartung von Eltern und Schulen auf den Kindergarten aus, was den Leistungsdruck der Schule schon in den Kindergarten vorverlegt. Der Kindergarten wurde durch die Modellversuchspolitik in die Konkurrenz zur Schule gezwungen und stand unter einem großen Legitimationsdruck. Vordergründig betrachtet ging es darum, wer von beiden, Schule oder Kindergarten, das »bessere« pädagogische Konzept hatte, aber letztendlich war es die Wiederbelebung des alten Streits zwischen Staat und freien Trägern um die Fünfjährigen.

So verwundert es denn auch nicht, dass der Streit um die Fünfjährigen nicht durch die Ergebnisse der wissenschaftlichen Vergleichsuntersuchungen entschieden wurde, denn diese hatten ergeben, dass bei entsprechender Ausstattung und einem kindgerechten Programm beide Institutionen die ihnen anvertrauten Kinder förderten und dass Unterschiede nicht belegbar waren. In der Stellungnahme der Bund-Länder-Kommission für Bildungsplanung heißt es: »*Die Auswertung der bisherigen Modellversuche hat als wichtigstes Ergebnis erbracht, dass für eine einheitliche organisatorische Zuordnung der Fünfjährigen entweder zum Elementarbereich oder zum Primarbereich keine klaren Anhaltspunkte bestehen. Es zeichnet sich ab, dass der Besuch einer vorschulischen Einrichtung für die Förderung der Gesamtpersönlichkeit bedeutsamer ist als der Besuch einer bestimmten Art vorschulischer Einrichtungen*« (Bund-Länder-Kommission für Planungsplanung 1976, S. 7). Damit war implizit auch die traditionelle Auffassung widerlegt, dass die Erziehung des Kindes ausschließlich in der Familie für das Kind das Beste sei.

Aufgrund dieser Aussagen wurde ein weiterer Ausbau von Vorschul- und Eingangsstufenklassen nicht vorgenommen. Zum Teil wurden sie in den folgenden Jahren fortgeführt, etliche sind aber auch geschlossen worden.

12.
Curriculare Entwicklungen in den 1970er-Jahren

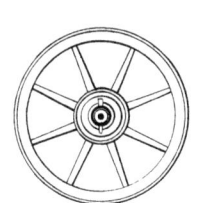

12. Curriculare Entwicklungen in den 1970er-Jahren

12.1 Definition

Der Begriff Curriculum stammt aus dem Lateinischen und bedeutet »Lauf«, »Wettlauf« oder auch »Lebenslauf«. Durch den Erziehungswissenschaftler Saul B. Robinsohn (1916-1972) wurde er 1967 in die pädagogische Diskussion eingeführt und ersetzte den bis dahin üblichen Begriff des Lehrplans. Robinsohn kritisierte, dass die schulischen Lehrpläne lediglich eine Sammlung von Lernstoffen seien, dass in ihnen keine Aussage zu übergeordneten Zielen, zu Planungen und zur Kontrolle von Lernprozessen gemacht werde. Des Weiteren fehle ihnen ein begründeter gesellschaftlicher Bezug. Mit der Einführung des Begriffs Curriculum sollten folgende Problembereiche einer Bearbeitung zugänglich gemacht werden:

- Bestimmung übergeordneter und konkreter Lernziele
- Umsetzung in konkrete Lerninhalte und Lernorganisation
- Überprüfung (Evaluation) des Gelernten

Mit dem Begriff Curriculum ist also ein begründeter Zusammenhang von Lernziel-, Lerninhalts- und Lernorganisationsentscheidungen gemeint. Zwar hat die Diskussion um die Curriculum-Entwicklung ihren Ausgangspunkt in der Schule, jedoch wurden die dort entwickelten curricularen Ansätze aufgegriffen und auf den Bereich der vorschulischen Erziehung übertragen.

In den traditionellen Ansätzen der Kindergartenpädagogik von Fröbel und Montessori sind die Vermittlungsprozesse in ein ganzheitliches pädagogisches Konzept eingebunden. Damit unterscheiden sie sich grundlegend von modernen didaktischen Konzepten, die sich nicht an einem übergeordneten Menschen- und Weltbild orientieren, sondern die Vermittlung bestimmter Qualifikationen anstreben. »*An die Stelle einer ›Philosophie des Kindseins‹ tritt die empirische Sozialwissenschaft, sei es unter dem Vorzeichen eines pragmatisch-technologischen Erziehungsverständnisses, sei es mit dem Anspruch ›kritisch-emanzipatorischer‹ Aufklärung*« (Retter 1978, S. 137).

Der Deutsche Bildungsrat (1975) unterscheidet vier unterschiedliche curriculare Ansätze. Ein Curriculum kann demnach seinen Schwerpunkt haben

1. in der Verbesserung einzelner psychischer Funktionen oder bestimmter Fertigkeiten (funktionsorientierter Ansatz).
2. in der Einführung in bestimmte wissenschaftliche Disziplinen oder unterrichtliche Bereiche (wissenschafts- oder disziplinorientierter Ansatz).
3. im Auffinden und Bearbeiten bestimmter Lebenssituationen des Kindes (situationsorientierter Ansatz).

4. in der Orientierung an allgemeinen Aufgaben der Sozialisation, wie sie von der Sozialisationsforschung aufgezeigt wurden (sozialisationsorientierter Ansatz).

Die drei erstgenannten Ansätze haben im Bereich der Elementarerziehung praktische Bedeutung erlangt, wogegen der sozialisationsorientierte Ansatz zwar für die Praxis bedeutungslos blieb, jedoch stellte er den theoretischen Bezugsrahmen für den situationsorientierten Ansatz dar; er ist gewissermaßen in ihm aufgegangen. Im Folgenden sollen das funktionsorientierte, das wissenschafts- oder disziplinorientierte und das situationsorientierte Curriculum vorgestellt werden.

12.2 Das funktionsorientierte Curriculum

»Der Begriff ›funktionsorientierter Ansatz‹ ist ein Sammelbegriff für all jene Versuche, durch Trainingsprogramme und Übungsmaterialien eine Verbesserung des kindlichen Leistungs- und Entwicklungsstandes in den verschiedenen Persönlichkeitsbereichen zu erreichen« (Retter 1978, S. 138). Psychologische Forschungen hatten belegt, dass Kinder schon früher als bislang angenommen spezifische Fertigkeiten, wie zum Beispiel das Lesen, erwerben können. Zugleich wurde behauptet, dass sich die Intelligenz eines Kindes hierdurch positiv beeinflussen ließe. Der traditionellen Kindergartenpädagogik warfen Psychologen wie Correll und Lückert vor, sie versäume, Kinder gezielt zu fördern.

Die Folge war, dass Anfang der siebziger Jahre eine Fülle von Materialien und Programmen zum Training verschiedener Funktionsbereiche auf den Markt kam, die von Erziehern wie auch von Eltern mit dem Ziel der Intelligenzförderung eingesetzt wurden, was unmittelbar Folgen für die Produktion von Lern- und Spielmaterial hatte.

»Nicht unerheblich waren die Produktions- und Absatzsteigerungen der Spiel- und Lernmittelhersteller im Zuge des Vorwurfs der kulturellen Vernachlässigung unserer Klein- und Vorschulkinder und der intensivierten frühkindlichen Begabungs- und Bildungsförderung ab 1966/67. Bei Otto Maier, Ravensburg, hatte sich z. B. von 1970 auf 1971 der Umsatz um 50% auf 45 Mill. erhöht. Einer im Zuge der ›Frühlesebewegung‹ 1967 bis 1969 erschienenen Fülle von Leselernspielen (z. T. ›ab 2 Jahren‹) folgte eine sprunghaft ansteigende Produktionsflut von sogenannten ›idealen Lernspielzeugen‹, ›Trainingsmappen‹, ›pädagogisch wertvollen didaktischen Lernspielen‹, ›Lehrgängen‹, ›didaktischen Spiel- und Arbeitsmaterialien‹, ›Begabungs- und Intelligenzartikeln‹« (Klinke 1978, S. 244).

Correll vertrat die Auffassung, dass schon im vorschulischen Alter mit dem systematischen Lernen begonnen werden sollte, um Kinder auf das Lernen in der Schule vorzubereiten. Mittels programmierter Instruktionen sollten Fertigkeiten wie z. B. das Lesen frühzeitig trainiert werden. Correll hat ein Leselernprogramm entwickelt, das in Familien, Kindergärten und Vorschulklassen weit verbreitet war. Die ebenfalls von ihm entwickelte Leselernmaschine hingegen konnte wegen der hohen Produktionskosten nur in einzelnen Fällen erprobt werden. Correll hebt die Vorzüge der Leselernmaschine gegenüber dem nicht maschinellen Programm hervor:

»Während z. B. beim nicht maschinellen Programm der Programmtext durch die Mutter oder eine Kindergärtnerin dargeboten werden muss und hierbei allerlei subjektive emotionale Beziehungen das Ergebnis positiv oder negativ beeinflussen können, ist für die Darbietung des Programms bei Verwendung unserer Maschine keine Betreuungsperson mehr nötig. Vielmehr befindet sich hier das Kind im ausschließlichen Dialog mit der Maschine [...]. Die Maschine bleibt in ihren Anweisungen immer gleich höflich und freundlich, selbst wenn das Kind sie zwingt, ein und dieselbe Information 10- oder 20-mal zu wiederholen« (Correll 1970, S. 20).

Abb. 33: Corrells »Leselernmaschine« für Vorschulkinder

Correll meint, dass im Lauf eines Vormittags der Lehrer etwa drei Sequenzen von je 20 bis 30 Minuten programmierten Lernens durchführen kann. Er hatte festgestellt, dass nach dem Durcharbeiten des Leselernprogramms der Intelligenzquotient im verbalen Bereich um durchschnittlich 18 Punkte gestiegen war. Dabei war der Zuwachs bei geringer Intelligenzausgangsleistung am höchsten, wogegen bei hoher Intelligenzausgangsleistung (z. B. IQ = 134) der Zuwachs gleich null war. Langfristige Beobachtungen ergaben jedoch, dass der Vorsprung der Versuchsgruppe gegenüber der Kontrollgruppe wieder verloren ging und im 1. bis 2. Schuljahr kein Unterschied mehr feststellbar war. Diese Ergebnisse haben letztlich dazu geführt, dass die Bedeutung des frühen Lesenlernens für die Intelligenzentwicklung stark relativiert wurde und dieses seither in der Praxis der Elementarerziehung kaum noch eine Rolle spielt.

Der Ansatz Corrells berücksichtigt die Bedürfnisse des Kindes nach freiem Spiel und nach selbstbestimmtem Lernen nur ungenügend. Auch die Erfolge in der Förderung sozial benachteiligter Kinder blieben hinter den Erwartungen zurück, weil unterprivilegierte Kinder eines vielfältig stimulierenden Anregungsmilieus bedürfen, das ihnen durch programmierte Instruktionen nicht geboten werden kann. Auch Gerd Iben, der sich kritisch mit amerikanischen Sprachförderungsprogrammen auseinandergesetzt hat, weist auf die Gefahren hin, die mit einem von sozialen Kontexten abgehobenen Programm verbunden sind: »So wenig man auf die Verbesserung von Wortschatz, Satzstruktur und Begriffsbildung verzichten kann, bleibt doch die Beschränkung darauf bei einem von der Lebenssituation sozial benachteiligter Kinder abgetrennten Funktionstraining bestehen [...]. Auch verleitet dieser Ansatz zu einer Sichtweise, die Unterschichtsprache bloß als defizitär betrachtet und ihre Träger diskriminiert« (Iben 1973, S. 293). Insgesamt gesehen bietet das programmierte Lernen im Elementarbereich nur sehr eingeschränkte Möglichkeiten zum Lernen, denn gerade jene Verhaltensweisen, die auf Selbstbestimmung und Selbstentfaltung zielen, können in Programmen, die isoliert einzelne Fähigkeiten und Fertigkeiten trainieren, nicht gefördert werden.

Das gilt nicht für bestimmte ›Lernspiele‹, die inzwischen einen festen Platz im Rahmen der Elementarerziehung gefunden haben und mit Erfolg zur Förderung eingesetzt werden. Dazu gehören Steck-, Knüpf- und Legematerialien, Puzzle, Memory, Lottospiele und einfache strategische Spiele. Diese »*können hervorragende Spielmittel sein und tragen dann sicherlich auch zur Verbesserung kognitiver Leistungen oder zur Festigung sozialer Beziehungen bei – wenn sie den Kindern im Rahmen eines pädagogischen Konzeptes frei zur Verfügung stehen*« (Retter 1978, S. 139).

12.3 Das wissenschaftsorientierte Curriculum

Der wissenschafts- oder disziplinorientierte Ansatz entwickelt die Lernziele und Lerninhalte aus der den Wissenschaften zugrunde liegenden Struktur. Wissenschaftsbezogenes Lernen ist eine Forderung an den modernen schulischen Unterricht und wurde von daher auch für den Elementarbereich gewünscht. Hier ist allerdings eine Einschränkung zu machen: Das wissenschaftsorientierte Curriculum ist nur für die Altersstufe der 5- bis 6-Jährigen konzipiert und in Vorklassen und Eingangsstufen erprobt worden. Für jüngere Kinder hat dieser Ansatz kaum eine Bedeutung erlangt.

Ausgangspunkt dieses Ansatzes ist die These, dass es möglich ist, die einzelnen Disziplinen derart auf ihre Grundbegriffe zurückzuführen, dass diese auf jeder Altersstufe vermittelbar sind. Die Folge dieses Ansatzes ist es, dass Methoden und Inhalte der Grundschule in den vorschulischen Bereich vorverlegt werden, wie wir anhand des Stuttgarter Vorklassenmodells (Gebauer u. a. 1971) sehen werden. In enger Anlehnung an schulisches Lernen werden für die Vorklasse folgende Arbeitsbereiche vorgeschlagen:

1. Spiel: Rollenspiel, Stegreifspiel, Handpuppenspiel, konstruktive Spiele, Regelspiele
2. Spracherziehung: Erzählungen, Nacherzählungen, darstellendes Spiel, Benennung von Tätigkeiten, Eigenschaften, Mengen; Beachtung, Verstärkung und gegebenenfalls Korrektur (Ausnahme: Stotterer!) spontaner sprachlicher Äußerungen der Kinder; Gespräche im Kreis; freie Bildbeschreibung; Gedichte, Lieder, Leseübungen
3. Kognitive Förderung: Strukturierung im visuellen und im akustischen Bereich; Strukturierung der übrigen Sinnesorgane; Orientierung in Raum und Zeit; Symbolverständnis
4. Umweltbegegnung: Biologie; Physik und Technik, Verkehr, Heimat, Wetterkunde
5. Musikerziehung
6. Bewegungserziehung
7. Bildnerisches Gestalten
8. Religiöse Erziehung

Auch das von Belser (1972) für die Hamburger Eingangsstufen entwickelte Curriculum ist den disziplinorientierten Ansätzen zuzurechnen. Allerdings unterscheidet es sich von dem Stuttgarter Modell dadurch, dass es nicht einzelnen Fächern folgt, sondern fächerübergreifend konzipiert ist. Belser unterscheidet zwei Gruppen von Lernfeldern:

I. Allgemeine Lern- und Aktivitätsfelder
1. Leben in sozialen Bezügen
2. Gesprächsförderung
3. Spielen

II. Spezielle Lern- und Aktivitätsfelder
1. Lernbereich Natur und Sachwelt
2. Lernbereich Mathematik
3. Lernbereich Musik
4. Ästhetische Erziehung
5. Lernbereich Sport

Durchgehendes methodisches Prinzip ist das Spiel, das als ein fundamentales Bedürfnis und als Hauptbeschäftigung von Kindern im Alter von 5 bis 6 Jahren uneingeschränkt akzeptiert wird. In dem »Stundenplan« der Vorschulklasse wird daher die Hälfte der Zeit dem Spiel vorbehalten. Übrigens gibt es keinen starren Stundenplan, und die im Curriculum vorgegebene Zeiteinteilung dient als ungefähre Richtschnur.

Belser erhebt den Anspruch, dass auch die Lernergebnisse elementarer Art wissenschaftlich richtig sein müssen, »auch wenn sie in vereinfachender Form dargeboten und erworben werden« (Belser 1972, S. 109). Dabei ist der handelnde, unmittelbare Umgang der Kinder mit den Gegenständen in der Regel der verbalen Darbietung durch den Pädagogen vorzuziehen. Die von Belser u. a. vorgelegten Curriculum-Materialien gehen von der Grundschuldidaktik aus und entwickeln spezifische Angebote für Kinder im Vorschulalter. Auch wenn dabei das Spiel – auch das freie Spiel – in das Curriculum einbezogen wird, übernimmt dieser Ansatz mehr Aspekte des schulischen Lernens – sowohl in Bezug auf die Inhalte als auch auf die Methoden – als der Kindergartenpädagogik. Zu Recht kritisiert Retter, dass die Übertragung der freien Lern- und Spielatmosphäre des Kindergartens auf die Grundschule bislang nur unzureichend gelungen ist. »*In der Tat stellt sich heute weniger das Problem, wie der Kindergarten sich durch Wissenschaftsorientiertheit und andere Unterrichtsprinzipien an der Schule orientieren soll; wichtig ist vielmehr die Frage, was die Grundschule von der Pädagogik des Kindergartens lernen kann, um ihrer Erziehungsaufgabe gerecht zu werden*« (Retter 1978, S. 141).

Für den Elementarbereich spielt der wissenschaftsorientierte Ansatz kaum eine Rolle, nachdem bildungspolitisch entschieden wurde, das Einschulungsalter nicht auf das 5. Lebensjahr festzusetzen. Erst 40 Jahre später wurde eine schrittweise Vorverlegung der Einschulung beschlossen.

12.4 Der Situationsansatz

Wesentlich größeren Einfluss als der wissenschafts- und der funktionsorientierte Ansatz hat der von der *Arbeitsgruppe Vorschulerziehung* am Deutschen Jugendinstitut in München entwickelte situationsorientierte Curriculumansatz auf die Praxis der Elementarerziehung erlangt.

Von 1971 bis 1976 wurde das pädagogische Konzept des situationsorientierten Lernens in insgesamt elf Modellkindergärten der Länder Rheinland-Pfalz und Hessen in enger Zusammenarbeit von Wissenschaftlern, Erziehern und Eltern erprobt. Finanziert wurden die Modellversuche und ihre wissenschaftliche Begleitung von den Sozialministerien der beteiligten Länder und dem Bundesminister für Bildung und Wissenschaft. In Rheinland-Pfalz nahmen etwa 520 Kinder und 45 pädagogische Mitarbeiter in den Modellkindergärten (1 Sozialpädagoge, 22 Erzieher, 22 Kinderpfleger/Berufspraktikanten) teil. Das Verhältnis Erwachsener zu Kind betrug etwa 1:12.

In Hessen wurden etwa 450 Kinder und 42 pädagogische Mitarbeiter (5 Sozialpädagogen, 37 Erzieher, darunter 18 Berufspraktikanten für jeweils ein Jahr) in die Modellversuche einbezogen. Im Mittelpunkt der Arbeit stand die Entwicklung des Curriculums »soziales Lernen«. In einer allgemeinen Formulierung des Ziels heißt es: *»Die pädagogische Arbeit steht unter dem Ziel, Kinder verschiedener sozialer Herkunft und mit unterschiedlicher Lerngeschichte zu befähigen, in Situationen ihres gegenwärtigen und künftigen Lebens möglichst autonom und kompetent denken und handeln zu können«* (Arbeitsgruppe Vorschulerziehung 1976, S. 15). Im Sinne dieser pädagogischen Zielsetzung ist die Auswahl dessen, was als eine relevante Lebenssituation definiert wird, an folgende Kriterien gebunden:

→ Die Lebenssituation soll für Kinder real erfahrbar und erfassbar sein
→ sie soll »*im Rahmen pädagogischer Arbeit mit drei- bis fünfjährigen Kindern und beteiligten Erwachsenen beeinflussbar erscheinen*« (Gerstacker/Zimmer 1978, S. 194).

Damit wandelt sich auch die Rolle der Erzieher, ihr Verhältnis zu den Kindern und zu den Eltern. Sie sind nun nicht mehr die einzigen Experten des Lernprozesses. Ihre Aufgabe ist es vor allem, die Rahmenbedingungen herzustellen, in denen sich die sozialen und instrumentellen Lernprozesse verwirklichen können. Ihnen kommt die Aufgabe zu, Lernprozesse anzuregen, die dabei auftretenden Störungen zu analysieren und – wenn möglich – zu beseitigen.

Dies erfordert eine grundsätzliche Neuorientierung. Situationsbezogenes Lernen wird »*als gemeinsamer Erfahrungs- und Kommunikationsprozess gesehen, in dem alle Beteiligten Lehrende und Lernende sein können, in dem Erzieher nicht mehr die allein sachverständige Rolle innehaben*« (ebd., S. 198). Es ist unschwer zu erkennen, dass mit dieser Aufgabenbeschreibung des Erziehers auch Autorität und Hierarchie abgebaut werden, indem die Erzieherin zur »Bezugsperson« wird. Dies ist der Ausdruck einer Entwicklung, die ohne die antiautoritäre Studentenbewegung nicht denkbar gewesen wäre.

Abb. 34: Die Kinder des evangelischen Kindergartens der Christus-Kirchengemeinde in Frankfurt a.M. beim Bewässern »ihres« Baumes, für den sie die »Baumpatenschaft« übernommen haben. Foto: Wilhelm Ullrich 1986

Im Situationsansatz wird die Kritik der Entschulungsbewegung aufgenommen. Diese hatte die Bildungsinstitutionen wegen deren Abgeschlossenheit gegenüber ihrer sozialen Umwelt kritisiert und dagegen vorgebracht, dass Lernen ohne gesellschaftlichen Bezug zu einer Demotivierung und zur Lernverweigerung führt. Der situationsorientierte Ansatz befürwortet eine engere Verbindung zwischen dem Kindergarten und dem Gemeinwesen. Das bedeutet, dass die vorhandenen Möglichkeiten genutzt werden sollen, um soziales Leben in den Kindergarten hereinzuholen und/oder aus dem Kindergarten herauszugehen, um Lernorte in der Nachbarschaft und der sozialen Umwelt zu entdecken.

Christa Preissing, die entscheidend zur Fortentwicklung des Situationsansatzes beigetragen hat, formuliert dessen übergeordnete Ziele wie folgt: »*Die Ziele des Situationsansatzes gründen auf ethisch-normativen Überzeugungen innerhalb einer demokratisch verfassten Gesellschaft und auf einer Analyse künftiger gesellschaftlicher Entwicklungen. Unter Beachtung entwicklungspsychologischer Erkenntnisse ist herauszuarbeiten, welche Kompetenzen vom jüngsten Alter an gefördert und unterstützt werden, damit Kinder in ihrer Lebenswelt jetzt und zukünftig bestehen und die Gesellschaft aktiv mitgestalten können*« (Preissing/Heller 2010, S. 96).

In vier Bereichen sollen die Kompetenzen des Kindes gefördert werden. Das sind

- → Ich-Kompetenz
- → soziale Kompetenz
- → Sachkompetenz
- → lernmethodische Kompetenz.

Diese vier Kompetenzbereiche sind eine Orientierungshilfe für Erzieher und Erzieherinnen. »*Sie beschreiben eben nicht Lernziele für Kinder in dem Sinne, dass alle Kinder diese Ziele zu einem bestimmten Zeitpunkt erreicht haben sollen. Sie leiten vielmehr das pädagogische Handeln*« (Preissing/Heller 2010, S. 97).

Anlässe für pädagogisches Handeln können alltägliche Vorfälle im Kindergarten, in der Familie oder im Gemeinwesen sein. Ist ein Vorfall oder ein Problembereich als eine zu bearbeitende »Situation« identifiziert, dann müssen entweder gezielt Informationen eingeholt werden oder vorhandene Informationen werden gesammelt und ausgetauscht, damit die »Situationsanalyse« erfolgen kann. Viele »Situationen« erfordern nur eine kurzfristige Reaktion, wie z. B. ein Spiel oder ein Gespräch. Manche »Situationen« erweisen sich jedoch als so gewichtig, dass daraus ein längerfristiges Projekt, also eine didaktische Einheit entsteht. In der Umsetzung dieses theoretischen Ansatzes sind u. a. die folgenden »didaktischen Einheiten« ausgearbeitet worden:

»Kinder im Krankenhaus«, »Kinder kommen in die Schule«, »Werbung«, »Wochenende«, »Verlaufen in der Stadt«, »Über den Umgang mit Märchen«, »Wohnen«, »Kochen, Ausflug, Kinderfeste«, »Neue Kinder in der Gruppe«, »Müll«, »Kinder im Kindergarten«, »Meine Familie und ich«, »Tod«, »Was Kinder haben wollen«, »Was meine Eltern tagsüber tun«, »Kinder werden abgelehnt«, »Kinder allein zu Haus«, »Große und kleine Kinder«, »Wir haben Ferien«, »Fernsehen«, »Kinder und alte Leute«, »Gastarbeiterkinder«, »Kinder aus unvollständigen Familien«, »Aufräumen, Essen, Einschlafen«, »Spielsituationen« (Arbeitsgruppe Vorschulerziehung 1976, S. 42). Mit dem Projekt »Gastarbeiterkinder« folgte man der damals üblichen Diktion; heute würde man ein vergleichbares Projekt wohl anders benennen.

Zu jeder der didaktischen Einheiten wurde vielfältiges Material hergestellt; dazu gehören ein Textteil mit Erläuterungen zur Einführung, Materialien zur Situation, Hinweise für die Mitwirkung von Eltern und anderen Erwachsenen. Des Weiteren gehört dazu ein Materialteil mit Kindergeschichten, Fotokarten, Bildkarten (grafische Darstellungen für Kinder), Fotopostern (Dokumentationen durchgeführter Projekte), Tonkassetten und Filmen.

Dass die Arbeit nach dem Situationsansatz von den Erzieherinnen viel verlangt, machen Preissing und Heller deutlich. Die Erzieherinnen sollen

- die aktuellen Interessen und Anliegen der Kinder erkunden
- prüfen, welche gesellschaftlichen Entwicklungen für Kinder bedeutsam sind
- unter Berücksichtigung der Kompetenzbereiche konkrete Ziele entwickeln
- mit den Kindern Projekte konzipieren
- den Verlauf des Projektes unter Einbeziehung der Kinder dokumentieren (vgl. Preissing/Heller 2010, S. 107).

Es ist die Aufgabe der Erzieherin, aus der großen Zahl möglicher Situationen eine begründete Auswahl zu treffen. Es gilt, solche Situationen auszuwählen, die Erfahrungen ermöglichen und Bildungspotenziale enthalten. Zugleich ist auch zu beachten, dass die ausgewählte Situation exemplarisch, d. h. auf andere Situationen übertragbar ist. »*Lebenssituationen werden zu Lernsituationen und sind Ausgangspunkt für Erkundungen und gemeinsames Nachdenken mit Kindern und Eltern. Die Auswahl der Projekte setzt Absprachen mit allen Beteiligten voraus […]. Außerdem finden viele Aktivitäten außerhalb des Kindergartens statt, was zusätzliche Planungen (Aufsicht) erforderlich macht*« (Haberkorn/Götte 2010, S. 395). An dem folgenden Beispiel soll dieser didaktische Ansatz verdeutlicht werden.

Verlaufen in der Stadt

»Damit Kinder eine genaue Vorstellung von der Struktur ihrer unmittelbaren Umgebung bekommen, können sie versuchen, die Umgebung des Kindergartens in dreidimensionaler Form zu bauen: im Sandkasten oder auf dem Rasen, mit Bauklötzen, Plastilin oder Lego. Während des Bauens können sie immer wieder hinausgehen, sich die Umwelt wirklich ansehen und dann versuchen, sie nachzubauen. Modellbauten und Stadtplanspiele können Kinder anregen, sich auf Spaziergängen nach und nach bewusster zu orientieren und darüber zu sprechen, wo die anderen Kinder wohnen und wie man ein bestimmtes Ziel erreicht, z. B. das Schwimmbad, und von dort wieder zum Kindergarten zurückfindet. Es können erste Straßenpläne entstehen, anschaulich und sehr vereinfacht zunächst, auf denen Kinder mit Autos, Verkehrszeichen und Püppchen spielen können. Nach und nach werden Kinder abstraktere Symbole und Zeichen für Merkmale ihrer Umwelt in den Plan einsetzen, je nach Alter und Interesse der jeweiligen Kindergruppe. Es hat sich dabei gezeigt, dass es auch bei der Herstellung eines zweidimensionalen Stadtplans wichtig ist, dass die Kinder bei Spaziergängen immer wieder überprüfen, ob ihr Plan der Realität entspricht, und dass sie auf dem Plan Orientierungsspiele machen.

  Nachdem eine Kindergruppe in einem Kindergarten schon einen Stadtplan hergestellt und an der Wand befestigt hatte, entwickelten einige Kinder ein Rollenspiel: Sie falteten Häuser aus Pappe und Buntpapier und beklebten einen großen Stadtplan, der im Gymnastikraum auf dem Boden ausgebreitet war. Mit Biegepüppchen spielten sie dann ›Besuchen‹. Das Kind, das besucht wurde, beschrieb den anderen den Weg ›Erstaunlich war‹, berichtete die Erzieherin, ›dass die Kinder die Wege auch bei beträchtlicher Distanz genau beschreiben konnten‹. Die notwendigen Verkehrszeichen (Ampel und Zebrastreifen) hatten die Kinder vorher aus einer der herkömmlichen Verkehrstrainingsmappen ausgeschnitten und in den Plan eingeklebt. Die Verkehrsregeln wurden im Spiel beachtet, auf Verstöße gegen sie wiesen sich die Kinder

> *gegenseitig hin. Das Spiel war intensiv, sie unterhielten sich angeregt miteinander, übernahmen verschiedene Rollen und spielten begeistert und phantasievoll.*
>
> *Am nächsten Tag beobachtete die Erzieherin folgende Szene: Beate zu Regine: ›Du kannst mich doch besuchen‹ Regine: ›Ich weiß doch gar nicht, wo du wohnst.‹ Beate zieht Regine zum Plan an der Wand und sagt: ›Komm her, ich zeig' dir auf dem Plan, da kannst du gleich sehen, wie du gehen musst‹« (Arbeitsgruppe Vorschulerziehung 1976, S. 88ff.).*

Da der Situationsansatz als offenes Curriculum konzipiert ist, sollen die didaktischen Einheiten je nach den spezifischen Bedürfnissen eingesetzt und verändert werden. Die Erzieher sollen sich dieses Materials frei bedienen und es nicht als vorgefertigtes Material einsetzen. Diese Absicht der Arbeitsgruppe Vorschulerziehung drückt sich auch in der Überschrift ihrer Publikationen aus, die sie »Anregungen« genannt hat.

Auch 35 Jahre später arbeiten viele Erzieherinnen nach diesem Ansatz, und es werden immer wieder neue Projekte entwickelt, wie z.B. das von Elke Lemke und Heike Westermann, die in einer Berliner Kindertagesstätte ein »klitzekleines Lesezimmer« errichteten. Hier also ein Beispiel für ein gelungenes Projekt zur »Literacy-Erziehung«. Ausgangspunkt war die Suche nach einem gemütlichen und ruhigen Platz zum Vorlesen, Erzählen und zur Bilderbuchbetrachtung. Ein wenig genutzter Personalraum von nur fünf Quadratmetern wurde »besetzt« und gemeinsam mit den Kindern gestaltet. In ihrem Bericht schildern die Erzieherinnen ihr Projekt von der Namensfindung, der Einrichtung des kleinen Raumes und wie sie gemeinsam mit den Kindern Regeln für die Nutzung der Bücher aufstellen. Hinzu kamen Besuche bei der Stadtteilbibliothek, um dort Bücher auszuleihen. »*Es ist für uns immer wieder faszinierend zu beobachten, wie sich die Kinder mit Spaß und Freude die Literatursprache angeeignet haben, wie sie verschiedene Worte mit gleicher Bedeutung benutzen. Selbst zurückhaltenden Kindern gelingt es immer besser, ihre Scheu zu überwinden und vor der Gruppe zu sprechen. Wie schon der Name des ›klitzekleinen‹ Lesezimmers zeigt, haben viele Kinder sehr viel Spaß an Wortspielen und Zungenbrechern. Auch in diesem Bereich sorgen wir für immer neue Anregungen*« (Lemke/ Westermann 2010, S. 19).

Abb. 35: Das klitzekleine Lesezimmer.
Foto: Elke Lemke

Das situative Curriculum wurde am Deutschen Jugendinstitut von einer Gruppe junger Wissenschaftlerinnen und Wissenschaftler unter Leitung des Berliner Erziehungswissenschaftlers Jürgen Zimmer entwickelt und wissenschaftlich begleitet. Die Wissenschaftler stellten an die Praktiker einen hohen Anspruch an Einsatzbereitschaft,

Kooperationsfähigkeit und Kreativität. Zugleich boten aber die Bedingungen des Modellversuchs enorme Möglichkeiten für die Erzieherinnen. In den zahlreichen Tagungen konnten sie ihre Erfahrungen austauschen; ihre pädagogische Arbeit wurde durch die Mitarbeit von Wissenschaftlern, aber auch z. B. durch Fotografen in hervorragender Weise dokumentiert und damit der Überprüfung und Reflexion zugänglich gemacht.

Die Entwicklung des Situationsansatzes, in die von Anfang an die Praktiker mit einbezogen waren, hat insbesondere während der Modellversuchsphase die pädagogische Praxis dieser Kindergärten verändert. Es wurde außerdem festgestellt, dass der Situationsansatz auch auf jene Einrichtungen ausgestrahlt hat, die zwar nicht in den Modellversuch einbezogen waren, denen aber die didaktischen Einheiten verfügbar gemacht wurden. Rückblickend kann man sagen, dass der Situationsansatz einen enormen innovatorischen Schub ausgelöst hat, der bis heute wirksam geblieben ist, denn es ist das wohl das am meisten verbreitete Konzept für den Kindergarten.

13.
Interkulturelle Pädagogik

13. Interkulturelle Pädagogik

13.1 Zuwanderung in Deutschland – Vielfalt der Kulturen

In den 1950er-Jahren begann in der Bundesrepublik dank US-amerikanischer Unterstützung das »Wirtschaftswunder«, und die Unternehmen brauchten mehr Arbeitskräfte als in Deutschland rekrutiert werden konnten. Um dem drohenden Mangel an Arbeitskräften zu begegnen, sollten ausländische Arbeiter ins Land geholt werden, und daher hat die Bundesregierung mit den folgenden Staaten Anwerbeabkommen geschlossen: mit Italien (1955), mit Spanien und Griechenland (1960), mit der Türkei (1961), mit Portugal (1964), mit Tunesien und Marokko (1965) und mit Jugoslawien (1968). Dadurch stieg der Anteil der Ausländer in Westdeutschland kontinuierlich, bis die wirtschaftliche Rezession zu Beginn der siebziger Jahre zu einem sprunghaften Anstieg der Arbeitslosigkeit führte, was den Anwerbestopp 1973 zur Folge hatte. Damit verbunden waren politische Maßnahmen, die die Ausländer dazu bewegen sollten, in ihre Heimatländer zurückzukehren, was allerdings nur einen leichten Rückgang von 4,6 Millionen im Jahre 1972 auf 4,3 Millionen 1974 bewirkte. Danach stieg die Zahl der Arbeitsmigranten wieder an.

In zunehmendem Maß kamen hierdurch auch ausländische Familien mit Kindern nach Deutschland. *»Im Zeitraum von 1966 bis 1970 verdoppelte sich die Zahl der Kinder unter 21 Jahren. 1966 waren es etwa 192.000 und 1968 waren es 250.000, von denen 28.000 einen Kindergarten besuchten. 1970 betrug die Anzahl der Kinder unter 16 Jahren 433.000 [...]. Die steigende Zahl der Ausländerehepaare und die wachsende Zahl der in der BRD geborenen Kinder sprechen sehr deutlich für die Annahme, dass de facto eine Einwanderung in die Bundesrepublik stattfindet, obgleich die Bundesrepublik kein Einwanderungsland ist. Dieser Trend widerspricht den Interessen der Arbeitgeberverbände, die das ›Rotationsprinzip‹ befürworten, weil sie die notwendigen sozialen Folgeleistungen wie Wohnungen, Renten, schulische Betreuung der Kinder, sowie einen verstärkten Ausbau von Kinderkrippen und Kindergärten nicht erbringen wollen«* ([Aden-]Grossmann 1972, S. 133f.).

Da ausländische Eltern in der Regel beide arbeiteten, sind sie bei der Betreuung ihrer Kinder auf einen Platz in einer Kindertagesstätte angewiesen. In der Vergangenheit haben aufgrund fehlender Plätze in Kindergärten die älteren Kinder ihre jüngeren Geschwister beaufsichtigen müssen und wurden so vom Schulbesuch ferngehalten. Im Schuljahr 1969/70 besuchte etwa ein Viertel der schulpflichtigen ausländischen Schüler in Frankfurt aus diesem Grund keine Schule (vgl. [Aden-] Grossmann 1972, S. 137).

In den folgenden Jahren verlagerte sich die Zuwanderung nach Deutschland auf weitere Gruppen: politisch Verfolgte, nachziehende Familienangehörige und EU-Bürger, die von dem Recht auf Freizügigkeit Gebrauch machten. Hinzu kamen Asylbewerber sowie Kriegs- und Bürgerkriegsflüchtlinge. Weitere Gruppen, die zwar sofort die deutsche Staatsbürgerschaft erhielten, jedoch ähnliche Integrationsprobleme hatten wie die zugewanderten Ausländer, waren jüdische Zuwanderer aus den Gebieten der ehemaligen Sowjetunion und Spätaussiedler.

Auernheimer stellt fest, dass es nicht nur in Deutschland und Europa, sondern weltweit Migrationsbewegungen gibt: »*Diese sind eine Folge der globalen wirtschaftlichen Verflechtung, die mit einer kommunikativen Vernetzung (Verkehrsmittel, Medien) einhergeht. Der einheitliche Weltmarkt schafft auf Grund der sehr unterschiedlichen gesellschaftlichen Voraussetzungen neue soziale Gegensätze, was Menschen auf der Suche nach einer sicheren Existenz und nach einem besseren Leben zur Wanderschaft treibt*« (Auernheimer 2010, S. 9).

Entgegen den anfänglichen Vermutungen und politischen Intentionen erwies sich, dass die Mehrzahl der zugewanderten Familien langfristig bzw. auf Dauer in Deutschland bleiben wolle. »*Weil sich in Deutschland für Zuwanderer vielfältige Möglichkeiten der Integration und des sozialen und wirtschaftlichen Aufstiegs bieten, zählt Deutschland im weltweiten Vergleich zu den Hauptzielländern von Migration*« (BMFSJ 2000, S. XIV).

Durch die Familienzusammenführung und wegen des Geburtenüberschusses bei ausländischen Familien stieg der Anteil der Kinder mit Migrationshintergrund. Je länger jedoch die ausländischen Familien in Deutschland lebten, desto deutlicher passten sie sich in ihrer Familienplanung an die der deutschen Familien an. So sank die durchschnittliche Kinderzahl bei Türkinnen von 4,1 Kindern 1975 auf 2,5 im Jahr 1993. Damit liegt die durchschnittliche Geburtenrate bei Türkinnen noch immer deutlich über der der deutschen Frauen mit 1,3 Kindern. Die Anzahl der Kinder von Italienerinnen betrug zu diesem Zeitpunkt ebenfalls 1,3 und die der Griechinnen lag mit 1,2 Kindern noch darunter (BMFSJ 2000, S. 102).

Unter dem Begriff der *ersten Zuwanderungsgeneration* verstehen wir diejenigen, die selbst zugewandert sind. Deren Kinder, sofern sie in Deutschland geboren sind, zählen zur zweiten Zuwanderungsgeneration. Die dritte Zuwanderungsgeneration bilden diejenigen, deren Großeltern zugewandert sind. Um diese unterschiedlichen Familienhintergründe zu beschreiben, hat sich der etwas umständliche Begriff von *Menschen mit Migrationshintergrund* eingebürgert.

Migrantenfamilien sind keine homogene Gruppe. Sie unterscheiden sich nach Herkunftsregion bzw. -land, Kultur, Religion, Aufenthaltsdauer, Schichtzugehörigkeit, Familienstruktur, Geschlechtsrollenleitbildern, Erziehungsstil, Integrationswillen usw. Die mit der Migration verbundenen Anforderungen stellen eine hohe psychosoziale Belastung dar, worauf Christiane Schurian-Bremecker verweist. »*Auch wenn die Kernfamilie in Deutschland lebt, gestaltet sich der Migrationsprozess als ein dynamischer. Durch Remigration und Binnenwanderung ergeben sich innerhalb von Familien immer wieder neue Strukturen und Beziehungen zwischen den einzelnen Mitgliedern, die aufgearbeitet werden müssen. Die von den Familien zu bewältigenden emotionalen Herausforderungen und Anpassungsleistungen sind enorm*« (Schurian-Bremecker 2008, S. 87).

1999 lebten 7,34 Millionen Menschen mit Migrationshintergrund in Deutschland darunter 1,85 Millionen aus EU-Ländern. Im Laufe von zehn Jahren hat sich die Anzahl der Menschen mit ausländischen Wurzeln mehr als verdoppelt und betrug 2008 bereits 15,6 Millionen. Etwa jeder fünfte Einwohner Deutschlands hat hinsichtlich seiner familiären Herkunft einen Migrationshintergrund (Statistisches Bundesamt Deutschland, Pressemitteilung vom 26.1.2010). Bezogen auf die Kinder unter 6 Jahren ist ihr Anteil mit 32,5 Prozent besonders hoch (Konsortium Bildungsberichterstattung 2006, S. 143).

Da Deutschland aufgrund der schrumpfenden deutschen Bevölkerung auf Zuwanderung angewiesen ist, ist die Politik seit 1998 darauf gerichtet, diese Zuwanderung zu akzeptieren und zu steuern. In der Koalitionsvereinbarung der Regierungsparteien SPD und Bündnis 90/Die Grünen vom 20. Oktober 1998 heißt es: »*Wir erkennen an, dass ein unumkehrbarer Zuwanderungsprozess in der Vergangenheit stattgefunden hat, und setzen auf die Integration der auf Dauer bei uns lebenden Zuwanderer, die sich zu unseren Verfassungswerten bekennen*« (Koalitionsvereinbarung 1998, S. 38). Das geforderte Bekenntnis zu den im Grundgesetz verankerten Verfassungswerten soll die Bundesrepublik vor extremistischen, antidemokratischen Gruppierungen schützen, jedoch wird damit nicht erwartet, dass Zuwanderer ihre religiöse und ethnische Identität aufgeben.

Drei Viertel der Menschen mit Migrationshintergrund leben im Westen und Süden Deutschlands (Baden-Württemberg, Bayern, Hessen, Nordrhein-Westfalen) und dort wiederum in den Ballungsgebieten. Eine hohe Konzentration finden wir auch in den Stadtstaaten Berlin, Hamburg und Bremen. Gering hingegen ist ihr Anteil in den neuen Bundesländern (ohne Ostberlin), wo nur 0,8% der Ausländer leben (BMFSJ 2000, S. 65). Innerhalb der industriellen Ballungszentren konzentriert sich die Bevölkerung mit Migrationshintergrund in bestimmten Wohnvierteln.

Aus sozialwissenschaftlichen Untersuchungen wissen wir, dass die dort lebenden Migranten wenig oder gar keinen Kontakt zur deutschen Bevölkerung haben. Andererseits bietet das Leben in diesen Wohnquartieren deren Bewohnern auch Geborgenheit in einem dichten Netz sozialer Beziehungen, und die Binnenintegration ermöglicht ethnischen Minderheiten, sich einen eigenen kulturellen Raum zu schaffen.

Nicht nur Kinder anderer ethnischer Herkunft und Sprache müssen sich mit ihrem sozialen Umfeld auseinandersetzen, auch viele deutsche Kinder erleben die Andersartigkeit fremder Kulturen. Kinder in Deutschland wachsen hinein in eine Gesellschaft spezieller Vielfalt, nämlich in die der verschiedenen Ethnien und Kulturen. Sie erleben, in Westdeutschland häufiger als in Ostdeutschland, in städtischen häufiger als in ländlichen Regionen, Menschen mit anderer Sprache, anderem Aussehen, anderen Umgangsformen. In den Großstädten sehen und erleben (west-)deutsche Kinder Menschen, die in Moscheen gehen, Frauen, die Kopftücher tragen, Kinder, die spät abends auf der Straße spielen (dürfen), Familien, die in den Grünanlagen Picknick machen.

Die interkulturelle Pädagogik zielt folglich darauf, die Vielfalt der Kulturen zu akzeptieren, die Andersheit zu respektieren und die Fähigkeit zum interkulturellen Dialog zu fördern (vgl. Auernheimer 2010, S. 21). Aus diesen grundsätzlichen Leitmotiven folgt für die Erziehung in Kindertageseinrichtungen die Notwendigkeit, die *»ersten sozialisierenden Voraussetzungen für eine erfolgreiche Integration zu schaffen«*, und das *»bedeutet konkret, allen Kindern Handlungsfähigkeit für den multikulturellen Alltag und seine gesellschaftsrelevanten Institutionen zu vermitteln«* (Simon-Hohm 2001, S. 235).

13.2 Der Kindergartenbesuch

Alle in Deutschland lebenden Kinder haben mit dem vollendeten 3. Lebensjahr ein Recht auf einen Platz in einem Kindergarten. So stieg von 1991 bis 2005 bei den Dreijährigen mit Migrationshintergrund der Anteil der Kinder, die einen Kindergarten besuchten, von 44 auf 56 Prozent. Im gleichen Zeitraum erhöhte sich der Anteil der dreijährigen Kinder ohne Migrationshintergrund, die einen Kindergarten besuchen, von 60 auf 72 Prozent. Auch bei den Vierjährigen mit Migrationshintergrund wuchs die Quote deutlich von 75 auf 84 Prozent; bei den gleichaltrigen Kindern ohne Migrationshintergrund erhöhte sich der Anteil der Kinder, die einen Kindergarten besuchen, von 60 auf 89 Prozent. Damit nehmen Eltern mit ausländischen Wurzeln die Angebote vorschulischer Betreuung und Bildung zwar in etwas geringerem Maß in Anspruch als Eltern ohne Migrationshintergrund, aber die Beteiligungswerte nähern sich an (Konsortium Bildungsberichterstattung 2006, S. 150).

Ob Eltern ihr Kind in einen Kindergarten schicken, hängt weniger vom Herkunftsland oder dem Geschlecht des Kindes ab, sondern vor allem vom Bildungsabschluss der Eltern. *»Wenn sie höchstens einen Hauptschulabschluss haben, ist der Kindergartenbesuch – ähnlich wie bei deutschen Familien – um rund 5 Prozentpunkte niedriger als bei einem höheren Schulabschluss der Eltern«* (Konsortium Bildungsberichterstattung 2006, S. 150).

In den einzelnen Tageseinrichtungen variiert der Anteil der Kinder mit Migrationshintergrund sehr stark und ist abhängig davon, wie hoch der Anteil dieser Familien in der umgebenden Wohnbevölkerung ist. Entsprechend der Konzentration der ausländischen Familien vor allem auf die industriellen Ballungsgebiete ist dort auch der Anteil der Kinder mit Migrationshintergrund in den Tageseinrichtungen besonders hoch. In Berlin-Kreuzberg z. B. beträgt er zwischen 50 und 70%.

Bemerkenswert ist, dass der Anteil der Kinder aus Migrantenfamilien je nach Träger der Einrichtungen unterschiedlich hoch ist. Für Nordrhein-Westfalen wurde festgestellt, dass in den kommunalen Einrichtungen der Anteil der ausländischen Kinder am höchsten ist (28,9%), gefolgt von den Einrichtungen der Arbeiterwohlfahrt (20,7%), des Deutschen Roten Kreuzes (19,4%), der evangelischen Kirche (17,2%), der katholischen Kirche (16,2%), und des Deutschen Paritätischen Wohlfahrtsverbandes (9,7%). Der Anteil der Kinder aus Migrantenfamilien in den Einrichtungen der beiden großen Kirchen ist deutlich niedriger als in den kommunalen Einrichtungen, weil muslimische Familien zögern, ihre Kinder in Einrichtungen mit christlicher Weltanschauung zu geben. (BMFSJ 2000, S. 173).

13.3 Bilinguale Kinder im Kindergarten

Von Bilingualität (Zweisprachigkeit) sprechen wir, wenn neben der Muttersprache eine zweite Sprache erlernt wird. Das sind zum einen Kinder, deren Muttersprache nicht Deutsch ist, und die als zweite Sprache Deutsch lernen (müssen). Aber es sind auch Kinder, die in binationalen und bilingualen Familien aufwachsen, was schließlich in der Regel zu Mehrsprachigkeit führt.

In den Migrantenfamilien spielt die Sprache des Herkunftslandes meist eine dominante Rolle, sodass viele Kinder ohne Deutschkenntnisse in den Kindergarten kommen. Für die meisten Kinder mit nichtdeutscher Muttersprache ist der Besuch des Kindergartens der erste Kontakt mit der deutschen Sprache. Es ist also außerordentlich wichtig, dass der Kindergarten gezielt das Erlernen der deutschen Sprache fördert.

Dass dies noch nicht in dem nötigen Umfang geschieht, machen die folgenden Zahlen deutlich: In Hessen z. B. verfügten von 62.000 Schulanfängern 11.000 Kinder nur über geringe deutsche Sprachkenntnisse, 6.000 hatten sogar erhebliche Defizite. Da gute Kenntnisse der deutschen Sprache die wichtigste Voraussetzung für einen späteren Schulerfolg sind, wird nunmehr der Sprachförderung bereits im Elementarbereich eine hohe Priorität eingeräumt. Sprachförderprogramme sollen dazu beitragen, dass bei Schuleintritt möglichst alle Kinder über ausreichende Sprachkenntnisse verfügen. Die Sprachförderung im Kindergarten ist – anders als im schulischen Unterricht – nicht systematischer Art, sondern wird in Spielaktivitäten eingebettet.

Die Nicht-Berücksichtigung der Muttersprache wird vielfach kritisiert, denn für die kognitive und emotionale Entwicklung des Kindes spielt die Muttersprache eine positive Rolle. »*Die Forderung nach einer bilingualen Erziehung stößt jedoch weiterhin auf den Widerstand von assimilationsorientierten Bildungskonzepten, auf monolinguale Praxis und erhebliche organisatorische und finanzielle Widerstände, die dazu führen, dass der Bilingualismus der Kinder aus Familien ausländischer Herkunft im Bildungssystem als Wert noch zu wenig erkannt und gefördert wird*« (BMFSJ 2000, S. 173). Abgesehen davon, dass es vielfach der Wunsch der Familien ist, dass ihre Kinder auch in der Muttersprache gefördert werden, haben vergleichende Sprachforschungen ergeben, dass die Muttersprache auch eine wichtige Basis für den Erwerb der Zweitsprache ist.

Erzieherinnen machen die Erfahrung, dass die Zahl der Kinder mit Sprachdefiziten zunimmt. Oft kommt hinzu, dass die Kinder auch ihre eigene Muttersprache nur sehr begrenzt beherrschen, was zu einer neuen Form der Sprachlosigkeit führt (vgl. Simon-Hohm 2001, S. 252). Zur Förderung der Muttersprache im Kindergarten brauchen die Erzieherinnen die Unterstützung durch die Eltern. »*So sollten in der Einrichtung Bilderbücher und andere Medien in der jeweiligen Herkunftssprache vorhanden und möglichst auch ausleihbar sein. Die Eltern gewinnen so den Eindruck, dass Bilingualität seitens des Kindergartens positiv gesehen und gefördert wird*« (Textor 2005). Das im Folgenden wiedergegebene Beispiel aus der Praxis zeigt, welche Schwierigkeiten es Kindern bereitet, sich nicht verständlich machen zu können.

»Fuad, ein dreijähriger Türke ohne deutsche Sprachkenntnisse, steht nach seiner Anmeldung zunächst angezogen und abwartend im Gruppenraum in der Nähe der Tür und beobachtet die anderen Kinder aufmerksam beim Spielen. Die Erzieherin kümmert sich mit den Kindern um ihn, und mit gleichbleibender Geduld erreicht sie es, dass Fuad nach einer Woche seinen Anorak ablegt, jedoch behält er die Mütze weiter auf dem Kopf und verhält sich zurückhaltend. Als die Kinder an einem dieser Tage ihr Spielzeug weggeräumt haben, holt er es auf einmal wieder heraus und baut ein vorher gesehenes Bauwerk nach. Alle freuen sich darüber. Dadurch ermuntert, beteiligt sich der Junge von nun an des Öfteren an Spielprozessen, bis er nach vier Wochen so weit ist, auch seine Mütze wie die anderen abzulegen. Zu zwei deutschen Kindern sucht er Kontakt, der erwidert wird. Nach einem halben Jahr kennt Fuad sämtliche Namen, kann sich sprachlich helfen und ist als Gruppenmitglied weitgehend integriert« (Andreas/Kaudelka 1982, S. 125). Das Beispiel zeigt, dass das Erlernen der deutschen Sprache die wichtigste Voraussetzung für die Integration in die Kindergruppe ist.
»Kenan, ein anderer türkischer Junge von drei Jahren mit geringen deutschen Sprachkenntnissen, interessiert sich sehr für alle Dinge seiner Umwelt. Oft stellt er u. a. die Frage: ›Wie ist das?‹ Erzieherin und Kinder antworten dann gern. Auf diese Weise ›erarbeitet‹ er sich den Begriff ›rot‹, und zwar so: Auf seinem Tisch liegt ein Platzdeckchen mit einem roten Apfel, auf den er fragend zeigt. Die Antwort der Erzieherin wiederholt er mehrmals, vor sich hinsprechend: ›Rot ... rot‹. Dann blickt sich Kenan im Raum um, sieht eine rote Lampe, deutet spontan mit dem Finger darauf und ruft strahlend der Erzieherin zu: ›Elvira, rot‹« (Andreas/Kaudelka 1982, S. 125).
Fuads wie auch Kenans Familien leben – wie die meisten ausländischen Familien – in einem Stadtteil mit extrem hohem Ausländeranteil. Im Haus selbst und in der Nachbarschaft wohnen viele Türken, und auch die meisten Einkäufe erledigt die Mutter in einem türkischen Geschäft. Daher haben beide Familien keinen Kontakt zu Deutschen. Die Erzieherinnen im Kindergarten, die anderen Kinder und deren Mütter sind ihre ersten deutschen Kontaktpersonen. Schon manchem deutschen Kind fällt der Übergang von der Familie in den Kindergarten schwer. Für ausländische Kinder sind die Unterschiede zwischen dem Kindergarten und der Familie noch größer. Zunächst einmal verstehen sie nichts, und deshalb erscheint es vordringlich, dass sie Deutsch lernen. Das folgende Beispiel zeigt, dass der fünfjährige Nikos durch den Besuch des Kindergartens rasch Deutsch lernte, dass er aber kaum noch griechisch sprach:

> »In den Kindergarten wurde er (Nikos) geschickt, um Deutsch zu lernen [...]. Am Anfang [...] wollte er nicht dort bleiben, weil er nichts verstehen konnte. Jeden Morgen weinte er so bitterlich, dass die Mutter sich oft überlegte, ob sie ihn nicht doch zu Hause behalten sollte. Inzwischen liegen jedoch die Probleme ganz anders. Nikos begrüßt uns (die beiden griechischen Besucher) auf Deutsch, und später weist er uns auf die Besonderheiten des heutigen Fernsehprogramms hin. Seine Sprachkenntnisse, die er uns bewusst präsentiert, sind zwar nicht einwandfrei, er ist jedoch offensichtlich stolz auf sie. Von ähnlichem Stolz ist bei den Eltern nichts zu spüren, denn [...] ›Nikos spricht praktisch nur deutsch und nicht wie erwünscht deutsch und griechisch. Für die der deutschen Sprache unkundige Eleni (seine Mutter) ein bitteres Los, das sie mit allen Strafandrohungen rückgängig zu machen versucht« (Tsiakalos 1982, S. 76).

Dass das Verhalten von Nikos kein Einzelfall ist, wird aus vielen Praxisberichten deutlich. Auch Akpinar und Zimmer (1984) berichten von Kindern, die ihre Muttersprache verleugnen: »*Da sind Emine, ein türkisches Mädchen, und Dragan, ein jugoslawischer Junge. Sie weigern sich, in ihrer Muttersprache zu sprechen, auch zu Hause. Emine kann sogar kaum Türkisch sprechen, ihre älteren Geschwister müssen zu Hause zwischen ihr und ihrer Mutter, die wiederum kaum Deutsch spricht, dolmetschen [...]. Die Entfremdung von der Mutter ist groß [...]. Gleichzeitig ist Emine, die nur noch Deutsche sein will, im Aussehen eindeutig als Türkin zu erkennen. Wie wird sie weiterhin damit klarkommen, weder eine richtige Deutsche noch eine richtige Türkin zu sein? Und Dragan? Seine Eltern sprechen gut Deutsch, gehen auf seinen Wunsch, zu Hause Deutsch zu sprechen, weitgehend ein. Im Augenblick sieht die Situation nicht besonders problematisch aus. Offen bleibt die Frage, wie eigentlich das Selbstwertgefühl eines jugoslawischen Kindes aussieht, das sich weg dreht, wenn eine Kassette mit jugoslawischer Musik gespielt wird*« (Akpinar/Zimmer 1984, S. 59).

Aus den hier angeführten Beispielen wird klar, dass Elternarbeit außerordentlich wichtig und eine besondere Herausforderung für Erzieherinnen und Erzieher ist. Abgesehen davon, dass es häufig Verständigungsschwierigkeiten gibt, weil viele Eltern nur wenig Deutsch können, muss man auch davon ausgehen, dass sie wenig über das deutsche Bildungswesen wissen, vor allem dann, wenn sie aus Ländern außerhalb der Europäischen Union stammen und erst kurze Zeit in Deutschland leben. »*Beispielsweise mögen sie unklare Vorstellungen vom Kindergarten haben (wissen nicht, was dort mit ihren Kindern ›geschieht‹), seine Bedeutung falsch einschätzen [...], unrealistische Erwartungen haben [...] oder nicht wissen, dass auch sie als Eltern ›Zielgruppe‹ des Kindergartens sind*« (Textor 2005).

13.4 Das multikulturelle Konzept

Zur Entwicklung des Konzepts der multikulturellen Erziehung hat sehr wesentlich der vom Land Berlin getragene Modellversuch »Sozialisationshilfen für ausländische Kinder im Kindergarten« (1979 bis 1983) beigetragen, der vom Institut für interkulturelle Erziehung und Bildung wissenschaftlich begleitet wurde.

Ausgehend vom Situationsansatz wurden Konzepte der multikulturellen Erziehung entwickelt, die die Lebenssituation ausländischer Kinder in Deutschland zum Ausgangspunkt haben. Zur Wahrung der kulturellen Identität sollen auch die nationalen Feste im Kindergarten gefeiert werden; Bilder und Filme sollen die deutschen Kinder mit dem Herkunftsland der ausländischen Kinder bekannt machen, wobei zu bedenken ist, dass diese es selbst oft auch nur von Erzählungen der Eltern und kurzen Ferienaufenthalten kennen. Der Erfolg dieses Modellversuchs beruht darauf, dass sich die Erzieherinnen engagiert mit dem Herkunftsland, der Kultur und der Sprache der ihnen anvertrauten Kinder mit Migrationshintergrund beschäftigt haben, sodass sie den Kindern und ihren Eltern offener und verständnisvoller entgegentreten konnten, als das bisher die Regel war.

Vertreter dieses Ansatzes meinen, dass man die Integrationsproblematik von Kindern mit nicht-deutscher Muttersprache keinesfalls auf das Erlernen der deutschen Sprache reduzieren dürfe. Unterschiede in Erziehungs- und Wertvorstellungen zwischen Familien mit Migrationshintergrund und Familien ohne Migrationshintergrund sind groß. Sie beziehen sich vor allem auf die Geschlechtsrollenproblematik und die Sexualerziehung. Jungen werden im Kindergarten mit der Erwartung konfrontiert, dass sie Arbeiten übernehmen sollen, die in ihren traditionellen Gesellschaften als »Frauenarbeit« angesehen werden (Tisch decken, Tisch abwischen, Spielsachen wegräumen). Für Mädchen aus Migrantenfamilien können sich Konflikte ergeben, wenn sie erleben, dass es anderen Mädchen erlaubt ist, schwimmen zu gehen, im Kindergarten zu duschen und zu turnen, ihnen all dies aber von den Eltern untersagt wird. Unter einem besonders krassen Unterschied zwischen den elterlichen Verhaltenserwartungen und denen des Kindergartens leiden vor allem türkische Mädchen. Das folgende Beispiel soll zeigen, wie Suleika lernt, sich in den beiden Kulturen je nach Erwartungen unterschiedlich zu verhalten.

Über Suleikas Entwicklung berichtet die Erzieherin:

»Suleika ist seit zwei Jahren bei mir. Die Familie erzieht ihre Kinder sehr streng, soweit ich weiß. Sie waren schon rein äußerlich traditionell gekleidet, mit Hosen unter den Röcken und Kopftuch. Für unsere Begriffe waren sie viel zu warm angezogen.

Als wir im letzten Sommer zum Baden gingen und uns auszogen, war Suleika immer abseits und zog sich nicht aus. Sie hatte unwahrschein-

> *liche Angst. Sie mochte wohl mitmachen, traute sich aber nicht. Im letzten Jahr wurde das anders. Beim Turnen z. B. hat Suleika ihr Kleid zwar anbehalten, ließ auch Strümpfe und Schuhe an, hat aber mitgeturnt. Jetzt im Sommer, als es mit dem Wassergeplansche losging, hat Suleika sich am Vormittag sogar ausgezogen und mitgemacht wie die anderen und sich unheimlich gefreut. Am Nachmittag aber hat Suleika ihre Strickjacke angezogen und wusste dann anscheinend ganz genau: Bald werde ich abgeholt. Suleika stand mit ihrer Tasche da und in ihrer Jacke und wartete, hat dann nichts mehr mitgemacht, nur gewartet, bis sie abgeholt wurde. Das war ein ganz krasser Bruch zum Tagesablauf [...]. Das eine Mal wurde sie früher abgeholt, da hat der Vater gesehen, wie sie mit Sand und Wasser spielte und fröhlich herumplanschte. Er hat sehr streng mit Suleika geschimpft. Da bin ich zum Vater gegangen und habe ihn gefragt, ob er das denn nicht möchte. Ich würde das akzeptieren, und ich würde mich da nicht einmischen, wenn er das nicht möchte. Da meinte er aber, nein, nein, Suleika dürfte mitmachen, er hätte nur Angst, dass sie sich erkälte. Darauf sagte ich: ›Wissen Sie, ich akzeptiere das, aber bringen Sie Suleika eine leichte Spielhose mit‹. Darauf ist er aber nicht eingegangen. Suleika hat ihr Verhalten beibehalten. Das war das einzige Mal, dass es Probleme gab. Suleika ist hier im Kindergarten wie ein deutsches Kind«* (Akpinar/Zimmer 1984, 27ff.).

Der Entwicklungsprozess, den Suleika im Kindergarten durchlaufen hat, wirft eine Reihe von pädagogischen Fragen auf. Wie verarbeitet ein Kind, das in zwei so unterschiedlichen Bezugssystemen lebt, die daraus entstehenden Konflikte? Wie sollen wir die beschriebenen Verhaltensweisen dieses Mädchens bewerten? Je nachdem, wie es die Situation erfordert, verhält sich Suleika wie ein deutsches oder wie ein türkisches Kind; sie hat also für sich eine Strategie entwickelt, in beiden Bereichen, dem Kindergarten wie auch der Familie, sich gemäß den jeweiligen Erwartungen zu verhalten. Zimmer und Akpinar betonen, dass Konflikte dieser Art, die aus der Zugehörigkeit zu verschiedenen Gruppen resultieren, als normal anzusehen sind. Jedoch setzt dies eine flexible und zugleich stabile Ichstruktur voraus, um derart tief greifende Unterschiede im Wertsystem auszubalancieren, wie es im Fall Suleika deutlich geworden ist. Deutlich geworden ist an diesem Beispiel auch, wie viel Zeit dieses Kind benötigt hat, um für sich ein Problemlösungsverhalten zu entwickeln, das es ihm erlaubt, sich in die Kindergartengruppe zu integrieren. Zugleich achtet sie sehr sorgfältig darauf, dass dieser Bereich vor dem Einblick des Vaters abgeschirmt wird, dass sie also rechtzeitig, bevor sie abgeholt wird, sich wieder in die »türkische Tochter« zurückverwandelt. Wie viel psychische Kraft sie für dieses »Wandern zwischen den Welten« braucht, wurde in dem Bericht der Erzieherin nur angedeutet.

13.5 Das bilingual-bikulturelle Konzept

Das vom Staatsinstitut für Frühpädagogik in München unter der Leitung von Wassilios Fthenakis entwickelte »bilinguale-bikulturelle Konzept« geht davon aus, dass die Frage der Rückkehr für die ausländischen Familien offen sei, wenn auch anzunehmen ist, dass etwa die Hälfte aller ausländischen Familien in Deutschland bleiben wolle (eine Einschätzung, die nach den bisherigen Erfahrungen nicht zutrifft, denn der Anteil der Migranten, der auf Dauer in Deutschland bleibt, scheint wesentlich höher zu sein). Fthenakis leitet unter dieser Annahme nun die Zielvorstellung ab, dass sich das Kind im »Gastland« integrieren soll, dass es aber auch mit Sprache und Kultur des Herkunftslandes der Eltern so weit vertraut gemacht werden soll, dass ihm eine eventuelle spätere Rückkehr in das Heimatland möglich ist.

Die Notwendigkeit einer muttersprachlichen Förderung im Kindergarten wird lebensgeschichtlich und theoretisch begründet. Unter Heranziehung amerikanischer und skandinavischer linguistischer Untersuchungen von Migrationskindern vertritt Fthenakis die Auffassung, dass der Erwerb und/oder Erhalt der Muttersprache eine wichtige Voraussetzung für den Erwerb der Zweitsprache sei. Zwischen der zu erreichenden Kompetenz in der Zweitsprache und der in der Muttersprache erlangten Kompetenz bestehe demnach ein Wechselverhältnis. Das Kompetenzniveau, das ein Kind in der Zweitsprache erreichen werde, sei teilweise eine Funktion der Kompetenz, die das Kind in seiner eigenen Muttersprache zu dem Zeitpunkt aufweise, in dem die intensive Beschäftigung mit der Zweitsprache einsetzt. Die Förderung migranter Kinder in ihrer Muttersprache biete folglich bessere Voraussetzungen für den Zweitsprachenerwerb als etwa die Unterrichtung in der Zweitsprache allein (vgl. Fthenakis 1985).

Die Kindergartengruppen sollen deutsche und ausländische Kinder einer Nationalität umfassen und von einer deutschen und einer ausländischen Erzieherin gemeinsam betreut werden. Aufgabe der ausländischen Erzieherin ist die Förderung der Muttersprache und die Vermittlung der Bräuche aus der ethnischen Kultur. In einer Begründung dieses Konzepts heißt es: »*Sprache und Kultur, welche nur inselhaft und ›privat‹ vom – obendrein meist benachteiligten – Elternhaus vertreten wird und nicht auch durch öffentliche Institutionen und Erziehungspersonen abgesichert ist, muss zwangsläufig einseitig und verzerrt werden. Unter diesen Bedingungen wird die Muttersprache zu einer ›Privatsprache‹, welche viele Funktionen einbüßt. Durch sie werden hauptsächlich nur noch emotionale Inhalte vermittelt, der Zweitsprache jedoch ist die Übermittlung der anderen Bereiche vorbehalten wie schulisches Wissen, technische oder berufliche Inhalte […]. Durch den frühen Einsatz des bilingualen-bikulturellen Erziehungskonzepts wird der Grundstein gelegt zu einer im echten Sinne bilingualen-bikulturellen Identität:*

Das Kind wechselt beliebig beide Sprachen. Es ist in beiden Kulturen bis zu dem Grad bewandert, dass es den Grund für die verschiedenartigen Verhaltensweisen erfassen kann. Das ermöglicht Toleranz und eine flexible Anpassung« (Merz 1982, S. 44).

Einwände und Kritik beziehen sich in erster Linie auf die Machbarkeit dieses Modells, denn in der Realität haben sich entsprechend der Wohnbevölkerung der Umgebung des Kindergartens naturwüchsig multikulturelle Gruppen entwickelt. Hinzu kommt, dass durch die Einstellung einer zusätzlichen ausländischen Erzieherin erhöhte Kosten entstehen können. Jedoch wird dieses Konzept auch aus pädagogischen Gründen kritisiert: »*Eine häufig formulierte Kritik am bikulturellen Konzept richtet sich auf die befürchtete (und teilweise in der Praxis erfahrene) Abspaltung in nationale Gruppen und damit eine weitere Isolierung der ausländischen und deutschen Kinder voneinander. So wird der Vorwurf erhoben, dass binationale Kindergruppen ›integrationsfeindlich‹ sind und die Kinder eher zur Einsprachigkeit neigen als zur proklamierten Zweisprachigkeit*« (Zehnbauer 1980, S. 17).

13.6 Fazit

Dass Deutschland de facto ein Einwanderungsland ist, wurde spätestens mit dem 6. Familienbericht aus dem Jahr 2000 anerkannt, blieb aber zunächst noch ohne praktische Konsequenzen. Erst als durch die PISA-Studien offenkundig wurde, dass Kinder mit Migrationshintergrund im deutschen Bildungssystem extrem benachteiligt sind, setzte eine systematische Sprachförderung im Elementarbereich ein, die bereits zu ersten Erfolgen geführt hat. Zwar ist der Anteil der Familien mit Migrationshintergrund gestiegen, die den Kindergarten nutzen, aber insbesondere bei den Drei- und Vierjährigen ist er noch immer deutlich geringer als bei Familien ohne Migrationshintergrund. Den Eltern muss stärker als bisher vermittelt werden, dass durch eine frühzeitige Förderung die Bildungschancen ihrer Kinder verbessert werden können.

14.
Pädagogische Fachkräfte und Plätze in Kindertageseinrichtungen

14. Pädagogische Fachkräfte und Plätze in Kindertageseinrichtungen

14.1 Von der Kindergärtnerin zur Erzieherin

Die Anfänge

Parallel zur Gründung und Verbreitung von Kleinkinderbewahranstalten und Kleinkinderschulen im frühen 19. Jahrhundert entstanden auch die ersten Ansätze einer fachlichen Vorbereitung für die dort tätig werdenden Frauen. Jedoch handelte es sich hierbei zunächst nur um kurze Kurse, die eher den Charakter einer Einweisung in die praktische Arbeit hatten, als dass sie fundierte pädagogische Kenntnisse vermittelten.

Erste Ansätze einer berufsqualifizierenden Ausbildung finden wir in der von dem evangelischen Pfarrer Fliedner 1836 gegründeten Diakonissenanstalt in Kaiserswerth, der eine Kleinkinderschule sowie ein Seminar zur Ausbildung von »Kleinkinderlehrerinnen« angegliedert war. Hier bildete man in Kursen, die ein bis vier Monate dauerten, Kleinkinderlehrerinnen aus, die in den neu gegründeten Kleinkinderbewahranstalten und Kleinkinderschulen eingesetzt wurden. Dem Charakter der Einrichtungen entsprach auch die Ausbildung: Sie vermittelte vor allem religiöse Grundkenntnisse sowie praktische Fertigkeiten.

Den sozialfürsorgerischen, bewahrenden Charakter der Kleinkind-Einrichtungen hat Fröbel durch die Gründung des Kindergartens, der das Kind allseitig fördern sollte, überwunden. Seine anspruchsvolle pädagogische Konzeption erforderte einen qualifiziert ausgebildeten Pädagogen. Ab 1839 hielt er Kurse ab, in denen er Frauen und auch einige Männer zu Kindergärtnerinnen bzw. Kindergärtnern ausbildete. In den folgenden Jahren veranstalteten die von ihm ausgebildeten Kindergärtnerinnen selbst Kurse und hielten Vorträge und trugen somit zur Verbreitung des Kindergartens in der von Fröbel entwickelten Form bei. Mit dem Kindergartenverbot (1851 bis 1862), das einem Berufsverbot gleichkam, wurden nicht nur die Kindergärten verboten, sondern auch die Verbreitung der Pädagogik Fröbels in den Kursen und Vorträgen. Da sich dieses Verbot nicht auf die Kleinkinderbewahranstalten und Kleinkinderschulen bezog, konnten nur Kurse, die in Verbindung mit diesen Einrichtungen standen, weiterhin durchgeführt werden.

Die Entwicklung des Erzieherberufs ist nicht von der ersten deutschen Frauenbewegung zu trennen, deren Ziel es war, gleiche Bildungschancen für Mädchen zu schaffen und Frauen qualifizierte Berufe zu eröffnen. Der Beruf der Kleinkinderlehrerin oder Kindergärtnerin galt als besonders geeignet, weil er dem »Wesen« der Frau entspreche und die »angeborene« Mütterlichkeit Frauen für die erzieherische Arbeit prädestiniere. Bei Louise Otto-Peters (1819–1895), die besonders engagiert für das Recht der Frauen auf Erwerbsarbeit eintrat, lesen wir:

»Dies ist gewiss ein Wirkungskreis, der kein Mädchen ihrer natürlichen Bestimmung entfremdet. Eine Kindergärtnerin wird, wenn sie selbst Gattin und Mutter wird, auch die beste Erzieherin und Behüterin eigener Kinder sein. Sie kann auch verheiratet noch dem Berufe der Leitung eines Kindergartens vorstehen, wenn sie noch eine oder ein paar Kindergärtnerinnen zur Seite hat — oder sollte ihr Mann andere Anforderungen an sie machen und sie es vorziehen, diese Ausübung des Berufes aufzugeben, so weiß sie doch, sie kann ihn wieder aufnehmen und dadurch sich und ihre Kinder erhalten, wenn ihr Mann es einmal nicht mehr vermögen sollte« (Otto-Peters 1866, S. 99).

Da eine außerhäusliche Berufstätigkeit für Frauen des Bürgertums nicht üblich war, wurde mit zwei Argumenten für die Ausbildung und die Tätigkeit als Kindergärtnerin geworben: zum einen durch den Hinweis auf die Ähnlichkeit der Arbeit der Kindergärtnerin mit den Tätigkeiten einer Mutter und zum anderen, dass die Frau durch ihre Ausbildung und berufliche Arbeit sozial abgesichert sei, falls dies nicht durch eine Ehe gewährleistet ist.

In kurzer Folge sind, z.T. direkt durch die Frauenbewegung, eine Reihe von Ausbildungsstätten geschaffen worden, in denen Kindergärtnerinnen ausgebildet wurden:

- 1872 gründete Henriette Goldschmidt das erste Seminar für Kindergärtnerinnen in Leipzig, aus dem später das Lyzeum als Fortbildungs- und Berufsschule, die spätere »Fröbel-Frauenschule« hervorging.
- 1873 gründete Henriette Schrader-Breymann, eine Nichte und Schülerin Fröbels, in Berlin das Pestalozzi-Fröbel-Haus.
- 1893 wurde in Berlin der Verein »Mädchen- und Frauengruppen für soziale Hilfsarbeit« gegründet, der auch Kurse für künftige Kindergärtnerinnen anbot. 1899 führte er erstmals einen einjährigen Kurs durch. Aus diesem Verein ging
- 1908 die »Soziale Frauenschule« hervor, deren Leiterin bis 1925 Dr. Alice Salomon (1872–1948) war.
- 1908 wurde in Preußen das höhere Mädchenschulwesen geregelt; das bedeutete, dass sich an die zehnjährige höhere Schule entweder eine Soziale Frauenschule (ein bis zwei Jahre) oder ein Lehrerinnenseminar (vier Jahre) oder vom 7./8. Schuljahr an eine Studienanstalt anschloss, die zur Hochschulreife führte. Im Rahmen dieser Neuordnung des Mädchenschulwesens wurde 1911 in Preußen auch die Prüfungsordnung für die staatliche Anerkennung der Kindergärtnerinnenausbildung erlassen. Hiermit war ein entscheidender Schritt zur Verberuflichung getan. Erstmals wurden verbindliche Standards für die Ausbildung festgelegt und die Tätigkeit der Kindergärtnerin als Beruf anerkannt.

Die Ausbildungen zur Kindergärtnerin, zur Hortnerin und zum (zur) Heimerzieher(in) erfolgte zunächst in unterschiedlichen Ausbildungsgängen. 1928 wurden die beiden Ausbildungsgänge zur Kindergärtnerin und Hortnerin zusammengelegt.

Damit erweiterte sich die Einsatzmöglichkeit der nunmehr umfassender Ausgebildeten, jedoch blieb die Ausbildung zum Heimerzieher zunächst als eigener Beruf bestehen.

Die Erzieherinnenausbildung

Erst in den Jahren 1962 bis 1972 erfolgte in allen Bundesländern nach und nach eine Integration der Ausbildung zum Heimerzieher in die Kindergärtnerin/Hortnerin-Ausbildung. Die ursprünglich zweijährige Ausbildung wurde auf drei Jahre verlängert und inhaltlich um das Tätigkeitsfeld der Heimerziehung erweitert. Diese auf drei Jahre verlängerte und erweiterte Ausbildung schließt seither mit der staatlichen Anerkennung zum (zur) Erzieher(in) ab.

Die Erzieherausbildung erfolgt in Bayern an Fachakademien für Sozialpädagogik, in Berlin an Berufs- und Fachschulen für Erzieher und in den übrigen Bundesländern an Fachschulen für Sozialpädagogik. Mitte der 1990er Jahre befanden sich fast 40% der Ausbildungsstätten in privater, meist kirchlicher Trägerschaft; von den Schulen öffentlicher Träger sind etwa 70% nicht selbstständige Schulen, sondern als Zweige oder Abteilungen anderen Schulen, z.B. Berufsfachschulen, angegliedert.

Um die Ausbildung zu vereinheitlichen, hatte die Kultusministerkonferenz 1982 eine »Rahmenvereinbarung über die Ausbildung und Prüfung von Erziehern/Erzieherinnen« beschlossen. In der Rahmenordnung war festgelegt, dass für die Zulassung zur Ausbildung ein mittlerer Bildungsabschluss (Realschulabschluss) und eine mindestens einjährige praktische Tätigkeit in einer sozialen oder sozialpädagogischen Einrichtung (Vorpraktikum) oder eine abgeschlossene einschlägige Berufsausbildung (z.B. als Kinderpflegerin) vorausgesetzt wird. Innerhalb dieses Rahmens haben die Bundesländer dann eigene Ausbildungsordnungen erlassen, die sehr unterschiedlich sind. So dauert die Ausbildung in Berlin und Bremen vier und in den meisten anderen Bundesländern drei Jahre. Die Ausbildung gliederte sich dabei in drei Phasen:
1. ein der schulischen Ausbildung vorgelagertes, je nach Bundesland ein- oder zweijähriges Praktikum (Vorpraktikum) in einer sozialen oder sozialpädagogischen Einrichtung oder eine einschlägige Berufsausbildung
2. Besuch einer Fachschule für Sozialpädagogik bzw. einer Fachakademie für Sozialpädagogik (Dauer: 2-3 Jahre, je nach Bundesland)
3. ein sich an die theoretische Prüfung anschließendes zwölfmonatiges Berufspraktikum (Anerkennungsjahr). Danach erst erfolgt die staatliche Anerkennung.

Die Rahmenvereinbarung, die notwendigerweise viele offene Formulierungen enthielt, weil der Bund nicht in die Kulturhoheit der Länder eingreifen darf, stellte einen Kompromiss zwischen den unterschiedlichen Vorstellungen der Kultusministerien der einzelnen Länder dar. Es war deshalb abzusehen, dass die Vereinheitlichung, die durch die Rahmenvereinbarung angestrebt wurde, nur in Teilbereichen zu realisieren war. Über die Inhalte der Ausbildung hieß es lapidar in dieser Rahmenvereinbarung: »*Die Inhalte der Ausbildung müssen den wesentlichen Anforderungen der sozialpädagogischen Bereiche entsprechen*«(Beschluss der Kultusministerkonferenz vom 24.09.1982).

Die Kultusministerkonferenz einigte sich auf die folgenden Eckpunkte, denen die Ausbildungsordnungen der Länder angepasst werden sollten. Der Unterricht sollte während der überwiegend fachtheoretischen Ausbildung im allgemeinen Lernbereich und im berufsbezogenen Bereich mindestens 30 Wochenstunden umfassen. Davon sollten mindestens 24 Wochenstunden im berufsbezogenen Lernbereich unterrichtet werden. Im berufsbezogenen Lernbereich waren mindestens 12 Wochenstunden im didaktisch-methodischen Anwendungsbereich vorzusehen. Dazu gehörten Didaktik und Methodik der sozialpädagogischen Praxis, Kunsterziehung, Werkerziehung, Musikerziehung, Spielerziehung, Bewegungserziehung und Sporterziehung. Im didaktisch-methodischen Bereich sollten entsprechende Übungen erfolgen. Im übrigen Teil des berufsbezogenen Lernbereichs waren Pädagogik, Psychologie, Jugendliteratur, Sozialhygiene und Recht zu unterrichten.

Die Ausbildung zum Erzieher vermittelt keine Spezialausbildung für den vorschulischen Bereich, sondern eine breite sozialpädagogische Grundqualifikation, die die berufliche Mobilität der Absolventen und Absolventinnen sichern soll. Damit entsteht jedoch das Problem, dass aus den unterschiedlichen sozialpädagogischen Arbeitsfeldern – Kinderkrippe, Kindergarten. Hort, offene Jugendarbeit, Heimerziehung etc. – nur exemplarisch Probleme aufgegriffen, Kenntnisse erworben und Fähigkeiten entwickelt werden können, sodass der Phase der Berufseinmündung, also dem Anerkennungsjahr, eine größere Bedeutung zukommt, als dies bei der vorherigen Kindergärtnerinnenausbildung der Fall war. Berufsspezifische Fertigkeiten und Fähigkeiten mussten also auch noch nach dem Abschluss der schulischen Ausbildung vermittelt werden. Deshalb war es besonders notwendig, dass im Praxisjahr (Anerkennungsjahr) die Einrichtungen mit den Ausbildungsstätten eng zusammenarbeiten.

Die Arbeitsgemeinschaft für Jugendhilfe, in der alle freien Träger zusammengeschlossen sind, hatte sich mit der »Rahmenvereinbarung« auseinandergesetzt und sie an verschiedenen Punkten kritisiert. Insbesondere wird die Anbindung der Fachschulen für Sozialpädagogik an das Schulwesen kritisiert, die zur Konsequenz habe, dass die traditionelle Schule mit ihrer starren Fächereinteilung das maßgebende Organisationsmodell ist. Die Festlegung einer hohen Pflichtstundenzahl mache das Eigenstudium fast unmöglich; des weiteren werde die Platzierung der Praktika dadurch erschwert, dass die Fachschulen an die schulischen Ferienzeiten gebunden sind. Die Arbeitsgemeinschaft für Jugendhilfe (AGJ) fasste ihre wichtigsten Punkte ihrer Kritik wie folgt zusammen:

»*Die Unterscheidung nach allgemeinem und berufsbezogenem Lernbereich stammt aus einer herkömmlichen, schulpädagogischen Sicht und zielt auf eine Fortschreibung starrer Fächerstrukturen ab, die nicht am sozialpädagogischen Arbeitsbereich orientiert* sind. Deutsch, Fremdsprachen, Mathematik und Naturwissenschaft gelten aus gymnasialer Sicht als Garanten der Allgemeinbildung, deren Stundenanteile es zu sichern gilt. Allgemeinbildende Inhalte der sogenannten berufsbezogenen Fächer wie Pädagogik, Psychologie, Recht etc. finden bei dieser Betrachtungsweise keine Berücksichtigung. Die AGJ lehnte deshalb die Unterscheidung zwischen allgemeinem und berufsbezogenem Bereich ab. Auch die Festschreibung sehr hoher wöchentlicher Unterrichtsverpflichtungen für Studierende ist infrage zu stellen. Sie birgt die Gefahr der Verschulung der Ausbildung und dient nicht dem allgemeinen Ziel, den Erzieher zu einem selbständigen Lernen und Handeln zu befähigen« (AGJ 1985, S. 18).

Die Neuordnung der Erzieherausbildung 2001

Die Unzufriedenheit mit der Erzieherausbildung, die den veränderten und gewachsenen Ansprüchen an den Beruf nicht mehr genügte, führte erneut zu einer Reform der Ausbildung. Die Konferenz der Kultusminister hat am 28. Januar 2000 eine neue »Rahmenvereinbarung zur Ausbildung und Prüfung von Erziehern/Erzieherinnen« beschlossen, in der man sich auf Mindestanforderungen verständigte. Damit wurde die Rahmenvereinbarung von 1982 aufgehoben. »*Ziel der Ausbildung ist die Befähigung, Erziehungs-, Bildungs- und Betreuungsaufgaben zu übernehmen und in allen sozialpädagogischen Bereichen als Erzieher oder Erzieherin selbständig und eigenverantwortlich tätig zu sein*« (Beschluss der KMK vom 28.01.2000).

Unverändert blieben als Eingangsvoraussetzung die mittlere Reife oder ein als gleichwertig anerkannter Bildungsabschluss und eine berufliche Vorbildung. Jedoch bewerben sich inzwischen auch viele junge Menschen mit einer Hochschulzugangsberechtigung, was darauf hindeutet, dass der Beruf des Erziehers bzw. der Erzieherin ein höheres Ansehen erlangt hat.

Abgeschafft wurde das sog. Vorpraktikum, das durch eine »berufliche Vorbildung« ersetzt wurde. Diese umfasst nun entweder eine »abgeschlossene einschlägige Berufsausbildung« (in der Regel ist dies die 2-jährige Ausbildung zum Sozialassistenten/zur Sozialassistentin) oder eine »*nach Landesrecht als gleichwertig anerkannte Qualifizierung*« (Beschluss der KMK vom 28.01.2000)..

Die genannte Rahmenordnung für die Erzieherausbildung legt fest, dass die Ausbildung zum Sozialassistenten bzw. zur Sozialassistentin eine Voraussetzung für die Erzieherausbildung ist. Damit erhöht sich die gesamte Ausbildungszeit unter Einbeziehung der beruflichen Vorbildung zur Sozialassistentin/zum Sozialassistenten auf 5 Jahre. Nach der Ausbildung zum Sozialassistenten oder einer vergleichbaren Berufsausbildung folgt eine in der Regel dreijährige, mindestens jedoch zweijährige Vollzeitausbildung an einer Fachschule.

Neu war, dass an die Stelle von Fächern die folgenden Lernbereiche getreten sind: Kommunikation und Gesellschaft, sozialpädagogische Theorie und Praxis, musisch-kreative Gestaltung, Ökologie und Gesundheit, Organisation, Recht und Verwaltung, Religion/Ethik je nach dem Recht der Länder. Mit der Strukturierung der Inhalte nach Lernfeldern, die sich an den Tätigkeiten von Erziehern und Erzieherinnen orientieren, wurde der Kritik an der alten fächerorientierten Ausbildung Rechnung getragen, wohingegen die Forderung nach einer Anhebung der Ausbildung auf Fachhochschulniveau keine Berücksichtigung fand. Bereits in der Vergangenheit wurde immer wieder (vergeblich) eine Ausbildung für Erzieher und Erzieherinnen auf Fachhochschulniveau gefordert. Stets wurde dies mit den komplexen und größer werdenden Anforderungen in der beruflichen Praxis begründet. Jedoch fruchteten diese Argumente nicht, und es blieb auch in der zuletzt beschlossenen Rahmenvereinbarung der Kultusminister vom 28. Januar 2000 dabei: Die Erzieherausbildung erfolgt an Fachschulen.

Innerhalb der Europäischen Union soll die Mobilität der Menschen ermöglicht werden, und hierfür ist die gegenseitige Anerkennung der Schul- und Berufsausbildungen die wichtigste Voraussetzung. Die durch die EU beschlossenen Richtlinien zur gegenseitigen Anerkennung von Berufsabschlüssen bedeuten, dass die deutsche Erzieherausbildung nicht automatisch in vollem Umfang von den Ländern der EU anerkannt wird. »*Zu den Bedingungen dieser Anerkennung gehören mindestens mittlere Reife, mindestens dreijährige Ausbildung, dabei ca. 3.400 Stunden, theoretische und praktische Ausbildung, staatliche Anerkennung und die Verleihung einer einschlägigen Berufsbezeichnung (Diplom)*« (Schmitthenner 2000, S. 133). Angesichts der Unterschiede, die zwischen einzelnen Bundesländern bestehen, sind bislang Einzelfallentscheidungen notwendig.

Die Ausbildung in der ehemaligen DDR

In der DDR gab es keine für alle Tätigkeitsfelder qualifizierende Erzieherausbildung, sondern für die Tätigkeitsfelder Kindergarten, Hort und Kinderheim erfolgte die Ausbildung an unterschiedlichen pädagogischen Fachschulen. Die ursprünglich zweijährige Ausbildung zur Kindergärtnerin wurde von 1975 bis 1985 schrittweise auf drei Jahre erweitert und entsprach damit hinsichtlich der Dauer der Erzieherausbildung in der Bundesrepublik. Sie war jedoch nicht so breit angelegt wie die Erzieherausbildung, sondern qualifizierte ihre Absolventinnen jedoch speziell für das Tätigkeitsfeld Kindergarten. Daneben gab es die Ausbildung zur Krippenerzieherin an medizinischen Fachschulen, die dem Ministerium für das Gesundheitswesen zugeordnet waren. Die Ausbildung zur Hortnerin und Grundschullehrerin war in einem Ausbildungsgang zusammengefasst und erfolgte ebenfalls an pädagogischen Fachschulen. Eine Berufsausbildung zum Sozialarbeiter und Sozialpädagogen gab es in der DDR nicht. Alle Fachschulen unterstanden dem Ministerium für Volksbildung bzw. dem Ministerium für Gesundheitswesen.

Als 1990 die deutsche Wiedervereinigung erfolgte, wurde auch in den neuen Bundesländern die Erzieherausbildung eingeführt. Für die bereits in der Praxis Tätigen stellte sich das Problem, dass die spezialisierten Ausbildungsgänge der DDR zur Krippenerzieherin, Kindergärtnerin und Hortnerin nicht in das bundesdeutsche

System der breitangelegten Erzieherausbildung passten. Nach einem Beschluss der Kultusministerkonferenz vom 13./14. Juni 1991 wurden die in der DDR erworbenen Abschlüsse für den Teilbereich, für den die Qualifikation erworben wurde, bundesweit anerkannt. Um als Erzieher/Erzieherin anerkannt zu werden und damit in allen sozialpädagogischen Tätigkeitsfeldern arbeiten zu können, mussten die Betroffenen an einer einjährigen in der Regel berufsbegleitenden Anpassungsfortbildung eines anerkannten freien Bildungsträgers teilgenommen und diese mit einem Kolloquium erfolgreich abgeschlossen haben.

Diskowski, Leiter des Referats »Kinderbetreuung, Sozialpädagogische Berufe« im Brandenburger Ministerium für Bildung, Jugend und Sport, kritisierte diese Maßnahme als »*reine Anpassung der DDR-Abschlüsse an Westmaßstäbe ... Die tatsächliche Erfüllung des Anspruchs der westdeutschen Breitbandausbildung wurde nicht einmal ansatzweise in Frage gestellt. ... Vernachlässigt wurde in diesen Diskussionen die Frage, ob denn die Erzieherinnen-Ausbildung in den westlichen Bundesländern angesichts der Entwicklung in den erzieherischen Arbeitsfeldern langfristig Bestand haben könnte*« (Diskowski 1998, S. 42). Wie angebracht diese Skepsis war, zeigte sich bereits drei Jahre später, als abermals eine Reform der Ausbildung als notwendig erachtet wurde.

Die Ausbildung der Kinderpflegerin/Sozialassistentin

Ein relativ großer Teil der im Kindergarten Beschäftigten sind Kinderpflegerinnen, die an Berufsfachschulen ausgebildet werden. Aufnahmevoraussetzung für diesen Ausbildungsgang ist der Hauptschulabschluss oder eine als gleichwertig anerkannte Schulbildung. Die Ausbildung dauert in solchen Bundesländern, die einschlägige hauswirtschaftliche oder pflegerische Vorerfahrungen verlangen, ein Jahr und in den übrigen Bundesländern zwei Jahre. Kinderpflegerinnen wurden ursprünglich nur für den familiären Bereich ausgebildet und zur Unterstützung in Familien eingesetzt. Das ursprünglich auf die Familie begrenzte Tätigkeitsfeld der Kinderpflegerin hat sich inzwischen stark erweitert, und sie arbeitet als »Helferin« in vielen sozialpädagogischen Einrichtungen.

Der Einsatz von Kinderpflegerinnen in Kindergärten setzt voraus, dass zwischen »pädagogisch verantwortlichen Tätigkeiten« und den untergeordneten »helfenden Tätigkeiten« unterschieden wird, jedoch wird gerade diese Unterscheidung zu Recht kritisiert. Angesichts der hohen Qualifikationsanforderungen, die aus fachlichen Gründen an die pädagogische Arbeit in Kindertagesstätten und Kindergärten zu stellen sind, gilt die Kinderpflegeinnenausbildung als unzulänglich. Küster hebt hervor, dass die Berufsaussichten zudem stark konjunkturabhängig seien, und Kinderpflegerinnen bei Fachkräftemangel und in von Sparmaßnahmen geprägten Zeiten als billigere Arbeitskräfte nachgefragt würden. Zudem würde der Besuch der Berufsfachschule als schulische Warteschleife genutzt, um sich für das eigentliche Ziel einer Fachschule, die oft ein bestimmtes Mindestalter der Auszubildenden fordert, zu qualifizieren (vgl. Küster 2002).

Mit der neuen Ausbildung zum Sozialassistenten/zur Sozialassistentin, die an die Stelle des Vorpraktikums trat, wurde ein erster Berufsabschluss eingeführt, der die Berufsausbildung zur Kinderpflegerin ersetzte. Allerdings ist weiterhin die eingeführte Berufsbezeichnung Kinderpflegerin gebräuchlich. Die Ausbildung zum Sozialassistenten und zur Sozialassistentin – vielfach findet man auch die Bezeichnung »sozialpädagogische(r) Assistent(in)« – wird an Berufsfachschulen angeboten und dauert zwei Jahre. Die Schülerinnen und Schüler haben die Möglichkeit, sich zwischen den beiden Schwerpunkten »Familienpflege« oder »Sozialpädagogik« zu entscheiden. Im Folgenden interessiert nur der Schwerpunkt Sozialpädagogik, da nur Absolventinnen und Absolventen mit diesem Schwerpunkt in Kindertageseinrichtungen tätig sind.

Die Unterrichtsfächer im Schwerpunkt Sozialpädagogik sind: Deutsch und Kommunikation; Politik und Religion; Fremdsprachen; Gesundheitslehre; Theorie der Sozialpflege; Ernährungslehre; Datenverarbeitung; sozialwissenschaftliche Grundlagen; Pädagogik und Psychologie mit Übungen; Sozialpädagogik mit Übungen; Praxis in der Gesundheitspflege; Sozialpflege; Ernährungspraxis und sozialpädagogische Medien. Es handelt sich um eine Ausbildung mit einem umfangreichen Praxisanteil. Die Ausbildung schließt mit der staatlichen Anerkennung zum Sozialassistenten ab.

Die Absolventinnen und Absolventen mit dem Schwerpunkt Sozialpädagogik können eine berufliche Tätigkeit als Zweitkraft in einer Tageseinrichtung aufnehmen, eine Erzieher(innen)-ausbildung anschließen oder sich für den Besuch der Fachoberschule für Sozialwesen entscheiden, um nach dem ersten Jahr die Fachhochschulreife zu erlangen, was ihnen dann die Möglichkeit eröffnet, Sozialpädagogik oder Sozialarbeit an einer Fachhochschule zu studieren.

In den meisten Ländern der Europäischen Union und in der Schweiz wurden die Ausbildungen für den Vorschulbereich im Laufe der 1980er- und 1990er-Jahre von Fachschulniveau auf Fachhochschul- bzw. Universitätsniveau angehoben, sodass nur in Deutschland und in Österreich das Personal für Kindertagesstätten an Fachschulen ausgebildet wird. In vielen Ländern wird für eine bestimmte Altersspanne, z.B. von 3 bis 6 Jahre, von 0 bis 6 oder bis 11 Jahre ausgebildet und diese Spezialisierung als ein Indikator für Qualität angesehen. Oberhuemer und Ulich (1997), die die Ausbildungen des Personals für Tageseinrichtungen in den Ländern der Europäischen Union untersucht haben, stellen fest: »*Eine sozialpädagogisch ausgerichtete Breitbandausbildung gibt es nur in Deutschland, Dänemark und Luxemburg. Für die deutsche Diskussion entsteht die Frage: Wie viel Generalisierung verträgt eine Breitbandausbildung, und wie soll die spezifische Qualifizierung für einzelne Arbeitsfelder aussehen?*« (Oberhuemer/Ulich 1997, S. 72). Damit wurde die alte Diskussion zur Akademisierung der Erzieherausbildung wieder aufgenommen.

Pädagogische Anforderungen in der Praxis

Bereits 1970 hat der Deutsche Bildungsrat im Strukturplan für das Bildungswesen den Kindergarten als unterste Stufe des Bildungswesens bezeichnet und die Anforderungen an die »Fachkraft im Elementarbereich« formuliert:
- »Sie muss den Entwicklungsstand und die Entwicklungsvoraussetzungen des einzelnen Kindes beurteilen und die individuellen Hilfen bestimmen können;
- sie muss die Gruppenprozesse beobachten und lenken können und in Abstimmung mit den Lernzielen in der Lage sei, die Gruppenzusammensetzung beweglich zu gestalten;
- *sie muss das didaktische Material kennen und funktionsgerecht einsetzen können; wenigstens die Kindergartenleiterin sollte darüber hinaus in der Lage sein, an der Entwicklung und Erprobung didaktischer Materialien und curricularer Reformen aktiv mitzuwirken;*
- *sie muss mit ausgearbeiteten Curricula sachgerecht umgehen und selbständig Pläne für die Programmgestaltung entwerfen können, fördernde Möglichkeiten für die Kinder müssen im einzelnen erkannt und genutzt werden;*
- sie sollte Kriterien und Methoden entwickeln und anwenden können, um den Erfolg der eigenen Arbeit zu überprüfen;
- sie muss im Umgang mit behinderten und benachteiligten Kindern verantwortungsvoll handeln können« (Deutscher Bildungsrat 1970, S. 118).

Es war eigentlich schon damals klar, dass man das Niveau der Ausbildung auf Fachhochschulniveau anheben müsste, um diese Anforderungen in die Praxis umzusetzen. Dennoch blieb es dabei, dass Erzieherinnen und Erzieher an Fachschulen ausgebildet werden.

Seit den 1970er Jahren hat sich das Berufsbild weiter entwickelt und die Tätigkeiten der Erzieherinnen werden nach den folgenden Bereichen gegliedert:
- kindbezogene Aktivitäten
- Organisation und Planung
- Teamarbeit
- Zusammenarbeit mit den Eltern
- Fortbildung.

Im Folgenden sollen diese Arbeitsbereiche kurz skizziert werden.

Kindbezogene Aktivitäten

Im Zentrum des beruflichen Alltags stehen die Arbeit mit Kindern, die Gestaltung des Lebens im Kindergarten und die Initiierung von Lernprozessen. Dabei soll der Gedanke der Selbstbildung des Kindes im Mittelpunkt stehen. Gerd E. Schäfer fordert, »*die informellen und formellen Bildungssituationen der Kinder so zu gestalten, dass sie sich mit allen Möglichkeiten ihrer eigenen Kräfte daran beteiligen können«* (Schäfer 2010, S. 23).

Von den veränderten Lebensbedingungen in den Familien sind die Kinder unmittelbar betroffen, und mehr Kinder als früher zeigen Verhaltensauffälligkeiten und/oder Entwicklungsstörungen. Um alle Kinder in ihrer Entwicklung zu fördern, sind differenzierte Kenntnisse in der Entwicklungspsychologie und pädagogisches Fachwissen notwendig. Die Erzieherinnen *»sollen Kinder unterstützen, ihre Persönlichkeit in der Gemeinschaft zu entfalten, indem sie ihnen Platz, Zeit und viel Mitgestaltungsmöglichkeiten schaffen. Erzieherinnen können sich dabei nicht auf vorgegebene Lebensmuster verlassen, sondern sie müssen mit Blick auf die Kinder passende Konzepte für das Leben in der Institution ... entwickeln«* (Colberg-Schrader/Krug 1999, S. 157).

Beobachten und dokumentieren
Relativ neu ist die Anforderung, für jedes Kind die Bildungs- und Lerngeschichte zu dokumentieren. Diese soll vom Kind mitgestaltet werden, dem Kind selbst zeigen, welche Kompetenzen und Fertigkeiten es bereits erworben hat und soll den Erzieherinnen Hinweise für die weitere pädagogische Förderung geben. *»Ziel der prozessorientierten Beobachtung ist es wahrzunehmen, welche Anliegen und Interessen Kinder mit ihren Aktivitäten verfolgen, welche Fähigkeiten, Kompetenzen und Verstehensmuster darin zum Ausdruck kommen und welche Lernformen und -strategien sich dabei zeigen«* (Leu 2008, S. 167). Dabei komme es darauf an, wahrzunehmen, woran Kinder Interesse haben, welche Fragen sie haben und was sie ausprobieren und erreichen möchten. Auch für die Elternarbeit ist die Dokumentation der Entwicklung des Kindes wichtig. In dieser Mappe werden die Beobachtungen jedes Kindes festgehalten, gemalte Bilder und auch Fotos gesammelt. Viele Erzieherinnen halten diesen pädagogischen Ansatz für hilfreich und wichtig.

Ursprünglich wurde das Verfahren, die Bildungs- und Lerngeschichte eines Kindes zu dokumentieren, Ende der 1990er Jahre von Margaret Carr in Neuseeland entwickelt. Das Deutsche Jugendinstitut hat diesen pädagogischen Ansatz aufgegriffen und 2004 das Projekt »Lern- und Bildungsgeschichten« (vgl. Leu et al. 2007) ins Leben gerufen und Verfahren und Materialien entwickelt, mit denen die Selbstbildungsprozesse von Kindern beobachtet, eingeschätzt und dokumentiert werden können.

Organisation und Planung
Sowohl die kommunalen Verwaltungen als auch die freien Träger sind zunehmend dazu übergegangen, den Tageseinrichtungen mehr Autonomie zuzugestehen, d.h., viele Entscheidungen, die das Budget betreffen, können von den Einrichtungen eigenverantwortlich getroffen werden. Diese müssen also nunmehr auch betriebswirtschaftliche Aufgaben wahrnehmen. Die Leiterinnen müssen sich auch um Haushaltsplanung, Verwaltung und Organisationsentwicklung kümmern. Sie müssen *»so etwas wie unternehmerische Fähigkeiten entwickeln, wollen sie ihren Betrieb mit Blick auf die Anforderungen des Umfeldes und auf die Mittel, die ihnen zur Verfügung stehen, möglichst effizient und attraktiv gestalten. Diese Entwicklung verlangt von Trägern, den*

Leitungskräften und dem Team intensivere Absprachen, neue Formen der Arbeitsverteilung und wohl auch neue Formen der Entscheidungskompetenzen und Verantwortung« (Colberg-Schrader/Krug 1999, S. 158).

Arbeit im Team
Die Zusammenarbeit der pädagogischen Fachkräfte ist in allen Fragen notwendig, die die Tageseinrichtung insgesamt betreffen, wie z.B. die Erarbeitung eines pädagogischen Konzepts, Gestaltung und Nutzung der Räume und des Außengeländes, Zusammenarbeit mit anderen Einrichtungen und Eltern. Für die Wahrnehmung dieser vielfältigen Aufgaben sind Kooperationsbereitschaft und kommunikative Kompetenzen, kurzum Teamfähigkeit erforderlich. Um die vielfältigen Aufgaben in einer Kindertageseinrichtung zu bewältigen, ist eine gelingende Teamarbeit wichtig, dessen Voraussetzungen u.a. darin bestehen, dass Funktionen und Aufgaben der Beteiligten klar umrissen werden, dass Entscheidungsverfahren vereinbart und dass Besprechungen ergiebig gestaltet werden. Wichtig ist auch, dass die Leitung einerseits ihre Führungsaufgaben wahrnimmt, aber auch den Mitarbeiterinnen genügend Spielraum zur Entfaltung ihrer Kreativität lässt (vgl. Pesch 2010, S. 436–438). Zu einer gelingenden Teamarbeit tragen auch die Supervision und die Fachberatung bei.

Fortbildung
Auch eine noch so gute Erstausbildung reicht nicht für ein ganzes Berufsleben, zumal sich die gesellschaftlichen Bedingungen, unter denen Kinder aufwachsen, gravierend verändern. Erzieherinnen müssen folglich bereit und fähig sein, Neues zu lernen und sich fortzubilden. Ob Fortbildungen angeboten und wahrgenommen werden, gehört zu den Qualitätsmerkmalen einer Tageseinrichtung bzw. des Trägers.

Neue Studiengänge an Fachhochschulen und Universitäten

In den meisten Ländern der Europäischen Union und in der Schweiz wurden die Ausbildungen für den Vorschulbereich im Laufe der 1980er- und 1990er-Jahre von Fachschulniveau auf Fachhochschul- bzw. Universitätsniveau angehoben, sodass nur in Deutschland und in Österreich das Personal für Kindertagesstätten an Fachschulen ausgebildet wird. In vielen Ländern wird für eine bestimmte Altersspanne, z.B. von drei bis sechs Jahre, von null bis sechs oder bis elf Jahre ausgebildet und diese Spezialisierung als ein Indikator für Qualität angesehen. Oberhuemer und Ulich (1997), die die Ausbildungen des Personals für Tageseinrichtungen in den Ländern der Europäischen Union untersucht haben, stellen fest: »*Eine sozialpädagogisch ausgerichtete Breitbandausbildung gibt es nur in Deutschland, Dänemark und Luxemburg. Für die deutsche Diskussion entsteht die Frage: Wie viel Generalisierung verträgt eine Breitbandausbildung, und wie soll die spezifische Qualifizierung für einzelne Arbeitsfelder aussehen?*« (Oberhuemer/Ulich 1997, S. 72). Damit wurde die alte Diskussion zur Akademisierung der Erzieherausbildung wieder aufgenommen.

Seit 2003 engagiert sich die Robert-Bosch-Stiftung für Reformen im frühkindlichen Bereich. Mit ihrem Programm »PiK – Profis in Kitas« fördert sie die Entwicklung frühpädagogischer Studiengänge mit enger Verzahnung von Forschung, Lehre und Praxis an drei Fachhochschulen und an zwei Universitäten. Die Stiftung geht davon aus, dass die Qualifizierung der Fachkräfte der entscheidende Hebel ist, »*um dem Reformprozess auch die notwendige Nachhaltigkeit zu verleihen [...]. Nur wenn hochqualifizierte Spezialisten für frühkindliche Bildung auch an Hochschulen ausgebildet und in diesem Berufsfeld insgesamt attraktive Karrieremöglichkeiten geschaffen werden, haben die derzeitigen Reformanstrengungen auch längerfristig Wirkung. Die Ausbildungsstrukturen dürfen nicht länger auf Fachschulniveau verharren und müssen Anschluss an andere pädagogische Studiengänge und die Lehrerbildung finden*« (Gerstberger 2008, S. 8).

Insgesamt sind seit 2004 an etwa 80 Hochschulen Bachelor-Studiengänge zur Pädagogik der frühen Kindheit entstanden; vielfach ist auch ein Masterstudiengang angeschlossen. Einige Hochschulen bieten auch ein berufsbegleitendes Studium für Erzieherinnen an. Auch Fachschulen wie z. B. das Pestalozzi-Fröbel-Haus in Berlin entwickeln sich weiter und sind auf dem Weg, Fachhochschulen zu werden.

Angesichts der relativ geringen Anzahl von Studienplätzen und Absolventen – man rechnet mit etwa 2.200 Absolventen jährlich – kann man sich nicht vorstellen, dass damit die Erzieherausbildung an Fachschulen mit etwa 17.000 Absolventen pro Jahr überflüssig wird. Vielmehr werden nach wie vor Erzieherinnen in Kindertageseinrichtung den größten Anteil des Personals stellen. Für eine Erhöhung der Studienplätze im Hochschulsektor fehlen zudem qualifizierte Wissenschaftlerinnen und Wissenschaftler. »*Bereits die Studiengänge, die schon laufen, haben den Markt des berufungsfähigen Personals nahezu vollständig leergefegt*« (Pasternack 2011).

Künftig werden also in den Tageseinrichtungen für Kinder sowohl Erzieherinnen als auch akademisch ausgebildete Pädagoginnen arbeiten, deren Studienschwerpunkt auf dem Fachgebiet »Pädagogik der frühen Kindheit« liegt. Mit der Etablierung dieser Studiengänge wurde eine alte Forderung der Frauenbewegung verwirklicht, mit der sich die Hoffnung verband, die Qualität der pädagogischen Arbeit zu verbessern.

14.2 Das Personal in Tageseinrichtungen für Kinder

Nach wie vor arbeiten in den Tageseinrichtungen für Kinder (gemeint sind hier Einrichtungen für Kinder bis zum 6. Lebensjahr) fast nur Frauen. Einig ist man sich darüber, dass ein höherer Anteil von Männern wünschenswert ist. Obgleich man – z.B. in einem vom Bundesministerium initiierten Modellprojekt – versucht, auch Männer für dieses pädagogische Arbeitsfeld zu gewinnen, beträgt ihr Anteil im Durchschnitt bislang nur etwa vier Prozent (Statistisches Bundesamt 2010).

Deutlich verändert gegenüber den 1970er Jahren hat sich die Altersstruktur. Waren 1974 nur 17% der Beschäftigten in den alten Bundesländern zwischen 40 und 60 Jahre alt, so stieg bis zum Jahr 2000 ihr Anteil auf 35% (Arbeitsstelle Kinder- und

Jugendhilfestatistik der Universität Dortmund 2001) und erhöhte sich abermals bis 2010 auf etwa 42 Prozent (eigene Berechnungen auf der Grundlage der Zahlen des Statistischen Bundesamtes 2010). Daraus folgt, dass die Verweildauer im Beruf erheblich gestiegen ist und der Anteil derer, die nach wenigen Jahren aus dem Beruf ausscheiden, um sich weiter zu qualifizieren oder einen Berufswechsel vorzunehmen, deutlich abgenommen hat. Dennoch besteht das Problem weiterhin, dass viele Erzieherinnen schon nach wenigen Berufsjahren in andere Berufe abwandern, wobei viele dies mit den mangelnden Aufstiegschancen begründen.

Seit 1996 haben alle Kinder vom dritten Lebensjahr an ein Anrecht auf einen Kindergartenplatz, weshalb das Angebot an Plätzen stark erweitert werden musste. Entsprechend stieg auch die Zahl der Beschäftigten auf 440.000. Betrachten wir das pädagogische Personal im Hinblick auf die Berufsabschlüsse, so stellen die Erzieherinnen mit fast 305.000 die weitaus größte Gruppe dar, gefolgt von den Kinderpflegerinnen mit 52.000. Etwa 11.700 haben an einer Fachhochschule studiert und nur ca. 4500 verfügen über einen universitären Studienabschluss. Damit ist der Anteil der Sozialpädagog/innen und Sozialarbeiter/innen mit Fachhochschulabschluss und der universitär ausgebildeten Diplompädagog/innen in den letzten 35 Jahren von 1.500 (1974) um das Zehnfache auf etwa 15.000 Beschäftigte gestiegen. Hinzu kommen noch Praktikanten und Beschäftigte mit anderen Abschlüssen und solche ohne abgeschlossene Berufsausbildung.

Die Übernahme der Leitung einer Einrichtung oder die Arbeit als Fachberaterin bei einem Träger sind für Erzieherinnen meist die einzigen Möglichkeiten eines berufsinternen Aufstiegs. Hier stehen sie allerdings in Konkurrenz zu den an Fachhochschulen ausgebildeten Sozialpädagogen und den an Universitäten ausgebildeten Diplompädagogen, denen viele Träger wegen der gestiegenen Anforderungen den Vorzug geben.

In den letzten Jahrzehnten des 20. Jahrhunderts ist das Arbeitsfeld für sozialpädagogische Berufe immens gewachsen. Der wohl größte Wachstumsbereich in den alten Bundesländern waren dabei die Tageseinrichtungen für Kinder. Colberg-Schrader und Krug (1999) weisen darauf hin, dass das »sozialpädagogische Jahrhundert« mit seinem Wachstum an Aufgaben, Arbeitsfeldern und Beschäftigungsmöglichkeiten zu Ende gegangen ist und dass künftig mit einem stark verlangsamten Wachstum zu rechnen ist. Damit werden sich die Beschäftigungsmöglichkeiten wohl schwieriger gestalten. Hinzu kommt, dass die Erzieherinnen Konkurrenz bekommen haben durch andere Berufsgruppen, die in die sozialpädagogischen Arbeitsfelder drängen. Um in dieser neuen Situation bestehen zu können, benötigen Erzieher eine fundierte Aus- und Fortbildung.

14.3 Ein Kindergartenplatz für jedes Kind

Als im Juni 1990 das neue KJHG (Kinder- und Jugendhilfegesetz) verabschiedet wurde, konnten sich die SPD und Bündnis 90/Die Grünen, unterstützt durch die

Gewerkschaften und zahlreiche Frauengruppen, mit ihrer Forderung nach einem Rechtsanspruch auf einen Kindergartenplatz nicht durchsetzen. Dies gelang erst im Zusammenhang mit der Reform des § 218 StGB. Im Einigungsvertrag war festgelegt worden, dass bis 1992 eine Reform des § 218 zu erfolgen habe. Diesem Auftrag folgte der Gesetzgeber, indem er am 27. Juli 1992 das Gesetz zum Schutz des vorgeburtlichen werdenden Lebens, zur Förderung einer kinderfreundlicheren Gesellschaft, für Hilfen im Schwangerschaftskonflikt und zur Regelung des Schwangerschaftsabbruchs {Schwangeren- und Familienhilfegesetz SFHG) verabschiedete. Dieses Gesetz zielt daraufhin, die Frau in allen mit der Schwangerschaft zusammenhängenden sozialen, wirtschaftlichen und psychologischen Fragen zu beraten und zu informieren. Dabei heißt es im § 2, Abs. 2: »*Die Schwangere ist ... bei der Suche nach einer Betreuungsmöglichkeit für das Kind ... zu unterstützen.*«

Im Verlauf der Beratungen zur Reform des § 218 wurde nunmehr das KJHG geändert und der § 24 des KJHG neu gefasst. Danach sollten ab 1996 alle Kinder vom vollendeten dritten Lebensjahr an einen Rechtsanspruch auf einen Kindergartenplatz haben. Den Kommunen wurde nach dem KJHG auferlegt, den quantitativen Bedarf an Plätzen zu ermitteln und in die Jugendhilfeplanung einzubeziehen, wobei auf einen kontinuierlichen Abstimmungsprozess mit den Eltern geachtet werden solle.

Zu Recht wird im »Zehnten Kinder- und Jugendbericht« (Bundesministerium für Familie, Senioren, Frauen und Jugend 1998) darauf hingewiesen, dass für die Betroffenen in den neuen Bundesländern der Rechtsanspruch auf einen Kindergartenplatz keine Verbesserung gegenüber der Situation in der DDR darstellte. »*Hier hatte bereits ein flächendeckendes Platzangebot in Krippen, Kindergärten und Horten mit Öffnungszeiten von 6.00 bis 18.00 Uhr bestanden. Die Beschränkung des Rechtsanspruchs auf die Altersgruppe der 3- bis 6jährigen ist demgegenüber ein Rückschritt. Die neuen Bundesländer haben den Rechtsanspruch in ihren Landesgesetzen deshalb auf andere Altersstufen und auf Ganztagsplätze ausgedehnt*« (Bundesministerium für Familie, Senioren, Frauen und Jugend 1998, S. 194).

Umsetzung in den neuen Bundesländern

Die Umsetzung dieses Rechtsanspruches bereitete in den neuen Bundesländern folglich weniger Schwierigkeiten als in den alten. Die DDR hatte bereits frühzeitig begonnen, das Angebot an Plätzen in Tageseinrichtungen für Kinder auszuweiten. »*Da in der Verfassung der DDR das Recht auf Arbeit verankert war, also auch Frauen voll in das Erwerbsleben einbezogen werden sollten, begann man bereits Mitte der 50er Jahre mit dem Ausbau der Kindertageseinrichtungen, bis schließlich jeder Mutter ein Platz garantiert werden konnte. Das war die Voraussetzung, unter der fast 90% aller Frauen berufstätig sein konnten*« (Grossmann 1992, S. 10).

In der DDR wuchs das Angebot an Plätzen in Kindertageseinrichtungen kontinuierlich. Standen 1960 für 46% aller Kindergartenkinder Plätze in Einrichtungen zur Verfügung, so waren es 1980 bereits 92% und 1985 sogar 94%. Ende 1989 gab es in der

DDR 13.452 Kindergärten mit 747.140 Plätzen. Insgesamt standen 1.856.000 Plätze in Tageseinrichtungen für Kinder (Krippen, Kindergärten und Horte) zur Verfügung. Nach der deutschen Vereinigung gingen die Plätze in Tageseinrichtungen bis 1993 um 440.000 zurück. Es verringerte sich das Angebot an Krippenplätzen um 90.000, an Hortplätzen um 320.000 und an Kindergartenplätzen um 30.000 (Wirtschaft und Statistik 4/1993). Die Entwicklung des Angebots an Plätzen muss auch im Zusammenhang mit dem Bedarf gesehen werden. Da seit 1990 die Geburtenrate in den neuen Bundesländern gegenüber 1989 um mehr als die Hälfte gesunken ist, zudem viele junge Familien in die alten Bundesländer zogen, ist auch der Bedarf rückläufig, und viele Einrichtungen reduzierten ihre Plätze oder wurden geschlossen. Von 1994 bis Ende 1998 nahm die Zahl der Tageseinrichtungen um 22% und die des Personals um 26% ab. Trotz der Schließung vieler Einrichtungen in den neuen Bundesländern und Ostberlin gibt es dort nach wie vor für die Altersgruppe der 3- bis 6jährigen Kinder ein ausreichendes Angebot.

Durch den Abbau an Plätzen kam es zu zahlreichen Entlassungen, wobei aufgrund der Sozialverträglichkeit in erster Linie jüngere Kräfte entlassen wurden. Hierdurch stieg der Anteil der älteren Beschäftigten zwischen 40 und 60 Jahren bis 1998 auf 62%. Extrem hoch ist mit 71% (1998) der Anteil der Teilzeitbeschäftigten und der nebentätig Beschäftigten.

Umsetzung in den alten Bundesländern

Anders hingegen stellte sich die Situation in den alten Bundesländern dar. Betrachten wir im Folgenden das quantitative Angebot an Kindertageseinrichtungen: Ende 1990 gab es im alten Bundesgebiet ca. 1.750.000 Plätze in Kindertageseinrichtungen; das waren 150.000 Plätze (= 9,4%) mehr als 1986. Nach den Ergebnissen des jährlich erhobenen Mikrozensus (Repräsentativerhebung) besuchten 1990 im alten Bundesgebiet von 2,33 Millionen Kindern, die das 3. Lebensjahr vollendet hatten, aber noch nicht zur Schule gingen, 1,6 Mio. einen Kindergarten. Das entspricht einem Anteil von ca. 68,9%.

Es ist festzuhalten, dass es bis zur Jahrtausendwende gelungen ist, den Rechtsanspruch jedes Kindes auf einen Kindergartenplatz in ganz Deutschland umzusetzen. Geblieben sind die Probleme der unzureichenden Zahl der Ganztagsplätze in den alten Bundesländern sowie der wohnortnahen Versorgung, die nicht immer gewährleistet ist.

15.
Fazit und Perspektiven

15. Fazit und Perspektiven

»Die Kindergärten sind ja nicht nur die Tore zum Bildungswesen, sie sind auch die Tore zu unserer Gesellschaft, zu Selbstentfaltung und Gemeinschaftsfähigkeit, zu beruflichem Erfolg und staatsbürgerlicher Verantwortung«
(Aus der Rede von Bundespräsident Johannes Rau beim Abschlusskongress des Forums Bildung, Berlin, 10. Januar 2002)

15.1 Von der Bewahranstalt zur Bildungseinrichtung

Es war ein langer Weg, den die Tageseinrichtung für Kinder von einer Bewahranstalt bis zu einer anerkannten Bildungsstätte zurücklegen musste. Schon Fröbel hatte den Kindergarten als die unterste Stufe des Bildungswesens angesehen, aber dennoch blieb über lange Zeit hinweg der Kindergarten eine »Nothilfeeinrichtung« für Kinder, deren Mütter arbeiteten, also eine sozialfürsorgerische Einrichtung. Die ausschließliche Erziehung eines Kindes unter sechs Jahre in der Familie galt als die bessere Alternative.

Erst 1970 anerkannte der Bildungsrat den Kindergarten als Teil des Bildungswesens; dennoch wurden hieraus zunächst keine politischen Konsequenzen gezogen z. B. für die Erhöhung der Kindergartenplätze. Von Bedeutung war jedoch das Bestreben, die bereits Ende der 1960er Jahre durch Forschungen nachgewiesene Benachteiligung von Kindern aus bildungsfernen Schichten durch kompensatorische Angebote im Kindergarten und in der damals neu entstandenen Eingangsstufe der Grundschule zu verringern.

Als am 4. Dezember 2001 die Ergebnisse der von der OECD durchgeführten internationalen Vergleichsstudie über den Leistungsstand 15jähriger Schüler in 32 Ländern bekannt gegeben wurde (OECD 2001), löste dies einen nachhaltig wirkenden Schock aus, da die Schülerinnen und Schüler in Deutschland hinsichtlich ihrer Lesekompetenz und ihres mathematisch-naturwissenschaftlichen Verständnisses nur den 21. Platz erhielten. In Deutschland wurden 10.000 Jugendliche gegen Ende der Schulbesuchspflicht getestet, wobei es in dem Lesetest darum ging, einen kurzen Text zu verstehen und handlungsorientierte Schlussfolgerungen daraus zu ziehen.

Ein weiteres Ergebnis war, dass in Deutschland nach wie vor die soziale Herkunft entscheidend für den Bildungserfolg ist. In keinem anderen Land war dies in diesem Ausmaß der Fall. Die Analyse der Ursachen hierfür führte u.a. zu der Einschätzung, dass die frühe Auslese nach dem 4. bzw. 6. Schuljahr – in den skandinavischen Ländern erfolgt diese erst nach dem 10. Schuljahr – sozial selektiv wirkt, sodass in der Folge über strukturelle Veränderungen des Schulsystems nachgedacht wurde.

Dem Schock darüber, dass deutsche Kinder im Vergleich mit anderen hinsichtlich der Lesekompetenz im letzten Drittel rangierten, folgten Überlegungen, wo die Mängel in unserem Schulsystem zu suchen und wie sie zu beheben seien. Neben der Forderung nach einer Verbesserung des Unterrichts in den Grundschulen und der Lernkultur insgesamt nahm man auch die Leistungen des Elementarbereichs in den Blick, denn bereits bei Beginn der Schulpflicht gibt es gravierende Unterschiede zwischen den Kindern hinsichtlich ihrer Lernvoraussetzungen.

Bildungspolitiker forderten aufgrund dieser Ergebnisse ein strukturiertes Bildungsangebot im Elementarbereich, durch das die Schulfähigkeit der Kinder gezielt gefördert werden müsse. Damit geriet der Kindergarten unter Legitimationsdruck, wobei es sich nachteilig auswirkte, dass es der Kindergarten in der Vergangenheit versäumt hatte, »*seinem Konzept von Lernen genügend Ausdruck zu verleihen. Natürlich wird über das Lernen im Kindergarten intern heftig diskutiert, allerdings unter einem ganz anderen Titel: Es geht um verschiedene methodische Ansätze. (…) Der Begriff Lernen wird dabei fast verschämt behandelt, so als sei Lernen überhaupt nicht Thema des Kindergartens – aber das ist ein Irrtum. Kinder in diesem Alter brauchen natürlich keine formalen Lehrgänge, aber sie brauchen Unterstützung dabei, als eigenständige Persönlichkeiten wißbegierig der Welt zu begegnen. Kinder brauchen Lust auf Lernen, Lust auf Erfahrungen, auf Nachdenken, auf Aushandeln von unterschiedlichen Ansichten. Dazu ist es wichtig, dass Erzieherinnen den Kindern Partnerinnen beim Verstehen der Welt sind. Kinder brauchen Anregungen und Räume zur Entfaltung ihrer Fähigkeiten, und zwar ihrem Alter entsprechend Spielräume, die natürlich auch Lernräume sind*« (Thiersch, R. 1999, S. 13).

Eine praktische Konsequenz, die aus den Ergebnissen der PISA-Studie gezogen wurde, war die Entwicklung von Bildungsplänen. Seit 2004 haben nach und nach alle 16 Bundesländer Bildungspläne vorgelegt, die zwar nicht den verbindlichen Charakter von Lehrplänen haben, *jedoch »ein wahres Füllhorn an Anregungen und Hinweisen (bieten), wie Erziehung und Bildung erfolgreich gestaltet werden können«* (Thüringer Bildungsplan für Kinder bis 10 Jahre, Weimar 2008, S. 9).

Da die Träger der Einrichtungen autonom in der Bestimmung der pädagogischen Inhalte, Methoden und Ziele sind, kann eine Umsetzung der Bildungspläne nicht erzwungen, sondern nur im Konsens mit den Trägern erreicht werden. Michael-Sebastian Honig (Universität Trier) stellte in seiner Begleituntersuchung zur Einführung der Bildungspläne in den Kindertageseinrichtungen von Niedersachsen, Rheinland-Pfalz und Schleswig-Holstein fest, dass Fortbildungsangebote eine wichtige Voraussetzung für die Umsetzung in die Praxis sind. In den Einrichtungen, in denen sich die Erzieherinnen durch Fortbildungen intensiv mit dem Bildungsplan beschäftigt hatten, schenkten sie »*der Sprachförderung sowie der mathematisch-naturwissenschaftlichen Grundbildung in ihren Konzepten eine deutlich größere Aufmerksamkeit als allgemein üblich*« (Schreiber 2011).

Die Beschäftigung mit den Bildungsplänen führte dann auch dazu, dass sie die eigene pädagogische Konzeption um weitere Elemente angereichert und ergänzt haben. Diese kurzen Anmerkungen mögen genügen, um auf die Bedeutung, die die Bildungspläne bereits nach kurzer Zeit für die Praxis erlangt haben, hinzuweisen.

15.2 Neue Studiengänge

Angesichts der Bedeutung, die die Tageseinrichtungen für Kinder erlangt haben, erscheint es nicht mehr ausreichend, nur Mindeststandards, die nicht unterschritten werden dürfen, festzulegen, sondern vielmehr ist es notwendig, eine allgemeine Erhöhung der Qualität anzustreben. Die Diskussion zur Qualität von Tageseinrichtungen für Kinder entfaltete sich seit Mitte der 1990er Jahre. Von einem qualitativ guten Kindergarten ist zu erwarten, dass er das körperliche, emotionale und intellektuelle Wohlbefinden und die Entwicklung der Kinder in diesen Bereichen fördert. Die Träger von Kindertagesstätten sind sehr darum bemüht, die Qualität ihrer Kindertagesstätten zu sichern und durch ein gutes Qualitätsmanagement zu gewährleisten bzw. zu erhöhen. Auch im Hinblick auf die bereits in den 1970er Jahren geforderte Chancengleichheit aller Kinder sollten alle Tageseinrichtungen eine vergleichbar »gute« Bildung, Erziehung und Betreuung bieten und dazu beitragen, »*Benachteiligungen zu vermeiden oder abzubauen*« (§ 1 Abs. 3 Ziffer 1 KJHG).

Zu den Qualitätsmerkmalen gehört auch die Qualifikation des pädagogischen Personals. Die weitaus überwiegende Zahl der Beschäftigten sind Erzieherinnen, die an Fachschulen ausgebildet werden. Die Robert-Bosch-Stiftung fordert eine Anhebung des Ausbildungsniveaus für Erzieherinnen, das an vergleichbarer pädagogische Berufe, z.B. dem des Grundschullehrers, angeglichen werden müsste. Daher fördert sie die Entwicklung von Curricula für diese neuen Studiengänge an fünf Hochschulen.

Seit 2004 ist eine wachsende Zahl von Studiengängen an Fachhochschulen und Universitäten entstanden, die ein auf die Pädagogik der frühen Kindheit spezialisiertes Studium anbieten. Peer Pasternack, Direktor des Instituts für Hochschulforschung der Universität Halle, weist darauf hin, dass aus den Hochschulstudiengängen jährlich nur etwa 2.200 Absolventen hervorgehen, wohingegen jährlich knapp 17.000 Erzieher/innen an den Fachschulen ihre Ausbildung abschließen. »*Das heißt: Auf absehbare Zeit ist nicht mit einem Systemwechsel zu rechnen. Die Fachschulen werden für längere Zeit die wesentlichen Lieferanten des Berufsnachwuchses für den frühpädagogischen Bereich bleiben*« (Pasternack 2011).

Krüger und Entrup weisen darauf hin, dass neue Professuren mit dem Schwerpunkt frühkindliche Bildung und Erziehung fast ausschließlich an Fachhochschule eingerichtet wurden und dass es wünschenswert sei, dass sich die Universitäten auf dem Gebiet der Frühpädagogik mehr engagierten, denn sie müssten schließlich die an Fachhochschulen nachgefragten Professoren ausbilden, die bildungspolitisch relevante Evaluationsforschung garantieren, sowie die dringend erforderliche Grundlagenforschung leisten (vgl. Krüger/Lütke-Entrup 2008, S. 326).

15.3 Zu viele Plätze in Kindertageseinrichtungen?

Um den Rechtsanspruch eines jeden Kindes auf einen Kindergartenplatz zu erfüllen, ging es bislang in erster Linie um die Erhöhung der Plätze in Kindergärten. Nunmehr wird aber der demografische Wandel dazu führen, dass bis 2020 voraussichtlich die Zahl der drei- bis siebenjährigen Kinder um 8,7 Prozent abnehmen wird mit der Folge, dass die Nachfrage nach Plätzen in Kindertagesstätten rückläufig sein wird (vgl. Schilling/Rauschenbach 2008). Durch die angestrebte Erhöhung der Betreuungsquote von 89 Prozent im Jahr 2005 (vgl. Konsortium Bildungsberichterstattung 2006, S. 150) auf künftig 97 Prozent kann das nur zum Teil ausgeglichen werden. Das wird, so befürchtet man, zu Schließungen von Einrichtungen führen. Allerdings wird diese Entwicklung in den Flächenländern problematischer sein als in den Stadtstaaten. Da aber noch immer die Gruppenstärke in vielen Bundesländern hoch ist, könnten rückläufige Zahlen eine Chance bieten, die Gruppen zu verkleinern und damit den Personalschlüssel zu verbessern.

Eine andere Möglichkeit wäre die Verlagerung frei werdender Kapazitäten in ein größeres Angebot an Plätzen für Kinder bis zu drei Jahren. Zwar ist auch die Zahl der Kinder unter drei Jahren rückläufig, aber für diese Gruppe wäre eine Erhöhung des Angebots und damit der Betreuungsquote wünschenswert. Es bleibt jedoch die Frage, wie unter solchen Gegebenheiten eine wohnortnahe Versorgung für Kindergartenkinder aufrechterhalten werden kann.

Die Veränderungen in der Arbeitswelt haben dazu geführt, dass die Öffnungszeiten der Kindertagesstätten nicht immer mit den Arbeitszeiten der Eltern übereinstimmen. Daraus entsteht die sog. »Betreuungslücke«. Dort, wo Großeltern oder andere Verwandte zur Verfügung stehen, die das Kind aus der Kita abholen und bis zur Rückkehr der Mutter von der Arbeit betreuen, kann das Problem innerfamiliär gelöst werden. Aber wie gehen Frauen mit diesem Problem um, die weder einen Partner noch Eltern in der Nähe haben, die einspringen können? Je nach der individuellen Lage müssen sie Lösungen für diese Betreuungslücke finden entweder durch Veränderungen der Arbeitszeiten, was nicht immer möglich ist, oder durch eine zusätzliche privat organisierte und bezahlte Betreuung. Hier böte die zu erwartende Überkapazität die Möglichkeit, dort, wo das nötig ist, durch erweiterte Öffnungszeiten die Betreuungslücke zu schließen.

15.4 Von der Kindertagesstätte zum »Haus für Kinder und Familien«

Die Frage, welche Gestalt Kindertagesstätten haben sollten, können wir nicht losgelöst von der sehr viel weiteren Frage, wie Kinder in unserer Gesellschaft aufwachsen, diskutieren. Durchgängiges Strukturprinzip unserer Gesellschaft ist die Trennung von Wohnen und Arbeiten und die Separierung der nachwachsenden Generation in gesonderten pädagogischen Einrichtungen. Neuere ökologische Ansätze problematisieren dies und fordern, dass Anstrengungen unternommen werden müssen, um dieser Segregation der Altersgruppen und der Lebensbereiche entgegenzuwirken. Auch Kindertagesstätten stellen einen eigenen Lebensbereich dar, in dem Kinder einer relativ eng umgrenzten Altersspanne mit nur wenigen Erwachsenen meist weiblichen Geschlechts spielen, lernen und von ihnen betreut werden.

Zur Veränderung dieser Struktur wurden bereits 1984 vom hessischen Landesjugendamt Vorschläge für ein Mehrgenerationenhaus gemacht, die darauf hinzielten, Einrichtungen zu schaffen, die Begegnungsstätten für Kinder und Erwachsene sein können. »*Als Annäherung an diese Utopie käme eine Einrichtung in Betracht, in der unter einem Dach neben der klassischen Kindertagesstätte z.B. auch offene Kinderarbeit betrieben wird, ein Jugendclub Platz findet, Angebote für Elterngruppen laufen, eine Seniorenwerkstatt ihren Betrieb aufnimmt oder eine Beratungsstelle unterkommt. Der Kindergarten wäre dann Bestandteil eines Nachbarschaftszentrums*« (Landesjugendamt Hessen 1984, S 38). Eine solche Kindertagesstätte käme dem pädagogischen Bemühen, das soziale Umfeld in die Arbeit einzubeziehen, sehr entgegen und würde einer Einschränkung des Erfahrungsraumes der Kinder vorbeugen.

Im 21. Jahrhundert sind wir nunmehr der Utopie schon ein Stück näher gekommen, denn es gibt bereits Kindertagesstätten, die sich zu »Häusern für Kinder und Familien« weiterentwickelt haben. Ansätze hierzu gibt es seit Langem in Elterninitiativ-Kitas oder etwa in Mütterzentren. Jedoch beziehen sich die meisten auf das englische Vorbild der Early Excellence Centres (vgl. Peuker/Riedel 2004). Diese verknüpfen die Kindertageseinrichtungen mit weiteren meist vorhandenen Beratungsangeboten und sozialen Dienstleistungen der Kommune, um auf diese Weise ein umfassendes und niederschwelliges Angebot für Familien zu schaffen.

Seit im Jahr 2001 in Berlin die erste Einrichtung dieser Art unter der Trägerschaft des Pestalozzi-Fröbel-Hauses gegründet wurde, sind innerhalb weniger Jahre zahlreiche neue »Häuser für Kinder und Familien« hinzugekommen. Der Erfolg dieses Konzepts liegt offenbar darin, dass verstreute Beratungs- und Dienstleistungsangebote gebündelt werden und Eltern es damit erleichtert wird, diese in Anspruch zu nehmen. Aber wichtiger ist vielleicht noch, dass diese Häuser für Kinder und Familien damit auch zu einem zweiten Zuhause für Eltern und Kinder werden, in dem Austausch und Begegnung mit anderen Familien zwanglos möglich sind.

Literatur

Aden-Grossmann, Wilma (2000): Die Epoche des Nationalsozialismus in der zeitgeschichtlichen Kinder- und Jugendliteratur. In: Nolz, B.; Popp, W. (Hrsg.): Erinnerungsarbeit. Grundlage einer Kultur des Friedens. Münster: Lit, S. 285-297.

Aden-Grossmann, Wilma (2003): Vor dreißig Jahren – Rückblick auf die Gründungsphase einer Elterninitiative. Frühe Kindheit und Geschlechterverhältnisse in der Sozialpädagogik. Konjunkturen in der Sozialpädagogik. Frankfurter Beiträge zur Erziehungswissenschaft. Festschrift für Prof. Dr. Heide Kahlert. Hrsg. von Dagmar Beinzger und Isabell Diehm. Frankfurt: J. W. Goethe- Universität Fachbereich Erziehungswissenschaft, S. 71–87.

(Aden-)Grossmann, Wilma (1971): Elterninitiativen für repressionsfreie Erziehung. In: Grossmann, Heinz: Bürgerinitiativen – Schritte zur Veränderung? Frankfurt a.M., S. 33-53.

(Aden-)Grossmann, Wilma (1974): Vorschulerziehung. Historische Entwicklung und alternative Modelle. Köln: Kiepenheuer & Witsch.

(Aden-)Grossmann, Wilma (1991): Kindererziehung in der DDR: »Die ewigen Jasager beunruhigen mich« In: Erziehung und Wissenschaft. Heft 12, S. 6-10.

(Aden-)Grossmann, Wilma (Hrsg.) (1992): Kindergarten und Pädagogik. Grundlagentexte zur deutsch-deutschen Bestandsaufnahme. Weinheim und Basel: Beltz.

(Aden-)Grossmann, Wilma; Kallert, Heide (Hrsg.) (1983): Kinderkrippe in der Großstadt. Eine Fallstudie. Frankfurt a.M.: Fachbereich Erziehungswiss. der Johann-Wolfgang-Goethe Univ.

Akpinar, Ünar; Zimmer, Jürgen (1984): Von wo kommst'n du? Interkulturelle Erziehung im Kinderkarten, Band 1-3 München: Juventa.

Akpinar, Ünar; Zimmer, Jürgen (1992): Die Schatten der Vorurteile liegen auch auf dem Kindergarten. In: Grossmann, Wilma (Hrsg.): Kindergarten und Pädagogik. Grundlagentexte zur deutsch-deutschen Bestandsaufnahme. Weinheim und Basel: Beltz, S. 169-175.

Amend, Marlies; Haberkorn, Rita; Hagemann, Ulrich; Seehausen, Harald (1992): Lebensraum Kindergarten. Zur Gestaltung des pädagogischen Alltags in Ganztagseinrichtungen. Frankfurt a.M.: Dietmar Klotz.

Amt für Soziale Dienste Bremen (Hrsg.) (2000): Kindergarten - eine Institution im Wandel. Reflexion und Neubewertung der Bildungs- und Erziehungskonzeption von Tageseinrichtungen für Kinder. Bremen.

Andresen, Sabine; Hurrelmann, Klaus (2010): Kindheit. Reihe Bachelor/Master. Weinheim und Basel: Beltz.

Arbeitsgemeinschaft für Jugendhilfe (1985): Positionspapier der Arbeitsgemeinschaft für Jugendhilfe zur »Rahmenvereinbarung über die Ausbildung und Prüfung von Erziehern/Erzieherinnen« der Ständigen Konferenz der Kultusminister der Länder in der Bundesrepublik Deutschland (KMK): o. O.

Arbeitsgruppe Vorschulerziehung (1973): Anregungen I und II. Zur pädagogischen Arbeit im Kindergarten. München: Juventa.

Arbeitsgruppe Vorschulerziehung (1976): Arbeitsgruppe Vorschulerziehung: Anregungen III. Didaktische Einheiten im Kindergarten. München: Juventa.

Ariès, Philippe (1977): Geschichte der Kindheit. München, Wien: Hanser.

Auchter, Thomas (1973): Zur Kritik der antiautoritären Erziehung. Informationen, Überlegungen, Konsequenzen. Freiburg i. Br.: Lambertus.

Auernheimer, Georg (2010 6. Aufl.): Einführung in die interkulturelle Pädagogik. Darmstadt: Wissenschaftliche Buchgemeinschaft..

Autorenkollektiv am Psychologischen Institut der Freien Universität Berlin (1971): Schülerladen Rote Freiheit. Frankfurt a.M.: Fischer.

Baader, Meike Sophia (Hrsg.) (2008): »Seid realistisch, verlangt das Unmögliche!« Wie 1968 die Pädagogik bewegte. Weinheim: Beltz.

Bacherl, Clemens; Bock, Christel; Kallert, Heide (1988): Arbeitsplatz Kinderkrippe und Krabbelstube im Vergleich. Ergebnisse einer Befragung von Gruppenerzieherinnen und Bezugspersonen. Beiträge zur frühkindlichen Erziehung Band 6. Frankfurt a.M.: J. W. Goethe-Universität, Institut für Sozialpädagogik und Erwachsenenbildung.

Barow-Bernstorff, Edith u. a. (Hrsg.) (1988, 8. Aufl.): Beiträge zur Geschichte der Vorschulerziehung. Berlin: Volk und Wissen.

Barz, Heiner (1984): Der Waldorfkindergarten. Weinheim: Beltz.

Bayer, Herbert; Gropius, Walter; Gropius, Ilse (Hrsg.) (1955): Bauhaus 1919-1928. Stuttgart: Hatje.

Beher, Karin; Hoffmann, Hilmar; Rauschenbach, Thomas (1999): Das Berufsbild der Erzieherinnen. Neuwied, Berlin: Luchterhand.

Belser, Helmut (1972): Curriculum – Materialien für die Vorschule. Weinheim: Beltz.

Benzing, Richard (1941): Grundlagen der körperlichen und geistigen Erziehung des Kleinkindes im nationalsozialistischen Kindergarten. Berlin: Eher.

Berger, Manfred (1985): Vorschulerziehung im Nationalsozialismus. Recherchen zur Situation des Kindergartenwesens 1933-1945. Weinheim: Beltz.

Bericht und Vorschläge der Amerikanischen Erziehungskommission ([1946] 1992). In: (Aden-)Grossmann, Wilma (Hrsg.): Kindergarten und Pädagogik. Grundlagentexte zur deutsch-deutschen Bestandsaufnahme. Weinheim und Basel: Beltz, S. 20-25.

Bernfeld, Siegfried (1969): Antiautoritäre Erziehung und Psychoanalyse. Ausgewählte Schriften in 3 Bänden, hrsg. von v. Werder, Lutz und Wolff, Reinhart. Frankfurt a.M.: März.

Bestimmungen über die Ausbildungsstätte, Ausbildung und Prüfung von Kindergärtnerinnen. RdErl. D. RMfWEV v. 15.9.1942, zit. nach Zeitschrift Kindergarten 1942, S. 111f.

Bier-Fleiter, Claudia (Hrsg.) (2001): Familie und öffentliche Erziehung. Aufgaben, Abhängigkeiten und gegenseitige Ansprüche. Festschrift für Prof. Dr. Wilma Aden-Grossmann. Opladen: Leske + Budrich.

Biermann, Gerd (1998): Nelly Wollfheim und die psychoanalytische Pädagogik. Gießen: Psychosozial.

Bildungskommission des Deutschen Bildungsrates (1970): Strukturplan für das Bildungswesen. Stuttgart: Klett.

Blochmann, Elisabeth (1961): Pädagogik des Kindergartens. In: Besser, Luise u.a.: Beiträge zur Sozialpädagogik. Heidelberg: Quelle & Meyer, S. 63-82.

Böhm, Dietmar; Böhm, Regine; Deiss-Niethammer, Birgit (1999): Handbuch interkulturelles Lernen. Theorie und Praxis für die Arbeit in Kindertageseinrichtungen. Freiburg, Basel, Wien: Herder.

Böhm, Winfried (1969): Maria Montessori – Hintergrund und Prinzipien ihres pädagogischen Denkens. Bad Heilbrunn: Klinkhardt.

Böhm, Winfried (1971): Maria Montessori – Texte und Diskussion. Bad Heilbrunn: Klinkhardt.

Bollnow, Otto Friedrich (1952): Die Pädagogik der deutschen Romantik von Arndt bis Fröbel. Stuttgart: Kohlhammer.

Bothe, Rolf (Hrsg) (1994): Das frühe Bauhaus und Johannes Itten: Katalogbuch anlässlich des 75. Gründungsjubiläums des Staatlichen Bauhauses. Ostfildern-Ruit: Hatje.

Bott, Gerhard (Hrsg.) (1970): Erziehung zum Ungehorsam. Kinderläden berichten aus der Praxis der antiautoritären Erziehung. Frankfurt a.M.

Braun, Lilly (1909): Memoiren einer Sozialistin. München: A. Langen.

Brezinka, Wolfgang (1961): Erziehung als Lebenshilfe. Wien: Österr. Bundesverlag.

Brosterman, Norman (1997): Inventing Kindergarten. New York: Harry N. Abrams.

Brügge, Peter (1977): »Herrschende werden die jedenfalls nicht« – Über antiautoritäre Erziehung und ihre Folgen. In: Der Spiegel. 18/1977 (25.4.2977), S. 70-81.

Brumlik, Micha: Autorität und Antiautoritarismus. (2008). In: Baader, Meike Sophia: »Seid realistisch, verlangt das Unmögliche! Wie 1968 die Pädagogik bewegte« Weinheim: Beltz, S. 184-211.

Brumme, Gertrud-Marie u.a. (1984): Muttersprache im Kindergarten. Berlin: Volk und Wissen.

Bund freier Waldorfschulen (Advent 1986): Berichtsheft des Bundes der Freien Waldorfschulen. Stuttgart: Bund der Freien Waldorfschulen e. V.

Bund-Länder-Kommission für Bildungsplanung (1973): Bildungsgesamtplan. Bd. 1 u. 2. Stuttgart: Klett.

Bund-Länder-Kommission für Planungsplanung (1976): Fünfjährige in Kindergärten, Vorklassen und Eingangsstufen. Bericht über eine Auswertung von Modellversuchen. Stuttgart: Klett.

Bundesarbeitsgemeinschaft der Landesjugendämter (2000): Qualität in Kindertageseinrichtungen – beschlossen in der 88. Arbeitstagung vom 03.-05.05.2000 in Halle. URL: http://www.bagljae.de.

Bundesministerium für Familie, Senioren, Frauen und Jugend (Hrsg.) (1998): Zehnter Kinder- und Jugendbericht. Bericht über die Lebenssituationen von Kindern und die Leistungen der Kinderhilfen in Deutschland. Bonn: Bundesministerium für Familie, Senioren, Frauen und Jugend.

Bundesministerium für Familie, Senioren, Frauen und Jugend (2000): Sechster Familienbericht. Familien ausländischer Herkunft in Deutschland. Leistungen, Belastungen, Herausforderungen. Berlin: Bundesministerium für Familie, Senioren, Frauen und Jugend.

Bundesverband der Natur- und Waldkindergärten e. V. URL: www.waldkindergarten.de.

Busche, Erika; Busche, Ernst (1970): Gedanken zur antiautoritären Erziehung. In: Vorgänge. Zeitschrift für Gesellschaftspolitik. 9. Jg., Heft 5, S. 186-191.

Büttner, Christian; Dittmann, Marianne (Hrsg.) (1995): Elternhandbuch Kindergarten. Weinheim und Basel: Beltz.

Büttner, Christian; Dittmann, Marianne (Hrsg.) (1999): Kindergartenprofile. Praxisberichte für die Ausbildung. Weinheim und Basel: Beltz.

Christensen, Netti; Launer, Irmgard: Über das Spiel der Vorschulkinder. Berlin 1979.

Claßen, Johannes (Hrsg.) (1973): Antiautoritäre Erziehung in der wissenschaftlichen Diskussion. Heidelberg: Quelle & Meyer.

Claßen, Johannes (1971): Bibliographie zur antiautoritären Erziehung. Heidelberg: Quelle & Meyer.

Colberg-Schrader, Hedi; Krug, Marianne (1977): Arbeitsfeld Kindergarten. Planung, Praxisgestaltung, Teamarbeit. München: Deutsches Jugendinstitut.

Colberg-Schrader, Hedi; Krug, Marianne (1999): Arbeitsfeld Kindergarten. Pädagogische Wege, Zukunftsentwürfe und berufliche Perspektiven. Weinheim: Juventa.

Correll (1970): Lernen und Lehren im Vorschulalter. Donauwörth: Auer.

Dachverband Berliner Kinder- und Schülerläden e.V. (Daks). www.daks-berlin.de

Dammann/Prüser (1987): Die Entwicklung der Kleinkinderschule und des Kindergartens. München: Kösel.

Der Hessische Kultusminister (1970): Zusammenarbeit zwischen Kindergarten und Grundschule. Erlaß vom 25.2.1985.

Dermitzel, Regine (1971): Thesen zur antiautoritären Erziehung. In: Höltershinken, Dieter (Hrsg.): Vorschulerziehung. Eine Dokumentation. Freiburg i.Br.: Herder, S. 119-128.

Derschau, Dietrich von (1987): Entwicklung der Ausbildung und der Personalstruktur im Kindergarten. In: Erning, G. u.a. (Hrsg.): Geschichte des Kindergartens. Band II. Freiburg i.Br.: Lambertus, S. 67-81.

Deuchert, Norbert (1986): Waldorfschule und Staat 1919–1938. In: Berichtsheft des Bundes Freier Waldorfschulen. Advent 1986. Stuttgart: Bundesverband Freier Waldorfschulen, S. 75–90.

Deutscher Bildungsrat (1970): Empfehlungen der Bildungskommission. Strukturplan für das Bildungswesen. Gutachten zur Erziehung im frühen Kindesalter. Bad Godesberg.

Deutscher Bildungsrat (1975): Empfehlungen der Bildungskommission. Bericht '75 Entwicklungen im Bildungswesen. Stuttgart: Klett.

Deutscher Städtetag (Hrsg.) (1980): Ausländische Kinder und Jugendliche im deutschen Bildungs- und Ausbildungssystem: Probleme, Programme, Erfahrungen / Teil 2: Die zweite Ausländergeneration. Köln: Dt. Städtetag.

Deutsches Pädagogisches Zentralinstitut, Abt. Theorie Mitarb. Gerda Mundorf u. a. (Hrsg.) (1952): Gedenkschrift zum 100. Todestag von Friedrich Fröbel am 21. Juni 1952. Berlin (DDR): Volk und Wissen.

Die Reichsschulkonferenz 1920, ihre Vorgeschichte und Vorbereitung und Verhandlungen. Amtl. Bericht, erstattet vom Reichsministerium des Innern. (1921) Leipzig: Quelle & Meyer.

Diehm, Isabell (2008): Pädagogik der frühen Kindheit in der Einwanderungsgesellschaft. In: Thole u.a. (Hrsg.): Bildung und Kindheit. Pädagogik der frühen Kindheit in Wissenschaft und Lehre. Opladen und Farmington Hills: Barbara Budrich, S. 203-211.

Diehm; Isabell (1995): Erziehung in der Einwanderungsgesellschaft. Konzeptionelle Überlegungen für die Elementarpädagogik. Frankfurt: IKO.

Dippelhofer-Stiem, Barbara (1999): Schulvorbereitung? Was Erzieherinnen und Eltern meinen. In: TPS 1, S. 34-36.

Dippelhofer-Stiem, Barbara; Wolf, Bernhard (Hrsg.) (1997): Ökologie des Kindergartens. Theoretische und empirische Befunde zu Sozialisations-und Entwicklungsbedingungen. Weinheim: Juventa.

Dollase, Rainer (Hrsg.) (1978): Handbuch der Früh- und Vorschulpädagogik, 2 Bände. Düsseldorf: Schwann.

Donath, Erika (1939): Der Erntekindergarten. In: Kindergarten, 80. Jg., Heft 7, S. 141-145.

Droescher, Lilly (1919): Der Kindergarten als Unterbau der Einheitsschule. Vortrag, gehalten in Leipzig Oktober 1919 auf einer Tagung des Pestalozzi-Fröbel-Verbandes, S. 7f.

Ebert, Sigrid (Hrsg.) (1992): Mit Kindern leben im gesellschaftlichen Umbruch. München, Wien: Profil.

Eichholz, Reinald (2009): Geleitwort. In: Vereinigung der Waldorfkindergärten (Hrsg.): Ganz Schön Anders?! – Waldorfpädagogik von Anfang an. Festschrift anlässlich des 40-jährigen Bestehens der Vereinigung der Waldorfkindergärten e. V. Neustadt an der Weinstraße: Eigendruck, S. 7-8.

Elterninitiativen im ländlichen Bereich. In: Auflage. Fachzeitschrift der Landesarbeitsgemeinschaft Elterninitiativen Niedersachsen/Bremen e. V., 7. Jahrgang, Ausgabe Nr. 10, Oktober 2005.

Engelhardt, Dorothee; Höltershinken, Dieter u. a. (10. Ergänzungslieferung 1996): Handbuch der Elementarerziehung. Pädagogische Hilfen zur Arbeit in Tageseinrichtungen für Kinder. Seelze: Kallmeyer.

Erikson, Erik H. (1961): Kindheit und Gesellschaft. Stuttgart: Klett.

Erning, Günter/Neumann, Karl/Reyer, Jürgen (1992): Geschichte des Kindergartens. Band 1-3. Freiburg i.Br.: Lambertus.

Fink, Michael: Glosse: Muttipädagogik – aus dem kleinen Lexikon ungeschriebener pädagogischer Ansätze. In: Rundbrief Juni 2009 der Landesarbeitsgemeinschaft Freie Kinderarbeit Hessen e. V., S. 26-31.

Fischer, Heidi (1978): Erprobung des Curriculums soziales Lernen als Innovationsprogramm für das Kita-Projekt. Unveröffentl. Diplomarbeit. Universität Frankfurt a.M..

Flaake, Karin u. a. (1978): Das Kita-Projekt. Ergebnisse einer wissenschaftlichen Begleituntersuchung zu einem Reformmodell öffentlicher Vorschulerziehung. Frankfurt a.M.: Campus.

Fliedner, Theodor: Methodik der Erziehung und des Unterrichts in der Kleinkinderschule. In: Krecker (1971),. S. 141-147.

Flinspach, Jürgen (2009): 40 Jahre Internationale Vereinigung der Waldorfkindergärten e. V. – Von den inneren Motiven und Impulsen einer weltweiten Bewegung für das kleine Kind. In: Vereinigung der Waldorfkindergärten (Hrsg.): Ganz Schön Anders?! – Waldorfpädagogik von Anfang an. Festschrift anlässlich des 40-jährigen Bestehens der Vereinigung der Waldorfkindergärten e. V. Neustadt an der Weinstraße, S. 33-39.

Flitner, Andreas (Hrsg.) (1973): Das Kinderspiel. München: Piper.

Fölsing, Julius ([1846] 1971): Geist der Kleinkindererziehung. In: Krecker, M. (Hrsg.) (1971): Quellen der Vorschulerziehung. Berlin: Volk und Wissen, S. 151-160.

Fölsing, Julius; Lauckhard, Carl Friedrich ([1848] 1971): Warum Kleinkinderschulen errichtet werden. In: Krecker, M. (Hrsg.): Quellen zur Geschichte der Vorschulerziehung. Berlin: Volk und Wissen, S. 147-151.

Frank, Gerhard: Selbstevaluation (6. Aufl. 2007). In: Deutscher Verein für öffentliche und private Fürsorge (Hrsg.): Fachlexikon der sozialen Arbeit. Frankfurt: Nomos, S. 809f.

Franke-Meyer, Diana: Reyer, Jürgen (2008): Das Verhältnis öffentlicher Kleinkinderziehung zur Familie und zur Schule aus historisch-systematischer Sicht. In: Cloos, Peter; Karner, Britta (Hrsg.): Erziehung und Bildung von Kindern als gemeinsames Projekt. Zum Verhältnis familialer Erziehung und öffentlicher Kinderbetreuung. Baltmannsweiler: Schneider Verlag Hohengehren, S. 26-40.

Freie Kinderschule Schwalbach (1980): Wir – Berichte – Erfahrungen – Gedanken. Herausgeber: Verein für Sozialpädagogische Praxis e. V. Redaktion: Edgar Weick. Schwalbach.

Freie Pädagogische Vereinigung (Hrsg.) (1984): Waldorfpädagogik - Ein Weg zur Persönlichkeitsbildung. Eine Einführung für Lehrer, Erzieher und Eltern. Wien, München: Jugend und Volk.

Freiling, Thomas (2003): Qualitätsentwicklung in selbstorganisierenden Systemen. Ein Beitrag zur Organisationsqualität in selbstorganisierenden Kinderbetreuungseinrichtungen freier Träger (Elterninitiativen). Diss. an der Universität Kassel.

Freud, Sigmund (1969): Neue Folge der Vorlesungen zur Einführung in die Psychoanalyse. In: Sigmund Freud. Gesammelte Werke. 15. Band. Frankfurt a.M.: S. Fischer.

Friedeberg, Edmund; Polligkeit, Wilhelm (1955): Das Reichsgesetz für Jugendwohlfahrt. Berlin, Köln: Heymann.

Fröbel, Friedrich (1919): Die Mutter- und Koselieder. Hrsg. von Prüfer, Johannes. Leipzig: Wiegandt.

Fröbel, Friedrich (1935): Brief an die Frauen in Keilhau. Hrsg. von Gumlich, Bruno, Weimar: Böhlau.

Fröbel, Friedrich (1951): Ausgewählte Schriften. Bd. 1: Kleine Schriften und Briefe von 1809-1851; Band 2: Die Menschenerziehung. Hrsg. von Hoffmann, Erika. Bad Godesberg: Helmut Küpper vormals Georg Bondi.

Fröbel, Friedrich (2. Aufl. 1874): Gesammelte pädagogische Schriften in 2 Bänden. Hrsg. von Lange, Wichard. Berlin: Enslin.

Fröbel, Friedrich an die Gräfin Therese Brunszvick. Hrsg. von Hoffmann, Erika. (1944) Berlin: Metzner.

Fröbel, Friedrich und die Muhme Schmidt. Hrsg. von Lück, Conradine (1929). Leipzig: Quelle & Meyer.

Fthenakis, Wassilios (1985): Bilingual-bikulturelle Entwicklung des Kindes: Ein Handbuch für Psychologen, Pädagogen und Linguisten. Hrsg. vom Staatsinst. für Frühpädagogik. München: Hueber.

Fthenakis, Wassilios E. (1982): Ansätze zur Förderung ausländischer Kinder. In: IFP – Staatsinstitut für Frühpädagogik Nr. 1, S. 3-13.

Fthenakis, Wassilios E. (2000): Kindergarten – eine Institution im Wandel. In: Amt für Soziale Dienste Bremen (Hrsg.): Kindergarten – Eine Institution im Wandel. Reflexion und Neubewertung der Bildungs- und Erziehungskonzeption von Tageseinrichtungen für Kinder. Bremen, S. 11-91.

Gaidzik-Tremel, Heide (1994): Der Generationenwechsel. Aus Kinderläden werden selbstorganisierte Elterninitiativ-Kindertagesstätten. In: PÄDEXTRA, September 1994, S. 9-13.

Gamm, Hans-Jochen (1964): Führung und Verführung – Pädagogik des Nationalsozialismus. München: List.

Gebauer, Ronald (2010): Kindertagesstätten und Kindererziehung in Ost- und Westdeutschland. Bundeszentrale für politische Bildung. http://www.bpb.de/themen/W551M1,1,0,Kitas_und_Kindererziehung_in_Ost_und_West.html (Zugriff 23.3.2011).

Gebauer, Theodor u. a. (1971): Begabungsförderung im Vorschulalter. Stuttgart: Klett.

Gerstacker, Ruth; Zimmer, Jürgen (1978): Der Situationsansatz in der Vorschulerziehung. In: Dollase, Rainer (Hrsg.): Handbuch der Früh- und Vorschulerziehung. Düsseldorf: Schwann, Band 2, S. 189-205.

Gerstberger, Günter (2008): Frühkindliche Bildung in Forschung und Lehre. In: Thole, Werner u. a. (Hrsg.): Bildung und Kindheit. Pädagogik der frühen Kindheit in Wissenschaft und Lehre. Opladen: Barbara Budrich.

Görlich, Günter (1978): Vater ist mein bester Freund. Mit Illustrationen von Konrad Golz. Berlin: Der Kinderbuchverlag.

Grossmann, Heinz (1971): Eltern-Kinder-Gruppen und die Grenzen der Bürgerinitiative in Stadtrandvierteln. In: Grossmann, Heinz (Hrsg.): Bürgerinitiativen – Schritte zur Veränderung? Frankfurt: S. Fischer, S. 97-105.

Grossmann, Wilma siehe Aden-Grossmann, Wilma:.

Grunelius, Elisabeth M. (1980, 4. Aufl.): Erziehung im frühen Kindesalter. Schaffhausen: Novalis.

Haberkorn, Rita; Götte, Rose (2010): Situationsansatz. In: Pousset, Raimund (Hrsg): Handbuch für Erzieherinnen und Erzieher. Berlin: Cornelsen, Scriptor, S. 393-396.

Habermann, Carsten; Kaufeld, Barbara (1996): Männer und Frauen – Jungen und Mädchen in der Kindertagesstätte. Beiträge zur frühkindlichen Erziehung Band 11. Frankfurt a.M.: J.W. Goethe-Universität, Institut für Sozialpädagogik und Erwachsenenbildung.

Häfner, Peter (2003): Natur- und Waldkindergärten in Deutschland – eine Alternative zum Regelkindergarten in der vorschulischen Erziehung. Diss. Universität Heidelberg http://archiv.ub.uni-heidelberg.de/volltextserver/volltexte/2003/3135/pdf/Doktorarbeit_Peter_Haefner.pdf.

Hartlaub, Marei; Oleovnik, Johannes; Seifert, Monika; Stubenrauch, Renate (1971): Kinderläden und Erziehung in der Schule. In: Diskus – Frankfurter Studentenzeitung, Nr. 2 o.J., S. 35-37.

Haug-Zapp, Egbert (2000): Die Ausbildung der Erzieherinnen im Jahre 2000 + x. Versuch einer konkreten Utopie. In: Bundesverband evangelischer Erzieherinnen und Sozialpädagoginnen (Hrsg.): Starke Frauen für Kinder: Die Arbeit von Erzieherinnen sichtbar machen. Seelze: Kallmeyer, S. 120-127.

Hecker, Hilde; Muchow, Martha (1931): Friedrich Fröbel und Maria Montessori. Leipzig: Quelle & Meyer.

Heiland, Helmut (1991): Maria Montessori. Reinbek: Rowohlt.

Heiland, Helmut (1998): Die Spielepädagogik Friedrich Fröbels. Zürich: Olms.

Heiland, Helmut (2010): Fröbels Pädagogik der Kindheit – didaktische Überlegungen zu seiner Spielpädagogik. In: Kasüschke, Dagmar (Hrsg.): Didaktik in der Pädagogik der frühen Kindheit. Köln, Kronach: Carl Link, S. 15-44.

Heller, Elke (1990): Gedanken zu einem neuen Erziehungskonzept für den Kindergarten. In: Neue Erziehung im Kindergarten Nr. 4, S. 74-75.

Hemmer, Klaus Peter; Obereisenbuchner, Mathias (1979): Die Reform der vorschulischen Erziehung. Eine Zwischenbilanz. München: Juventa.

Henneberg, Roswitha (2001): »Wenn ich Kindermitbestimmer wäre …« Ein Interview mit 4- bis 6jährigen zum Thema Partizipation. In: Theorie und Praxis der Sozialpädagogik. Nr. 2, S. 4-5.

Hermann, Gisela; Riedel, Heidi; Schock, Robert; Sommer, Brigitte (1984): Das Auge schläft, bis es der Geist mit einer Frage weckt. Krippen und Kindergärten in Reggio/Emilia. Fortbildungsinstitut für die pädagogische Praxis. Berlin: Fipp/Weinheim; München: Juventa.

Herzog, Dagmar (2005): Die Politisierung der Lust: Sexualität in der deutschen Geschichte des zwanzigsten Jahrhunderts. München: Siedler.

Hetzer, Hildegard (1971): Die Erprobung der von Corell entwickelten Leselehrprogramme für Kleinkinder. In: Unsere Jugend S. 581-598.

Hille, Barbara (1988): Kinder in der DDR - Betreuung und Erziehung in der frühen Kindheit und im Vorschulalter. In: Deutschlandarchiv. Zeitschrift für Fragen der DDR und der Deutschlandpolitik. 21. Jg., Mai 1988, S. 513-526 Hille, Brunhild (1989): Erfahrungen und Probleme bei der Erziehung zur tätigen Heimatliebe. In: Neue Erziehung im Kindergarten. Berlin: Volk und Wissen. 42. Jg., Heft 1, S. 3-5.

Hoffmann, Erika (1950/51): Die psychologischen Voraussetzungen der Schulreife. In: Blätter des Pestalozzi-Fröbel-Verbandes 1. Jg., S. 3-10.

Hoffmann, Erika (1960): Der Kindergarten in der industriellen Gesellschaft. In: Soziale Arbeit, 1960, S. 474-487.

Hoffmann, Erika (1961): Seelisch-Geistige Nachreife im Schulkindergarten. In: Besser, Luise, (Hrsg.): Beiträge zur Sozialpädagogik. Heidelberg: Quelle & Meyer, S. 98ff.

Hoffmann, Erika (1968): Die Bedeutung der Erziehung des Kleinkindes. In: Bittner, Günther; Schmidt-Cords, Edda (Hrsg.): Erziehung in früher Kindheit. München: Piper, S. 17-33.

Hoffmann, Erika (1968): Frühkindliche Bildung und Schulanfang. In: Bittner; Schmidt/Cords (Hrsg.): Erziehung in früher Kindheit. München: Piper, S. 344-363.

Hoffmann, Erika (Hrsg.) (1948): Friedrich Fröbel und Karl Hagen. Ein Briefwechsel aus den Jahren 1844-1848 Weimar: Werden und Wirken.

Höltershinken, Dieter (Hrsg.) (1971): Vorschulerziehung. Eine Dokumentation. Freiburg: Herder.

Höltershinken, Dieter; Hoffmann, Hilmar; Prüfer, Gudrun (1997): Kindergarten und Kindergärtnerin in der DDR. Band I und II. Neuwied: Luchterhand.

Höltershinken, Dieter; Kasüchke, Hans-Peter (1987/88): »Behütete Kindheit« im Schatten der Fördertürme: Zur Geschichte der Betriebskindergärten im Ruhrgebiet (1875-1975). In: Uni-Report, WS 1987/88, Nr. 6, S. 29-34.

Höltershinken, Dieter; Wu, Lan-Ruo (2001): Sozialverhalten von Kindern in Freispielsituationen. Kleine altersgemischte Gruppen und Kindergartengruppen im Vergleich. In: Bier-Fleiter (Hrsg.): Bier-Fleiter, Claudia (Hrsg.): Familie und öffentliche Erziehung. Opladen: Leske + Budrich, S. 269-276.

Horkheimer, Max (1936): Theoretische Entwürfe über Autorität und Familie. Allgemeiner Teil. In: Fromm, Erich; Horkheimer, Max, Mayer, Hans u. a.: Autorität und Familie. Frankfurt: Junius-Drucke (Nachdruck der Originalausgabe: Paris: Librairie Félix Alcan), S. 3-76.

Horn, Hans-Arno (Hrsg.) (1982): Kindergarten und Grundschule arbeiten zusammen. Konzepte und Beispiele für einen kooperativen Schulanfang. Frankfurt a. M.: Arbeitskreis Grundschule.

Hundertmark, Gisela (1969): Soziale Erziehung im Kindergarten. Stuttgart: Klett.

Jaffke, Freya (1979): Erziehung in der altersgemischten Gruppe. In: Kügelgen, Helmut von (Hrsg.): Plan und Praxis des Waldorfkindergartens. Beiträge zur Erziehung im ersten Jahrsiebt. Stuttgart: Verlag Freies Geistesleben, S. 34-38.

Jaffke, Freya (1983): Spielzeug von Eltern selbstgemacht. Arbeitsmaterial aus den Waldorfkindergärten. Hrsg. von der Internationalen Vereinigung der Waldorfkindergärten. Stuttgart: Verlag Freies Geistesleben.

Jaffke, Freya (1987): Zur Planung im Waldorfkindergarten. In: Kügelgen, Helmut von (Hrsg.): Plan und Praxis des Waldorfkindergartens. Stuttgart: Verlag Freies Geistesleben. Heft 10, S. 53-60.

Jugendfürsorge, Mitteilung der Deutschen Zentrale für Jugendfürsorge Okt./Dez. 1919, 82.

Kallert, Heide; Schleuning, Eva-Maria; Illert, Christa (1984): Der Aufbau der kindlichen Persönlichkeit in den Entwicklungslehren von Maria Montessori und Rudolf Steiner. In: Z. f. Päd. Nr. 5, S. 633-645.

Kammann, (o. V.) (1940): Unsere Kinder erleben den Krieg. In: Kindergarten, Heft 11, S. 183 ff.

Kanitz, Otto Felix (1925): Das proletarische Kind in der bürgerlichen Gesellschaft. Jena: Urania.

Kasüschke, Dagmar (2010): Didaktik der frühen Kindheit. Köln, Kronach: Carl Link.

Kasüschke, Dagmar; Fröhlich-Gildhoff, Klaus (2008): Frühpädagogik. Herausforderung an Disziplin und Profession. Köln, Kronach: Carl Link.

Kazemi-Veisari, Erika (2001): Sich als Person fühlen können. Partizipation von Kindern erweist sich im gelebten Alltag. In: Theorie und Praxis der Sozialpädagogik Heft 2, S. 6-9.

Kerl-Wienecke, Astrid (2000): Nelly Wolffheim – Leben und Werk. Gießen: Psychosozial.

Kern, Artur (1951): Sitzenbleiberelend und Schulreife. Freiburg: Herder.

Kiefer, Georg R.: Kinderladen Stuttgart (1970). In: Bott, Gerhard (Hrsg.): Erziehung zum Ungehorsam. Frankfurt a.M.: März, S. 14-44.

Kindergarten: Zeitschrift für d. Erziehungsarbeit d. Kindergärtnerin u. Jugendleiterin; Organ der Reichsfachschaft 7, Sozialpädagogische Berufe im NSLB 1933-1944.

Kindergartenordnung vom 23.6.1983. Ministerium für Volksbildung (DDR) (1985). In: Ministerium für Volksbildung: Programm für die Bildungs- und Erziehungsarbeit im Kindergarten. Berlin: Volk und Wissen, S. 279-288.

Kinderschule Frankfurt (1992): Über einige Grundfragen freier Erziehung (1970). In: (Aden-) Grossmann, Wilma (Hrsg.): Kindergarten und Pädagogik. Grundlagentexte zur deutsch-deutschen Bestandsaufnahme. Weinheim und Basel: Beltz, S. 151-160.

Klauer, Karl Josef (1968): Zur Frage der Schulkindergärten. In: Röhrs, H. (Hrsg.): Die Sozialpädagogik und ihre Theorien. Frankfurt a.M.: Akademische Verlagsgesellschaft, S. 353-362.

Klein-Landeck, Michael (2009): Begrüßung und Einführung in die Tagung. In: Ludwig, Harald u. a. (Hrsg.): 100 Jahre Montessori Kinderhaus. Geschichte und Aktualität eines pädagogischen Konzepts. Münster: LIT, S. 19-23.

Klein, Gabriele; Kreie, Gisela; Krön, Maria; Reiser, Helmut (1985): Ergänzungsstudie »Behinderte Kinder in hessischen Regelkindergärten« Frankfurt a.M.: als Manuskr. gedruckt.

Klieme, Eckhard u. a. (2010): Pisa 2009. Bilanz nach einem Jahrzehnt. Münster, New York München, Berlin: Waxmann.

Klinke Winfried (1978): Spielmittel und »didaktische Materialien« – Entwurf eines empirischen Evaluationsmodells zur Analyse und Beurteilung von Spiel- und Arbeitsmitteln. In: Dollase, Rainer (Hrsg.): Handbuch der

Früh- und Vorschulpädagogik. Düsseldorf: Schwann, S. 243-264.

Knirsch, C. u.a. (1969): Die sozialdemokratischen Handwerkeleien in den Kinderläden bekämpfen. Unveröffentl. Arbeitspapier der SDS-Konferenz in Frankfurt.

Köbberich, Martina: »Kleine Kinder – große Sorgen?« Elterninitiativen als Antwort auf aktuelle Fragen. In: Freie Kinderarbeit Hessen (Hrsg.): Rundbrief Dezember 2006, S. 27-37. Aufbruch und Erneuerung – Deutschlands Weg ins 21. Jahrhundert.

Koalitionsvereinbarung zwischen der Sozialdemokratischen Partei Deutschlands und BÜNDNIS 90/DIE GRÜNEN (20. Okt. 1998): Aufbruch und Erneuerung – Deutschlands Weg ins 21. Jahrhundert. Bonn.

Komensky, Jan Arnos (1971): Aufriß der Mutterschule. In: Krecker, Margot (Hrsg.): Quellen der Vorschulerziehung. Berlin: Volk und Wissen, S. 39-50.

Konrad, Franz-Michael (2004): Der Kindergarten. Seine Anfänge und Entwicklungen bis in die Gegenwart. Freiburg i. Br.: Lambertus.

Konrad, Franz-Michael (2007): Fürsorge oder Bildung. Zu den vorschulischen Debatten auf der Reichsschulkonferenz 1920, ihren Hintergründen und Folgen. In: Zeitschrift für Sozialpädagogik, 5. Jg. Heft 1, S. 37-50.

Konsortium Bildungsberichterstattung (2006): Bildung in Deutschland. Ein indikatorengestützter Bericht mit einer Analyse zu Bildung und Migration. Bielefeld: Bertelsmann.

Kranich, Ernst-Michael (1979): Vorschulerziehung aus den Anforderungen des Kindes. In: Kügelgen, Helmut von (Hrsg.): Plan und Praxis des Waldorfkindergartens: Beiträge zur Erziehung des Kindes im ersten Jahrsiebt. Stuttgart: Verlag Freies Geistesleben, S. 7-19.

Krecker, Margot (1992): Die Aufgaben der Kindergärten in der Etappe der antifaschistisch-demokratischen Umgestaltung 1945-1949. In: Grossmann, Wilma (Hrsg.): Kindergarten und Pädagogik. Grundlagentexte zur deutsch-deutschen Bestandsaufnahme. Weinheim und Basel: Beltz, S. 26-33.

Krecker, Margot (1971a, 3. Aufl.): Die Entwicklung des Kindergartens und der Vorschulpädagogik in der DDR. In: Barow-Bernstorff, Edith; Günther, Karl-Heinz; Krecker, Margot; Schuffenhauer, Heinz (Hrsg.): Beiträge zur Geschichte der Vorschulerziehung. Berlin, S. 366-410.

Krecker, Margot (Hrsg.) (1971b): Quellen zur Geschichte der Vorschulerziehung. Berlin (DDR): Volk und Wissen.

Krecker, Margot ([1988] 1992): Die Aufgaben der Kindergärten in der Etappe der antifaschistisch-demokratischen Umgestaltung 1945-1949. In: (Aden-)Grossmann, Wilma (Hrsg.): Kindergarten und Pädagogik. Grundlagentexte zur deutsch-deutschen Bestandsaufnahme. Weinheim: Beltz.

Krenz, Armin (Hrsg.) (2010): Kindorientierte Elementarpädagogik. Göttingen: Vandenhoeck & Ruprecht.

Krieck, Ernst (1933): Nationalpolitische Erziehung. Leipzig: Quelle & Meyer.

Krieck, Ernst (1935): Erziehung im nationalsozialistischen Staat. Berlin: Industrieverlag Spaeth & Linde.

Krieck, Ernst (1939): Menschenformung. Leipzig: Quelle & Meyer.

Kronberger Kreis für Qualitätsentwicklung in Kindertageseinrichtungen (1998). Seelze: Kallmeyer.

Krüger, Heinz-Herrmann; Lütke-Entrup, Monika (2008): Der akademische Arbeitsmarkt für Frühpädagogen. In Thole, Werner/Rossbach, Hans G./Fölling-Albers, Maria/Tippelt, Rudolf (Hrsg.): Bildung und Kindheit. Opladen: Barbara Budrich, S. 317-327.

Kügelgen, Helmut von (Hrsg.) (1979): Plan und Praxis des Waldorfkindergartens. Beiträge zur Erziehung im ersten Jahrsiebt. Stuttgart: Verlag Freies Geistesleben.

Kultusministerium des Freistaates Thüringen (Hrsg.) ((2008): Thüringer Bildungsplan für Kinder bis 10 Jahre: Weimar, Berlin: verlag das netz.

Landesarbeitsgemeinschaft Freie Kinderarbeit Hessen e. V. (Hrsg.) (2009): Krabbelstuben, Kinderläden und Schülerläden in Frankfurt a. M.

Landesarbeitsgemeinschaft Freie Kinderarbeit Hessen e. V. (Hrsg) (2008): : Jahresbericht 2008, Frankfurt a. M.

Landesarbeitsgemeinschaft Freie Kinderarbeit Hessen e. V. (LAG) (2009): Miteinander aufwachsen. Ein Blick in den Alltag von sechs Krippengruppen (DVD/Video) 2009.

Langenohl-Weyer, Angelika u.a. (1979): Zur Integration der Ausländer im Bildungsbereich - Probleme und Lösungsversuche. München: Juventa.

Launer, Irmgard (1979): Über das Spiel der Vorschulkinder. Ein Beitrag zur Führung der Kinder beim Spiel. Berlin: Volk und Wissen.

Launer, Irmgard (1990): Wenn ich jetzt Kindergärtnerin wäre. In Neue Erziehung im Kindergarten, 43. Jg., Heft 2-3, S. 29-30.

Lemke, Elke; Westermann, Heike (2010): Wir richten uns ein »klitzekleines« Lese-Zimmer ein. In: Heller, Elke (Hrsg.): Der Situationsansatz in der Praxis. Von Erzieherinnen für Erzieherinnen. Berlin: Cornelsen, Scriptor, S. 15-21.

Leu, Hans Rudolf u. a. (2007): Bildungs- und Lerngeschichten. Bildungsprozesse in früher Kindheit beobachten, dokumentieren und unterstützen. Weimar/ Berlin: verlag das netz.

Lex, F. (1932): Fröbel und Montessori. In: Kindergarten. S. 209 ff.

Lichtenstein-Rother, Ilse (1980): Zusammenarbeit Kindergarten-Grundschule aus der Sicht der Schule. In: Kindergarten und Grundschule. Materialien II. Hrsg. vom Kultusministerium und dem Ministerium für Arbeit, Gesundheit und Soziales des Landes Nordrhein-Westfalen. Bochum.

Liegle, Ludwig (2006): Bildung und Erziehung in früher Kindheit. Stuttgart: Kohlhammer.

Lievegoed Bernard C. J. ([1946] 1979): Entwicklungsphasen des Kindes. Stuttgart: Mellinger.

Lindenberg, Christoph (1992): Rudolf Steiner mit Selbstzeugnissen und Bilddokumenten. Reinbek: Rowohlt.

Lingenauber, Sabine (2009, 5. Aufl.): Einführung in die Reggio-Pädagogik. Kinder, Erzieherinnen und Eltern als konstitutives Sozialaggregat. Bochum: Projektverlag.

Lockenvitz, Thomas (1996): Kindertagesbetreuung zwischen Situationsorientierung und Bildungsorientierung. Regensburg: Roderer.

Longardt, Wolfgang (Hrsg.) (1989, 2. Aufl.): Kindergartenabschied – Schulanfang. Erfahrungen und Hilfestellungen beim Übergang. Gütersloh: Gütersloher Verlagshaus Mohn.

Lückert, Heinz-Rolf (1967): Begabungsforschung und basale Bildungsförderung. In: Ev. Kinderpflege, S. 214-238.

Ludwig, Harald (Hrsg.) (2009): 100 Jahre Montessori Kinderhaus. Geschichte und Aktualität eines pädagogischen Konzepts. Münster: Lit.

Lyschinska, Mary J. (1922): Henriette Schrader Breymann. Ihr Leben aus Briefen und Tagebüchern. 2 Bände. Berlin und Leipzig: Vereinigung wissenschaftlicher Verleger Walter de Gruyter & Co.

Maaz, Hans-Joachim (1992): Die repressive staatliche Erziehung. In: (Aden-)Grossmann, Wilma (Hrsg.): Kindergarten und Pädagogik. Grundlagentexte zur deutsch-deutschen Bestandsaufnahme. Weinheim und Basel: Beltz, S. 289-293.

Macholdt, Tina; Thiel, Thomas (1995): Der Übergang vom Elementar- zum Primarbereich. In: Zimmer, Jürgen (Hrsg.): Erziehung in früher Kindheit. Enzyklopädie Erziehungswissenschaft, Band 6. Stuttgart: Klett Cotta, S. 138-149.

Marcuse, Herbert (1967): Triebstruktur und Gesellschaft. Frankfurt a.M.: Suhrkamp.

Marenholtz-Bülow, Bertha (1875, 2. Aufl.): Die Arbeit und die neue Erziehung nach Fröbels Methode. Kassel, Göttingen: Wigand.

Mecheril, Paul u. a. (2010): Migrationspädagogik. Reihe Bachelor / Master. Weinheim und Basel: Beltz.

Mehler, Frank: Frank (Juli/August 1986): Kinderläden heute: ein Hort von Tabus? In: päd. extra, S. 27-30.

Merz, Karl (1982): Kinder mit Schulschwierigkeiten. Weinheim: Beltz.

Minister für Arbeit, Gesundheit und Soziales des Landes Nordrhein-Westfalen (Hrsg.) (1983): Arbeitshilfen zur Planung der Arbeit im Kindergarten. Köln u. a.: Deutscher Gemeindeverlag.

Ministerium für Volksbildung (1974, 5. Aufl.): Bildungs- und Erziehungsplan für den Kindergarten. Berlin: Volk und Wissen.

Ministerium für Volksbildung (1985): Programm für die Bildungs- und Erziehungsarbeit im Kindergarten. Berlin: Volk und Wissen.

Ministerium für Volksbildung (1985): Kindergartenordnung vom 23. Juni 1983. In: Programm für die Bildungs- und Erziehungsarbeit im Kindergarten. Berlin: Volk und Wissen, S. 279-288.

Möler, H. (1941): Soldaten, Zelte, Kanonen – eine Bastelanleitung. In: Kindergarten, S. 140–144.

Mollenhauer, Klaus (1968): Einführung in die Sozialpädagogik. Weinheim: Beltz.

Montessori, Maria ([1907] 2009): Einweihungsrede anlässlich der Einweihung eines Kinderhauses im Jahr 1907. In: Ludwig, Harald / Fischer, Reinhard / Klein-Landeck, Michael (Hrsg.): 100 Jahre Montessori Kinderhaus. Geschichte und Aktualität eines pädagogischen Konzepts. Münster: Lit, S. 24-40.

Montessori, Maria ([1913] 1930): Selbsttätige Erziehung im frühen Kindesalter. Stuttgart: Hoffmann.

Montessori, Maria (2010): Gesammelte Werke. Bd. 1. Die Entdeckung des Kindes: [historisch-kritische Ausgabe] neu hrsg., eingel. und textkritisch bearb. von Harald Ludwig. Freiburg i. Br.: Herder.

Montessori, Maria (2010): Kinder sind anders. Stuttgart: Klett Cotta.

Müller, Eduard (1984): Integration türkischer Kinder in den Kindergarten – Ist Sexualerziehung ein Tabu? Schriftenreihe des sozialpädagogischen Instituts für Kleinkind- und außerschulische Erziehung des Landes Nordrhein-Westfalen. Köln: Kohlhammer.

Myrdal, Alva ([1973] 1988): Chancen und Gefahren für das Kinderspiel in unserer leistungsorientierten Gesellschaft. In: Flitner, Andreas (Hrsg.): Das Kinderspiel. München: Piper, S. 42-47.

Nauck, Bernhard (1988): Anforderungen an die Vorschulerziehung durch veränderte Familienstrukturen. In: Zeitschrift für Pädagogik, 23. Beiheft, S. 269-272.

Neill, Alexander S. (1965): Erziehung in Summerhill. München: Szczesny.

Neunzig, Walter (1972): Mathematik im Vorschulalter. Praktische Vorschläge zu einer mathematischen Früherziehung. Freiburg: Herder.

Neuß, Norbert (2010): Qualitätsentwicklung aus kindzentrierter Perspektive. In Duncker, Ludwig /Lieber, Gabriele / Neuss, Norbert / Uhlig, Bettina (Hrsg.): Bildung in der Kindheit. Das Handbuch zum Lernen in Kindergarten und Grundschule. Stuttgart: Klett/ Kallmeyer, S. 115-120.

Nyssen, Friedhelm (1971): Politische Erziehung im Vorschulalter. In: Saß, Hans-Werner (Hrsg.): Antiautoritäre Erziehung oder die Erziehung der Erzieher. Stuttgart: Metzler, S. 211-220.

Oberhuemer, Pamela; Ulich, Michaele (1997): Kinderbetreuung in Europa: Tageseinrichtungen und pädagogisches Personal; eine Bestandsaufnahme in den Ländern der Europäischen Union. Weinheim und Basel: Beltz.

OECD (Hrsg.) (2001): Lernen für das Leben; erste Ergebnisse der internationalen Schulleistungsstudie PISA 2000. Paris: OECD.

Olk, Thomas (1995): Sozialpädagogik in den neuen Bundesländern - Hilfen für »Randgruppen« und »Außenseiter«? In: Krüger, Heinz-Hermann; Kühnel, Martin; Thomas, Sven (Hrsg.): Transformationsprobleme in Ostdeutschland. Arbeit Bildung, Sozialpolitik. Opladen: Leske + Budrich, S. 89-116.

Otto-Peters, Louise (1866): Das Recht der Frauen auf Erwerb. Blicke auf das Frauenleben der Gegenwart. Hamburg: Hoffmann und Campe.o. Verf. (2008): Kitas für alle. Gemeinsame Betreuung, Bildung und Erziehung von Kindern mit und ohne Behinderung. In: AuflagE. Fachzeitschrift der Landesarbeitsgemeinschaft Elterninitiativen Niedersachsen/ Bremen e. V. 9. Jahrgang / Nr. 1 /Dezember 2008.

Pappenheim Gertrud ([1915] 1971): Kindergarten und Krieg. In: Zeitschrift Kindergarten. Deutscher Fröbelverband, Berlin 1915, S. 126-127. Zit. nach Krecker, Margot: Quellen zur Geschichte der Vorschulerziehung. Berlin: Volk und Wissen, S. 252-253.

Pasternack, Peer (2011): Fachschulen und Hochschulen in der Frühpädagogik: Möglichkeiten einer Annäherung. In: Fachschulen oder Hochschule – Wo sollen frühpädagogische Fachkräfte ausgebildet werden? www.erzieherIn.de. Abruf: 08.06.2011.

Peucker, Christian; Riedel, Birgit (2004): Häuser für Kinder und Familien. Recherchebericht. München: Deutsches Jugendinstitut. URL: http://ww.dji.de/abt6

Pousset, Raimund (Hrsg.) (2010, 2. Aufl.): Handwörterbuch für Erzieherinnen und Erzieher. Berlin: Cornelsen.

Preissing, Christa/Heller, Elke (2010): Mit Kindern die Lebenswelt erkunden. In: Kasüschke,

Dagmar (Hrsg.): Didaktik der frühen Kindheit. Köln, Kronach: Carl Link, S. 90-113.

Rauschenbach, Thomas; Bormann, Stefan (2008): Wenn Privatsache Kinderbetreuung öffentlich wird. Zur neuen Selbstverständlichkeit institutioneller Kinderbetreuung. In: Cloos, Peter; Karner, Britta (Hrsg.): Erziehung und Bildung von Kindern als gemeinsames Projekt. Zum Verhältnis familialer Erziehung und öffentlicher Kinderbetreuung. Baltmannsweiler: Schneider Verlag Hohengehren, S. 11-25.

Rauschenbach, Thomas; Hoffmann, Hilmar (1998): Innovation durch Sparen = Qualität? Anmerkungen zur Qualitätsdebatte in der Kinderbetreuung. In: Fthenakis, W.E.; Eirich, Hans (Hrsg.): Erziehungsqualität im Kindergarten. Forschungsergebnisse und Erfahrungen. Freiburg i.B.: Lambertus, S. 177–179.

Rauschenberger, Hans (2008): Nur eine Episode? Erinnerungen an die späten sechziger Jahre. In: HLZ 7/8 2008, S. 8f.

Reich, Wilhelm (1966): Die sexuelle Revolution. Frankfurt a.M.: Europäische Verlagsanstalt.

Reichsministerium des Innern (1921): Die Reichsschulkonferenz 1920, ihre Vorgeschichte und Vorbereitung und Verhandlungen. Amtl. Bericht (1921) Leipzig: Quelle & Meyer.

Renn, Heribert (1999): Rechtskunde für Erzieherinnen. Ein Arbeitsbuch für Ausbildung und Praxis. Weinheim und Basel: Beltz.

Retter, Hein (1978): Typen pädagogischer und didaktischer Ansätze im Elementarbereich. Aus: Dollase, Rainer (Hrsg.): Handbuch der Früh- und Vorschulpädagogik Band 2, S. 135-150.

Reyer, Jürgen (1983): Wenn die Mütter arbeiten gingen ... Eine sozialhistorische Studie zur Entstehung der öffentlichen Kleinkindererziehung im 19. Jahrhundert in Deutschland. Köln: Pahl-Rugenstein.

Reyer, Jürgen (2006): Einführung in die Geschichte des Kindergartens und der Grundschule. Bad Heilbrunn: Klinkhardt.

Robert Bosch Stiftung (2008): Frühpädagogik studieren. /www.bosch-stiftung.de/content/language1 /downloads/PiK_orientierungsrahmen_druckversion.pdf.

Rösch, Friedrich (1938): Untersuchungen zur Frage der Kindertagesstätten. Mainz: Städtisches Fürsorgeamt.

Rosenthal, Ingeborg (1940): Die Arbeit der NSV-Kindertagesstätten in Sachsen im Sommer 1940. In: Kindergarten. 81. Jg., Heft 11, S. 185-187.

Rössel-Majdan, Karl (1984): Waldorfpädagogik - menschlich, praktisch, lebensnah! In: Freie Pädagogische Vereinigung (Hrsg.): Waldorfpädagogik - Ein Weg zur Persönlichkeitsbildung. Eine Einführung für Lehrer, Erzieher und Eltern. Wien, München: Jugend und Volk, S. 20-24.

Rousseau, Jean-Jacques (1998): Emil oder Über die Erziehung. Paderborn: Schöningh.

Sager, Christin (2008): Das Ende der kindlichen Unschuld. Die Sexualerziehung der 68-er Bewegung. In: Baader, Meike Sophia (Hrsg.): »Seid realistisch, verlangt das Unmögliche! Wie 1968 die Pädagogik bewegte« Weinheim Beltz, S. 36-55.

Saßmannshausen Wolfgang (2010): Didaktik und Methodik in der Waldorf(kindergarten)-Pädagogik. In: Kasüschke, Dagmar (Hrsg.): Didaktik in der Pädagogik der frühen Kindheit. Köln, Kronach: Carl Link, S. 45-60.

Schaarschmidt, Uwe (1990): Was müßte in unseren Kindergärten anders werden? Überlegungen eines Psychologen. In: Neue Erziehung im Kindergarten Nr. 4, S. 75-77.

Schade-Wittenborg, Sabine (2009): Die Krabbelstube Zwergenburg in Eschborn. Was länger währt ... ist wirklich gut. In: Landesarbeitsgemeinschaft Freie Kinderarbeit Hessen e. V. (Hrsg.): Rundbrief September, S. 16-24.

Schäfer, G. E. (2001, 2. Aufl.): Bildungsprozesse im Kindesalter. Selbstbildung, Erfahrung und Lernen in der frühen Kindheit. Weinheim: Juventa.

Schäfer, Gerd (1995): Bildungsprozesse im Kindesalter. Selbstbildung, Erfahrung und Lernen in der frühen Kindheit. Weinheim und München: Juventa.

Schäfer, Gerd E. (2010): Bildung und Lernen durch Erfahrung. In: Duncker, Ludwig / Lieber, Gabriele / Neuss, Norbert / Uhlig, Bettina (Hrsg.): Bildung in der Kindheit. Das Handbuch zum Lernen in Kindergarten und Grundschule. Stuttgart: Klett / Kallmeyer S. 23-29.

Schäfer, Gerd E.; Staege, Roswitha; Meiners, Kathrin (Hrsg.) (2010): Kinderwelten – Bildungswelten. Berlin: Cornelsen Scriptor.

Schenk-Danziger, Lotte (1969): Schuleintrittsalter, Schulfähigkeit und Lesereife. Deutscher Bildungsrat – Gutachten und Studien der Bildungskommission. Stuttgart: Klett.

Scherbel, Manja; Ulitzka, Christine (2009): 100 Jahre Montessori-Sinnesmaterial und trotzdem aktuell? In: Ludwig, Harald u. a. (Hrsg): 100 Jahre Montessori-Kinderhaus. Geschichte und Aktualität eines pädagogischen Konzepts. Münster: Lit, S. 108-120.

Schieren, Jost (2009): Bachelor-Studium an der Alanus Hochschule. In: Vereinigung der Waldorfkindergärten (Hrsg.): Ganz Schön Anders?! – Waldorfpädagogik von Anfang an. Festschrift anlässlich des 40-jährigen Bestehens der Vereinigung der Waldorfkindergärten e. V. Neustadt an der Weinstraße.

Schilling, Matthias; Rauschenbach, Thoma: Die Last zuverlässiger Bedarfsbestimmungen (2008). In: Thole, Werner u. a. (Hrsg): Bildung und Kindheit. Opladen: Barbara Budrich. 295-315.

Schlemmer, Hans; Janensch, Erika (1933): Zur Geschichte der Frauenbildung. Quellenstücke. Breslau: F. Hirt.

Schmid, Dr. (1939): Der Kindergarten im Grenzland Pommern. In: Kindergarten 1939, S. 157f.

Schmid, Pia (2008): Wie die antiautoritäre Erziehung für einige Jahre in städtische Kindertagesstätten gelangt. Das Frankfurter Modellprojekt Kita 3000, 1972-1978. In: Baader, Meike Sophia (Hrsg.): »Seid realistisch, verlangt das Unmögliche!« Wie 1968 die Pädagogik bewegte. Weinheim und Basel: Beltz.

Schmitthenner, Frieder C. (2000): EU = Erzieherin: Unverändert im Abseits. In: Bundesverband evangelischer Erzieherinnen und Sozialpädagoginnen (Hrsg.): Starke Frauen für Kinder. Der Erzieherinnenberuf in Bewegung. Seelze: Kallmeyer, S. 132-137.

Schnitzspahn, Gerhard (1999): Der evangelische Kindergarten. Ein religionspädagogischer Beitrag zur Bestimmung des evangelischen Profils. Stuttgart: Kohlhammer.

Schrapper, Christian; Irsken, Beate (6. Aufl. 2007): Kinderhäuser. In: Deutscher Verein für öffentliche und private Fürsorge (Hrsg.): Fachlexikon der sozialen Arbeit. Frankfurt a.M.: Nomos, S. 542.

Schreiber, Norbert (2011): Wissenschaftliche Begleitstudien zur Einführung der Bildungspläne in den Kindertageseinrichtungen von Niedersachsen, Rheinland-Pfalz und Schleswig-Holstein - Konzeption, Methoden und Ergebnisse. www-kindergartenpädagogik.de Zugriff 10.5.2011.

Schüttler-Janikulla, Klaus (1968): Einschulungsalter und Vorklassenbetreuung. München: E. Reinhardt.

Schwegman, Marjan (2002): Maria Montessori. Kind ihrer Zeit – Frau von Welt. Weinheim und Basel: Beltz.

Seifert, Monika ([1969] 1977): Zur Theorie der antiautoritären Kindergärten. In: Seifert, Monika; Nagel, Herbert (Hrsg.): Nicht für die Schulen leben. Freie Schule Frankfurt. Ein alternativer Schulversuch. Frankfurt: päd.extra buchverlag, S. 11-28.

Seifert, Monika (1969a): Eine progressive Antwort – Der antiautoritäre Kindergarten. In: Publik 14.3.1969.

Seifert, Monika (1969b): Antiautoritäre Erziehung. In Selma Freiberg: Das verstandene Kind. Die ersten fünf Jahre. Hamburg, S. 305-317.

Seifert, Monika (1977): Kann die Kinderladenbewegung einen allgemeingültigen Beitrag zur Frage von Möglichkeiten kindlicher Autonomie leisten? In: Seifert, Monika; Nagel, Herbert (Hrsg.): Nicht für die Schulen leben. Freie Schule Frankfurt. Ein alternativer Schulversuch. Frankfurt: päd.extra buchverlag, S. 29-41.

Siebe, Josephine; Prüfer, Johannes (1922): Henriette Goldschmidt. Leipzig: Akademische Verlagsanstalt.

Siepe, Albert (1985): Reform und Planung in der Sozialpädagogik. Die Jugendhilfe-Diskussion der 70er Jahre. Weinheim: Beltz.

Silvester, Karen (2009): Der besseren Eltern?! Oder – Die Entdeckung der Kinderläden. Eltern-Kind-Initiativen im zeitgeschichtlichen Vergleich 1967-2004. Eltern-Erwartungen und -Erfahrungen. Diss. der Katholischen Universität Eichstätt 2009. URL: http://www.opus-bayern.de/ku-eichstaett/volltexte/2009/66.

Simon-Hohm, Hildegard (2001): Förderung von Kindern aus Einwandererfamilien - Neue Akzente der interkulturellen Arbeit im Elementarbereich. In: Bier-Fleiter, Claudia (Hrsg.): Familie und öffentliche Erziehung. Aufgaben, Abhängigkeiten und gegenseitige Ansprüche. Opladen: Leske und Budrich, S.229-244.

Simon-Hohm, Hildegard; Aden-Grossmann, Wilma (1990): Wie geht's nach der Wende weiter? In: Kinderzeit. Sozialpädagogische Blätter. 41. Jg., Heft 3, S. 8-11.
Sozialistischer Kinderladen Berlin Kreuzberg (1970). In: Bott, Gerhard (Hrsg): Erziehung zum Ungehorsam. Frankfurt a.M.: März, S. 62-82.
Spieß, Katharina; Tietze, Wolfgang (2001): Gütesiegel als neues Instrument der Qualitätssicherung von Humandienstleistungen. Gründe, Anforderungen und Umsetzungsüberlegungen am Beispiel von Kindertageseinrichtungen. Berlin: Deutsches Institut für Wirtschaftsforschung.
Spitz-Güdden, Christel (2010): Der besondere Stellenwert des situationsorientierten Ansat-zes im weiten Feld der unterschiedlichen elementarpädagogischen Ansätze. In: Krenz, Armin: Kindorientierte Elementarpädagogik. Göttingen: Vandenhoeck & Ruprecht, S. 71-83.
Stadt Frankfurt a.M. – Der Magistrat – Dezernat Schule und Bildung (Hrsg.) (1978): Dokumentation über Entstehung, Ablauf und Beendigung des Projekts KITA. Frankfurt: Magistrat Dezernat Schule und Bildung.
Staege, Roswitha (2010): Beobachtung und Dokumentation von Bildungsprozessen. In: Duncker, Ludwig u. a. (Hrsg.): Bildung in der Kindheit. Das Handbuch zum Lernen in Kindergarten und Grundschule. Stuttgart: Klett/Kallmeyer, S.110-114.
Statistisches Amt der Stadt Berlin (1947): Berlin in Zahlen. Berlin: Statistisches Amt der Stadt Berlin.
Statistisches Bundesamt (1992): Statistisches Jahrbuch 1992. Wiesbaden: Statistisches Bundesamt.
Statistisches Bundesamt (Hrsg.) (1985): Datenreport 2. Bonn: Bundeszentrale für politische Bildung.
Statistisches Bundesamt (Hrsg.) (1986): Statistisches Jahrbuch für die Bundesrepublik Deutschland 1980-1985. Wiesbaden: Bundesamt für Statistik.
Statistisches Bundesamt Deutschland (2010): Pressemitteilung vom 26.1.2010.
Steiner, Rudolf ([1921] 1955): Die Waldorfschule und ihr Geist. Stuttgart: Verlag Freies Geistesleben.
Steiner, Rudolf ([1921] 1985): Die gesunde Entwicklung des Menschenwesens. Dornach/Schweiz: Rudolf Steiner Verlag.
Steiner, Rudolf (1955, 28. Aufl.): Theosophie: eine Einführung in übersinnliche Welterkenntnis und Menschbestimmung. Stuttgart: Verlag Freies Geistesleben.
Steiner, Rudolf [1922] (1956): Die geistig-seelischen Grundkräfte der Erziehungskunst: Vortragszyklus. Dornach: Rudolf Steiner Nachlassverwaltung.
Steiner, Rudolf [1922] (1977^2) Aspekte der Waldorfpädagogik. Beiträge zur anthroposophischen Erziehungspraxis. München: Kindler.
Stenger, Ursula (2010): Spielen und Lernen. In: Duncker, Ludwig; Gabriele Lieber, Norbert Neuß und Bettina Uhlig (Hrsg.): Bildung in der Kindheit. Das Handbuch zum Lernen in Kindergarten und Grundschule. Stuttgart: Klett/ Kallmeyer 2010, S. 30-37.
Stickelmann, Bernd; Frühauf, Hans-Peter (Hrsg.) (2003): Kindheit und sozialpädagogisches Handeln. Auswirkungen der Kindheitsforschung. Weinheim: Juventa.
Sturm, Karl Friedrich (1933): Von der pädagogischen Reformbewegung zur völkischen und politischen Erziehung. Osterwieck: Zickfeld.
Sültmann, Bärbel (1990): Dazu muß unbedingt etwas gesagt werden! Zur Tragik des Zustandekommens der Ziele, Aufgaben und Inhalte des Bekanntmachens mit dem gesellschaftlichen Leben im Programm für die Bildungs- und Erziehungsarbeit im Kindergarten. In: Grossmann, Wilma (Hrsg.): Kindergarten und Pädagogik. Grundlagentexte zur deutsch-deutschen Bestandsaufnahme. Weinheim und Basel: Beltz, S. 293-295.

Tausch, R.(1968): Variablen und Zusammenhänge der sozialen Interaktion im Kindergarten. In: Psych. Rundschau 19. Jg., Heft l4, S. 267-279.
Textor, Martin R. (2005) www.kindergartenpaedagogik.de/1438.html. Abruf 11.07.2011
Thiersch, Renate (1999): Der Kindergarten als Vorschule - oder: Was heißt eigenständige Schulvorbereitung? In: Theorie und Praxis der sozialen Arbeit. Zeitschrift der Arbeiterwohlfahrt, Bundesverband e. V. Münster: Votum, Heft 1.

Tietze, Wolfgang (1973): Chancenungleichheit bei Schulbeginn. Düsseldorf: Schwann.

Tietze, Wolfgang (1999): Wie gut sind unsere Kindergärten? Neuwied 1999.

Tietze, Wolfgang; Rossbach, Hans-Günther; Grenner, Katja (2005): Kinder von 4 bis 8 Jahren. Zur Qualität der Erziehung und Bildung in Kindergarten, Grundschule und Familie. Weinheim und Basel: Beltz.

Tietze, Wolfgang; Schuster, Käthe-Maria; Roßbach, Hans-Günther (1997): Kindergarten-Einschätz-Skala. Neuwied, Kriftel, Berlin: Luchterhand.

Uhlhorn, Gerhard (1895, 2. Aufl.): Die christliche Liebestätigkeit. Stuttgart: Gundert.

Ullrich, Hermann (1986): Waldorfpädagogik und okkulte Weltanschauung. Weinheim: Juventa.

Verein Sozialpädagogische Praxis e. V. (1999): 30 Jahre Freie Kinderschule. Frankfurt a.M.

Verein Sozialpädagogische Praxis e. V. (2009): 40 Jahre Freie Kinderschule. Frankfurt a.M.

Verein Sozialpädagogische Praxis e. V. (Hrsg.) (1980): Freie Kinderschule Schwalbach. Wir. Berichte – Erfahrungen – Gedanken. Schwalbach.

Völkel, Petra (2002): Wie geht Ko-Konstruktion unter Gleichen? Wie Kinder in der Kindertagesstätte von- und miteinander lernen. In: Theorie und Praxis der Sozialpädagogik, Zeitschrift der Arbeiterwohlfahrt, Bundesverband e.V., Heft 1, S. 18-21.

Walter, Paul (1986): Der versteinerte Sandkasten. Ein Abgesang auf die Kinderladenbewegung. In: päd. extra, S. 23-25.

Wehr, Gerhard (1977): Der pädagogische Impuls Rudolf Steiners. München: Kindler.

Werder, Lutz von (Hrsg.) (1972): Von der antiautoritären zur proletarischen Erziehung. Berichte aus der Praxis. Frankfurt a.M.: Fischer.

Wilderspan, Samuel (1971): Über die frühzeitige Erziehung der Kinder und die englischen Kleinkinderschulen. In: Krecker, M. (Hrsg.): Quellen der Vorschulerziehung. Berlin: Volk und Wissen, S. 107-114.

Winterle, Franz (1985): Sexualität im Kleinkindalter. Die antiautoritäre Kinderladenbewegung und deren Veränderungsprozesse am Beispiel des Kinderhauses. Unveröffentl. Diplomarbeit Universität Frankfurt.

Wolffheim, Nelly ([1930] 1966): Psychoanalyse und Kindergarten und andere Arbeiten zur Kinderpsychologie. München, Basel: Ernst Reinhardt.

Wolffheim, Nelly (1928): Psychoanalytisch-pädagogische Betrachtungen zum Kinderspiel. In: Kindergarten, S. 72–74.

Wolffheim, Nelly (1932): Psychoanalytisch-pädagogische Betrachtungen zum Kinderspiel. In: Kindergarten, S. 221.

Wolffheim, Nelly (1964): Die Rätselhaftigkeit menschlichen Lebens. In: Deutsches Zentralblatt für Krankenpflege, Heft 3-5.

Wunderlich, Theresia; Jansen, Frank (Hrsg.) (1997): Katholische Kindergärten auf Entwicklungskurs. Freiburg: KTK Bundesverband.

Zabel, Anna (1940): Metallspende zu Führers Geburtstag. In: Kindergarten. 81. Jg., Heft 5, S. 83-85.

Zehnbauer, Anne (1980): Ausländerkinder in Kindergarten und Tagesstätte. Eine Bestandsaufnahme zur institutionellen Betreuung von ausländischen Kindern. München: Deutsches Jugendinstitut.

Abbildungen

Nr.	Bildunterschrift	Quellenangabe
1	Friedrich Fröbel (1782–1852)	Bildarchiv Preußischer Kulturbesitz
2	Der Garten der Kinder im ersten deutschen Kindergarten	Deutsches Pädagogisches Zentralinstitut. Berlin (DDR) 1952, S. 120
3	Fröbel-Denkmal in Bad Liebenau	Alt, R. 1965): Bilderatlas zur Schul- und Erziehungsgeschichte. Band 2, Berlin (DDR), S. 45
4	Was man mit drei Stäbchen machen kann	Löffler, A. et al. (Hrsg.) (1916): Mit Modellierholz, Schere und Kreide. Leipzig, S. 70
5	Laufgitter – schon Mitte des 19. Jahrhunderts in Kinderbewahranstalten gebräuchlich – in der Kinderpflegeanstalt der mechanischen Weberei zu Linden bei Hannover.	Leipziger Illustrierte Zeitung 1884
6	Kreisspiele – ein wichtiges Element in Fröbels Kindergartenpädagogik	Leipziger Illustrierte Zeitung 1884
7	Gesundheitserziehung im Kindergarten des Pestalozzi-Fröbel-Hauses, Berlin 1925	Bildarchiv Preußischer Kulturbesitz
8	Nelly Wolffheim (1879–1965)	Wolffheim, N. (1966): Psychoanalyse und Kindergarten. München/Basel.
9	Kinderspiel und Kinderarbeit	Kerl-Wienecke, A. (2000): Nelly Wolffheim. Leben und Werk. Gießen, S. 158.
10	Die Nürnberger Gesetze	Ihde, H. et al. (1939): Gesundheitspflege und Rassenhygiene. Langensalza, S. 213.
11.1	Anleitung zum Basteln von Kriegsspielzeug	Der Kindergarten 9/1941
11.2	Anleitung zum Basteln von Kriegsspielzeug	Der Kindergarten 9/1941
12	Fotomontage aus der Broschüre »Hilfswerk Mutter und Kind« des Amtes für Volkswohlfahrt, Berlin um 1937.	Sammlung Aden-Grossmann

13 14	Abb. 13 und 14: Die von der NSV und gegründeten »Erntekindergärten« sollten die Bäuerinnen während der Erntezeit von der Kinderbetreuung entlasten.	Sammlung Aden-Grossmann
15	Abb. 15: Richtlinien über die Ausbildung der Kindergärtnerinnen vom 20. September 1942.	Der Kindergarten 10/1942
16	Abb. 16: Kinder spielen zwischen Trümmern. Frankfurt a.M. 1946.	Foto: Kurt Weiner
17	Abb. 17: Mittagsruhe im Dorfkindergarten –Schmalkalden 1991.	Foto: Aden-Grossmann
18	Kindergarten in Schmalkalden, Thüringen, im Sommer 1990: 17:30 Uhr – die letzten Kinder warten im Flur auf ihre Eltern	Foto: Aden-Grossmann 1990
19	Kindergärtnerin mit Kindern. Evangelischer Kindergarten in Schmalkalden, Thüringen, 1991	Foto: Aden-Grossmann 1991
20	Bilderbuch »Vater ist mein bester Freund«	Gölich, G. (1978): Vater ist mein bester Freund. Illustrationen von Konrad Golz. Berlin: Der Kinderbuchverlag.
21	Maria Montessori (1870–1952)	dpa
22	Montessori-Material: Waage	Foto: Aden-Grossmann
23	Montessori-Material: Glöckchen. Die Kinder haben die Aufgabe, zwei Glöckchen gleicher Tonhöhe zu finden.	Foto: Aden-Grossmann
24	Gleichgewichtsübungen im Montessori-Kindergarten, Berlin um 1920	Bildarchiv Preußischer Kulturbesitz
25	Entwicklungsprozesse des Kindes	Lievegoed 1946, S. 12
26	Rohmaterial Wolle für die »gestaltende Fantasie« im Waldorfkindergarten Reutlingen	Erziehungskunst 7/8, 1979
27	Interessante Dachgestaltung des Waldorfkindergartens in Essen	Erziehungskunst 3/1985

28	Spielende Kinder vor dem Waldorfkindergarten Stuttgart-Sillenbuch	Erziehungskunst 3/1985
29	Monika Seifert, Frankfurt am Main 1976	Foto: bpk/Abisag Tüllmann
30	In Frankfurt wurden von 1972 bis 1974 27 neue Kindertagesstätten in Fertigbauweise errichtet.	Foto: Klaus Meier-Uhde 1975
31	Plakat von Gerald Ahrens, 1980. Nach der Beendigung des Modellversuchs »Kita 3000« haben enttäuschte Erzieher und Eltern ein selbstverwaltetes »Kinderhaus – Kita im Exil« gegründet, in dem sie die in der Kita entwickelten Ansätze fortsetzen.	Sammlung Aden-Grossmann
32	In Abkehr von der nüchternen Fertigbauweise der 1970er-Jahre (vgl. Abb. 36) wurden in Frankfurt a.M. Anfang der 1990er-Jahre zehn sehr unterschiedliche Kitas nach den Entwürfen namhafter Architekten gebaut. Hier ein Kindergarten des österreichischen Malers und Architekten Friedensreich Hundertwasser in Form einer Arche mit begeh- und bepflanzbarem Dach.	Foto: Luigi Ungarisch
33	Corrells »Leselernmaschine« für Vorschulkinder	Correll, W. (Hrsg.) (1979): Lernen und Lehren im Vorschulalter. Donauwörth: Ludwig Auer.
34	Die Kinder des evangelischen Kindergartens der Christus-Kirchengemeinde in Frankfurt a.M. beim Bewässern »ihres« Baumes, für den sie die »Baumpatenschaft« übernommen haben.	Foto: Wilhelm Ullrich 1986
35	Das klitzekleine Lesezimmer.	Foto: Elke Lemke

Kleinkindern verstehen

Die Autorin beschreibt wissenschaftlich fundiert die Gefühlswelt des Kleinkindes und vermittelt ein besseres Verständnis für psychische Konflikte und deren Behandlungsmöglichkeiten im Säuglings- und Kleinkindalter. So erhalten Sie das notwendige Wissen, um Eltern kompetent zu beraten. Der Band bezieht sich auf Kinder bis zum Alter von 3 Jahren.

Der integrative Ansatz der Frühprävention und Frühintervention berücksichtigt die traditionellen psychoanalytischen und modernen entwicklungspsychologischen Theorien.

Hédervári-Heller
Emotionen und Bindung bei Kleinkindern
Entwicklung verstehen und Störungen behandeln
2011. 176 Seiten. Broschiert.
ISBN 978-3-407-62736-0

Beltz Verlag · Weinheim und Basel · Weitere Infos: www.beltz.de

Gute Beziehungen — guter Start ins Leben!

Gebauer
Gefühle erkennen, sich in andere einfühlen
Kindheitsmuster Empathie.
Ein Bilder-Buch
2011. 144 Seiten. Broschiert.
ISBN 978-3-407-62761-2

Kinder brauchen emotionale Sicherheit: Wenn die Bezugspersonen in Kindergarten, Schule und Familie aufmerksam auf die Signale der Kinder eingehen, lernen sie bereits in den ersten Lebensjahren einen aufmerksamen Umgang mit anderen Menschen.

Weit über 100 Farbfotografien aus dem Kindergartenalltag illustrieren, wie Sie in Kindergarten und Krippe eine Umgebung schaffen können, in der Kinder Empathie erfahren und Empathiefähigkeit entwickeln.

Aus dem Inhalt:
- Wie Eltern den Start ins Leben unterstützen können
- Wie das Gehirn Muster webt
- Spielen bringt das Gehirn in Schwung
- Manche Kinder müssen steinige Wege gehen
- Die Krippe – eine unerschöpfliche Lebensquelle
- Der Kindergarten – ein Ort der Lebensfreude
- Willkommen in der Schule

Beltz Verlag · Weinheim und Basel · Weitere Infos: www.beltz.de

So macht Sprache Spaß

Die kindliche Sprachentwicklung vollzieht sich nicht allein im Gehirn – sie steht im engen Zusammenhang mit der Bewegung.
Vahle beschreibt die vier »Grundbeweglichkeiten« des Körpers – Herzschlag, Atmung, Tasten/Greifen und aufrechter Gang – und erklärt, welche Rolle sie beim Sprechenlernen spielen.

Zahlreiche Beispiele, Gedichte, Übungen und der Blick auf andere Kulturen vermitteln einen spielerischen Umgang mit der Sprache: So macht Sprechen nicht nur den Kindern Spaß!

Fredrik Vahle
Sprache mit Herz, Hand und Fuß
Wege zur Motorik der Verbundenheit
2010. 272 Seiten. Broschiert.
ISBN 978-3-407-62725-4

Beltz Verlag · Weinheim und Basel · Weitere Infos: www.beltz.de